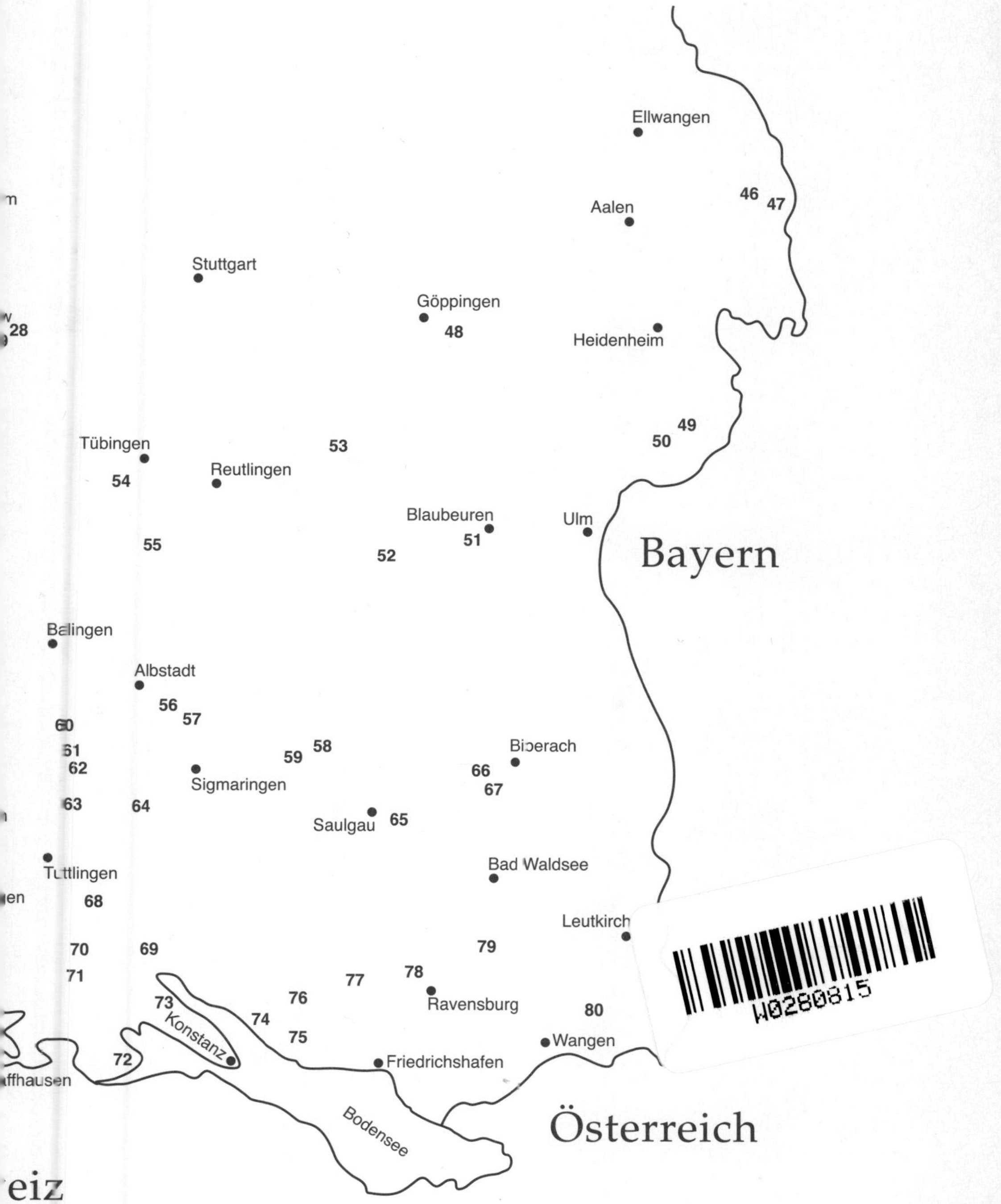

Ellwangen
Aalen
46
47
Stuttgart
Göppingen
48
Heidenheim
28
Tübingen
53
Reutlingen
54
50
49
Blaubeuren
Ulm
51
55
52
Bayern
Balingen
Albstadt
56
57
60
61
62
59
58
Biberach
66
67
Sigmaringen
63
64
Saulgau
65
Tuttlingen
Bad Waldsee
68
Leutkirch
70
69
79
71
77
78
76
73
Ravensburg
80
Konstanz
74
75
Wangen
72
Friedrichshafen
Bodensee
Österreich

Doris Benz — Ben Schreger

KELTEN – KULTE – ANDERSWELTEN

Doris Benz - Ben Schreger

KELTEN – KULTE – ANDERSWELTEN

AUF SPURENSUCHE: SCHWARZWALD – ELSASS SCHWÄBISCHE ALB – OBERSCHWABEN

freya
VERLAG

INHALT

PLÄTZE IM ELSASS

PLÄTZE SCHWÄBISCHE ALB – OBERSCHWABEN

EINLEITENDE WORTE

Seit Anbeginn der Menschheit wurden Kulte und heilige Stätten zu Ehren der Gottheit geschaffen, an denen der Mensch das spirituelle Erlebnis suchte. Viele dieser Stätten sind längst versunken und vergessen, die Erde selbst hat sie wieder 'zurückgeholt'. Andere jedoch sind im Schutz von Dschungel und Wald über Jahrtausende hinweg im Bewusstsein der Völker erhalten geblieben.

Auch bei uns sind diese alten Plätze noch zu finden, über die meist nur wenige Einheimische Bescheid wissen, und so haben es sich die Autoren zur Aufgabe gemacht, diese Plätze vorzustellen. Dass Altes abgeschafft wird, damit Neues stattfindet und sich etwas wenden kann, dies ist nach der chinesischen I-Ging Philosophie eine natürliche und notwendige Bewegung, getragen vom Prinzip des Fließens, dem 'Chi'. Und doch ist dieses Alte, Abgeschaffte untrennbar mit dem Neuen verbunden, denn eines resultiert aus dem anderen und ist immer ein Teil vom Ganzen. Es hält die Welt im Gleichgewicht, verglichen mit dem sichtbaren Baum, dessen Wurzeln in die unsichtbaren Tiefen der Erde reichen.

Vielleicht kann der Wunsch nach diesem harmonischen Gleichgewicht im dritten Jahrtausend eine Bewusstseinsänderung unter den Menschen der Industrienationen einleiten, als eine Art 'Morgendämmerung', die geschieht, weil sich die Welt immer noch dreht; eine Bewusstseinsänderung hin zu einem neuen Naturverständnis. Unsere Intention war es Beispiele zu liefern, Impulse zu geben und dem Leser selbst noch Raum für eigene Entdeckungen zu lassen.

Die Autoren

Danksagung

Die vorliegende Arbeit hätte ohne die Mitwirkung anderer nie durchgeführt werden können, und so ist es uns eine Ehre und ein Vergnügen, an dieser Stelle Dank zu sagen. Adolf Vetter danken wir für seine kompetente Beratung. Dr. Lothar Mahn, der unser literarisches Schaffen von Anbeginn an begleitet hat, sei ebenso herzlich gedankt. Jürgen Dettling, Geologe Dr. Jochen Pohl und Walter Block haben uns viele fachspezifische Probleme erläutert.

Besonders Wolfgang Neuss, Gerhard Aberle, Dagmar Martin, Jürgen Gräbel und Eckard Molsen möchten wir herzlichen Dank sagen für ihre erheblichen zeitlichen Opfer und ihre Begeisterung für das Projekt; sie erschlossen uns spektakuläre megalithische Plätze. In diesem Zusammenhang sei auch Josef Naudascher von der Fachgruppe Archäologie des Historischen Vereins für Mittelbaden gedankt. Ursel Pfeiffer und Ingeborg Spreng sowie Dagmar Schneider-Damm haben uns unermüdlich mit vielfältigen sachbezogenen Informationen unterstützt. Dr. Karl Kwasnitschka stellte uns seine Forschungsergebnisse über die Keltenfürsten vom Magdalenenberg und ihrer 'versunkenen' Stadt Pyrene zur Verfügung, und der Einblick in die etymologischen Forschungen von Theo Odenwald vertiefte ein weiteres Mal unsere 'Spurensuche'. Gedankt sei auch Thomas Fuchsmann, der bei so mancher Recherche mithalf, Erlebtes für dieses Buch festzuhalten. Unser ganz besonderer Dank gilt Manuela Kreusel für ihre unglaubliche Unterstützung an diesem Projekt! Zu guter Letzt wäre da Jochen Schwarzwälder, ohne dessen enormes Engagement dieses Buch niemals hätte verwirklicht werden können.

Zeittafel I (von der Stein- bis in die Bronzezeit)

Dauer		Anthropologie (Menschheitsentwicklungs-Wissenschaft)
1 Million bis ca. 500 000 (Altsteinzeit oder Paläolithikum)		entwickelter, aufrecht gehender Mensch Homo erectus / um 500 000 Entdeckung des Feuers
500 000 bis 300 000 (Altsteinzeit)		Spätform des aufrecht gehenden Menschen Homo erectus (pekinensis) /organisierte Tierjagd / Holzspeere und -lanzen / Zelte und hüttenartige Behausungen
350 000 bis 40 000 (Altsteinzeit)		Homo sapiens steinheimensis (ältester Vertreter des Urmenschen) / Homo sapiens neanderthalensis - Urmenschtyp / erste Kultstätten / Waffenherstellung (Abschlagtechnik) / Begräbniskulte / 100 000 bis 30 000 Spätneandertaler oder klassischer Typ und Entwicklungsvorfahre des Jetztmenschen
36 000 (unseren Raum betreffend) bis 10 000 (Altsteinzeit bis Mittelsteinzeit)		allmähliches Aussterben des Neandertalers, vermutlich durch Endogamie, d.h. Heirat innerhalb der Sippe und Schwächung der genetischen Grundlage / Verbreitung des Homo sapiens sapiens als Präsapient: darunter der Cromagnon-Mensch (30 000) benannt nach seinem Fundort in Frankreich / künstlerischer Fortschritt: Höhlenmalerei, Knochengravur u. Kultgegenstände / Erfindung des Bogens
10 000 (Mittelsteinzeit oder Mesolithikum		Homo sapiens sapiens (Frühform des Jetztmenschen) / erste Hundehaltung u. Fischfang / 14 000 bis 10 000 jüngste bzw. letzte Kaltzeit
8000 (Jungsteinzeit oder Neolithikum)		Homo sapiens sapiens (Frühform des Jetztmenschen) / Übergang zur sesshaften Lebensweise: Siedlungen / Anfänge der Landwirtschaft u. Töpferei /das Pferd als Hauptjagdtier / Ausgang der Urzeit und Anbruch einer wirtschaftlich-gesellschaftlichen Umwandlung / Übergang von Gruppenehe zur Paarehe / Populationsexplosion / knapp 1,5 Einwohner je qkm auf ganz Deutschland gerechnet / in Siedlungszentren bis zu 17 Einwohner / Gegen Ende der Jungsteinzeit Gliederung in Volksgruppen und -kulturen, genetische Grundlage für spätere europäische Stämme
ca. 3000 - 600 (Bronzezeit / Kupfer und Zinn)	 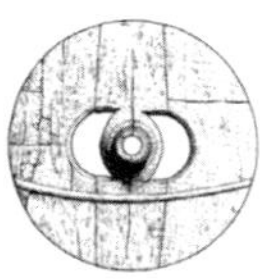 	um oder vor 3000 Beginn der Megalithkultur / Handelswege und -zentren / Erfindung des Pflugs / Eichenräder / erste Wagen / die Zivilisation Ägyptens, Indiens und Chinas beginnt mit den Metallzeiten ältestes Vorkommen von Bronze in Vorderasien und Ägypten im 3. Jahrtausend / in Südeuropa etwa 2200 bis 1100 / in Mitteleuropa etwa 1700 bis 900 / in Nordeuropa 1600 bis 600 / die hellenische Kultur Griechenlands entsteht mit der Bronzezeit Frühbronzezeit: Hockergrabkultur Mittelbronzezeit: Hügelgrabkultur Spätbronzezeit: Urnenfelderkultur

Zeittafel II (von der Eisenzeit bis ins frühe Mittelalter)

Dauer		Anthropologie (Menschheitsentwicklungs-Wissenschaft)
ca. 1200 - 500 (Eisenzeit)		frühe Eisenzeit oder Hallstatt-Kultur (frühkeltische Fürstensitze und -gräber) ab 1200 bis 500, benannt nach dem Fundort am Hallstätter See in Oberösterreich / Kulturträger: Illyrer, Rätier, Kelten zweite Hälfte der vorrömischen Eisenzeit oder keltische Latène-Kultur ab etwa 450 bis 50 n.Chr. (benannt nach dem Fundort am Neuenburger See in der Schweiz)
ab Ende 500: Beginn der der frühgermanischen Eisenzeit im Norden		Keltenzüge: 387: keltischer Heerhaufen besetzt Rom 335: Alexander der Große empfängt keltische Delegation 279: Kelten stürmen das griechische Delphi 278/277: Kelten in Kleinasien (Galater)
150 100 0		keltische Städte mit Befestigungscharakter (Oppida) / germanische Einfälle ins keltische Zentraleuropa Gallien (Frankreich) wird römisch / Rom wird zur Großmacht Christi Geburt (Beginn der neuen Zeitrechnung)
15 v. bis 476 n. Chr.	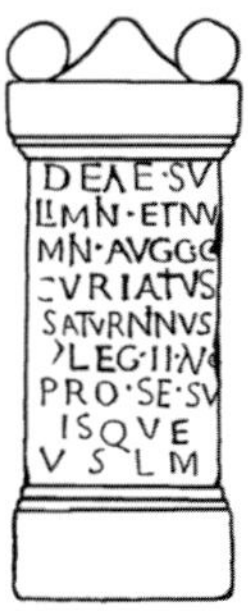	römische Besiedlung Süddeutschlands / 58 bis 51 v. Chr. bezwingt Cäsar die linksrheinischen Kelten, Gallien, das heutige Frankreich, wird römische Kolonie / die rechtsrheinischen, in Süddeutschland ansässigen Kelten werden seit Ende des 2. Jhs. v. Chr. von den Germanen bedroht und im Verlauf des 1. Jhs. v. Chr. stark geschwächt / 15 v. Chr. unterwirft sich die keltische Restbevölkerung Süddeutschlands den Römern / in Irland und Britannien bleibt das Keltentum erhalten, zum Teil bis in unsere Zeit hinein 375 n. Chr. Beginn der großen germanischen Völkerwanderung 476 n. Chr. wird das weströmische Imperium Geschichte / das Christentum auf dem Weg zur Weltreligion
486 bis 751 (Merowingerzeit)	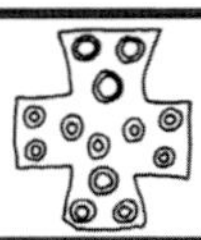	Gallien wird unter Chlodwig I. fränkisch/ unter den Germanenstämmen gewinnen die Franken die Vorherrschaft/ Chlodwig nutzt röm. Verwaltungsapparat und Römerstraßen
5. Juni 754		Hl. Bonifatius, Bekehrer der heidnischen Germanen, erleidet in Friesland den Märtyrertod / mit der von Bonifatius gefällten Donar-Eiche, Wahrzeichen des germanisch-heidnischen Glaubens, soll das Heidentum symbolisch entwurzelt werden
25. Dezember 800		Karl der Große wird in Rom von Papst Leo III. zum Kaiser gekrönt / unter ihm erneuert sich die Tradition des römischen Kaisertums als universale Herrschaft / die Erhebung durch den Papst als Stellvertreter Gottes leitet auch für Karl die Herrschaft im Auftrag Gottes her / Karl ordnet die Kirchenverhältnisse neu, d.h., dass auch viele vorchristliche Heiligtümer unwiederbringlich zerstört werden

STEINKULTE: ZWISCHEN HIMMEL UND ERDE

In den heiligen Steinen sah der Mensch der Vorgeschichte nicht nur die Wohnstätten der Götter auf Erden, sondern erlebte durch sie auch die Verbindung zur Erde und zur Landschaft. In allen Kulturen und auf allen Kontinenten traten sie als Mittler zwischen dem Oben und dem Unten auf, dem Irdischen und dem Kosmischen. An ihnen wurde gebetet, geopfert, Recht gesprochen, und sie waren auf jahreszeitliche und astronomische Ereignisse ausgerichtet. Die Strahlen der aufgehenden Sonne zur Sonnwende am 21. Juni fallen in Stonehenge über den Fersenstein direkt auf den Altarstein in der Mitte des Steinkreises. Die Steinalleen Carnacs, bestehend aus fast 3000 aufgerichteten Steinen, sind vermutlich ebenso in das kosmische Geschehen eingewoben. Immer ist es ein 'Weltenbezug', der diese Denkmäler mit der Aura des Überirdischen umgibt, und der den Blick für den Umkreis herausfordert, zum Beispiel die Horizontlinie. Für eine präzise Beobachtung genügte oft schon ein einziger Menhir, der als 'Rückenstein' benutzt wurde. Kein einziges Denkmal aus der Megalith- und der Keltenzeit wurde nur für sich allein errichtet, sondern im Verbund mit anderen Heiligtümern, mit Landschaft und Kosmos.

»Der Weise blickte nach oben und betrachtete die Bilder am Himmel; er blickte nach unten und beobachtete die Muster auf der Erde.« Diese Aussage des chinesischen Kaisers Fu Hsi verrät vielleicht am meisten über die geniale Sichtweise der alten Völker, mit der sie die Orte für ihre heiligen Stätten auswählten. Die lange Zeit ausgeübte Vermessungspraxis der Archäologen über Ort und Größe eines Monumentes ist wertlos, wenn das Umfeld dem Auge nicht erschlossen ist. Die Erbauer der Steinmonumente jedoch müssen mehr als nur ein 'erschlossenes' Auge besessen haben, und die Frage ist berechtigt, woher sie genaueste Kenntnisse des Sternenhimmels hatten. Die Notwendigkeit der Datenerfassung des Sonnenlaufes für Kalenderzwecke ist leicht einzusehen, hingen doch Aussaat und Ernte von ihr ab, aber warum auch der komplizierte Mondrhythmus von 18,61 Jahren beobachtet wurde, liegt im Dunkeln. So lassen sich nur rituelle Absichten vermuten.

Wohl niemand, der den steinernen Zeugen einer versunkenen Welt begegnet, kann sich ihrem Zauber entziehen. Im Hintergrund von Schöpfungsmythos und Religion, Fruchtbarkeitskult und Jahreszeitenzyklus entfalten sie ein facettenreiches Eigenleben.

MENHIR ist ein keltisches Wort und bedeutet so viel wie 'langer' oder 'hoher' Stein (men = Stein / hir = lang). Hierbei handelt es sich um aufrecht stehende Steine von verschiedener Größe. Menhire finden sich manchmal in der Nähe von Steinkreisen oder kennzeichnen deren Mitte. Ebenso können sie die Richtung zu einem steinernen Hügelgrab markieren. Meist aber stehen sie irgendwo in der Landschaft und wirken auf den ersten Blick wie zufällig aufgestellt. Da die Grenzen schon in der Vorzeit eine wichtige Rolle für die Völkerschaften spielten, trifft man Menhire auch als Grenzwächter an.

Die Menhire sind enge Verwandte der semitischen Masseben. Ihnen vorausgegangen sind die sogenannten 'heiligen Pfähle' (Weltensäule), die bestimmte, kraftgeladene Stellen in der Landschaft kennzeichnen sollten. Wie Akupunkturpunkte markierten sie die Landschaft und wiesen auf die Vernetzung von Kraftplätzen hin. Über viele Generationen hinweg erneuerte man diese heiligen Holzpfähle, und erst viel später, in der christlichen Zeit, wurden Kreuze aus ihnen gezimmert. In der Normandie und in Irland nahmen die Christen eine ähnliche Umwandlung mit den Menhiren vor. Es entstanden die Sonnenkreuze.

In den Volksüberlieferungen stellen Menhire oftmals in Steine verwandelte Menschen dar. Besonders in den Steinen von Carnac in der Bretagne lassen sich Menschengesichter und Fabelwesen erkennen. In unserer Region ist es der liegende Menhir von Horn auf der Bodenseehalbinsel Höri, der ein Gesicht trägt. In Südfrankreich in der Rouergue findet man neben männlichen Menhiren auch weibliche, mit Brüsten und Brustkette, die vermutlich mit Göttern und Göttinnen des Waldes und der Jagd zu tun haben. Parallelen zu solchen 'Geschlechter-Steinen' treten merkwürdigerweise auch in Süd- und Westindien auf. Dort haben sich megalithische Traditionen noch bis ins 12. Jahrhundert in den Heldensteinen erhalten; errichtet wurden sie für Menschen, die eines unnatürlichen oder gewaltsamen Todes starben, zum Beispiel Jäger oder Krieger. Mit der Setzung von Steinen glaubte man, der Seele, die ihre Kräfte nicht mehr ausleben konnte, den Eingang in die Götterwelt zu ermöglichen. »Das Opfer ist eine sichere Fähre... das Opfer ist ein Schiff, das zum Himmel führt«, lautet ein altindischer 'Auffahrtritus'. Der Bezug zum Grabstein als solchem ist gegeben.

Bis in die Keltenzeit hinein praktizierten die urzeitlichen Kulturen magische Techniken wie schamanische Trance, Vision und Ekstase, die zu geistigem Erleben und Schauen führen sollten. Ausläufer von mantrisch-kultischen Ritualen, zu denen auch das rezitativ gesungene Wort gehörte, sakrale Tänze und Reigen um die Steine und bei Felsbildern behaupteten sich jedoch noch lange darüber hinaus. Die 'heimlichen Kulte bei den Steinen' waren 'heiße' Themen auf den Konzilien der römisch-christlichen Kirche. Im Jahr 789 erließ Kaiser Karl der Große ein Edikt gegen das 'Beten bei den Steinen', indem er mit der Todesstrafe drohte. Die Kraft einer großen, starken Kultur indes hielt dem Edikt stand, sonst wäre es wohl kaum möglich gewesen, dass Gräfin von Bredow in ihrem Buch 'Kartoffel und Stippe' erzählt, wie manche alte, weise Frau in ihrer Heimat Ostpreußen noch 'gebötet' habe, um Heilung für erkrankte Menschen zu erwirken. Die 'Bethen', von der an anderer Stelle die Rede ist, oder das 'Beten' und die Steine - hier rücken sie wieder eng zusammen.

Die HINKELSTEINE bestehen nicht nur in der Phantasiewelt um Asterix und Obelix. Sie sind nichts anderes als Menhire, die auch mancherorts HÜNENSTEIN oder HÜHNERSTEIN heißen. Auch als Grenzwächter trifft man sie an. Die Umdeutung von Hünenstein zu Hühnerstein dürfte auf das Federvieh zurückgehen, das geopfert wurde. In der Nähe solcher Steine wurden teilweise Grabstätten sowie Knochenreste der geopferten Hühner gefunden.

Der SCHALENSTEIN ist meist nicht weit von dem Ort entfernt, an dem ein Menhir steht. Im Gegensatz zum Menhir oder Phallusstein, der meist das Männliche verkörpert, symbolisiert die Schale das Weibliche. Die Schale ist in der Regel ein Hinweis auf eine Kultstätte, wie sie neben dem Menhir auch eine Felsspalte zum Durchschlüpfen oder ein Sitzstein darstellen kann. Die meisten Schalen liegen an einstmals exponierten Stellen auf Höhenrücken oder Bergkuppen, zum Teil nur durch Kletterei erreichbar. Dort fand der Mensch Auswitterungen und natürliche Felsbecken im Stein vor, geschaffen durch Gletschereis, und verwendete diese als Opferschalen. Manche wurden in ihrer ursprünglichen Form belassen, andere wurden ausgeformt. In Siedlungsnähe dienten einige dieser Hohlformen sekundär als Wasserspeicher, Getreidemörser oder Zunderschalen für Ölfeuer. Kreisrunde oder eckige Hohlformen mit glattem Abschluss zur Gesteinsoberfläche hin, ohne Abflusskanal, dürften wohl das alleinige Werk von Menschen gewesen sein. Ein Beispiel ist der Blindestein beim Rohrhardsberg.

Schalensteine, Schälchen und Näpfchen finden sich in der ganzen Welt, und überall weisen sie auf Opferkulte hin. Es gibt regelrechte Schalensysteme, welche die einzelnen Schalen durch künstlich angelegte Rinnen- und Auslaufsysteme miteinander verbinden und darüberhinaus mit einer Quelle. Andere, sich auf freistehenden Findlingen befindliche Schalen, füllen sich mit Regen- oder Tauwasser, dem der Mensch bis heute heilbringende Kräfte zuordnet. Oftmals liegen die Schalen auf den alten Kultfelsen am äußersten Rand, wo sie wie abgebrochen wirken oder schnabelförmig auslaufen. Die bereits erwähnte Sekundärnutzung in Siedlungsnähe lässt sich ebenfalls weltweit beobachten, so zum Beispiel in Tibet, Nepal und in Ladakh im Karakorum.

Kleine, nur drei oder vier Finger große Schälchen trifft man besonders häufig an Dolmen und Hügelgräbern an, und zwar nicht außen, sondern innen. (Dolmen sind prähistorische Grabkammern aus aufrecht aufgestellten Steinen mit einer Abdeckplatte.) Die kleinen Vertiefungen wurden zum Teil in den Stein gerieben und das auf diese Weise gewonnene Steinmehl als Medizin verwendet. Gleichzeitig dienten Schälchen dem Lichtopfer, das, so wird vermutet, in Zusammenhang mit Totenkulten und Totenmählern stand. Mit Fett ausgegossen und mit einem Docht aus trockenem Darm versehen, taten sie den gleichen Dienst wie die späteren Wachskerzen. Die Lichtopfer in unseren Kirchen sind alte Erinnerungen daran. Schalen- und Schälchensysteme können aber auch astronomische Bedeutung gehabt haben. In der Schweiz zeugen noch heute Bräuche vom Keltentum und von Schalensteinen, die der Opferung dienten. Noch bis ins letzte Jahrhundert hinein wurden im Wallis und im Tessin den Berggeistern und auch den Seelen der Verstorbenen Mehl mit Wasser vermischt geopfert. 'Papatollen' nannte die Bevölkerung des Lötschentals die steinernen Schalen. Unter 'Papp' versteht man in der Volkssprache einen Mehlbrei und unter 'tollen' eine Vertiefung. (Schwäb.-Alemannisch: Dallen) - Eine Häufung von Schalensteinen gibt es übrigens im Elsass und um Hornberg im Schwarzwald.

Die Frage, wie man die Steine zu Zeiten bearbeitet hat, in denen nur primitives Werkzeug zur Verfügung stand, ist berechtigt. Mit Sicherheit durch härteren Stein. Mit einem Holzquirl und Quarzstaub wurde dabei der härtere Stein, also das Bohrwerkzeug, bearbeitet. Durch Erhitzung und Abkühlung der Bohrlöcher oder natürlichen Spalten konnte dann das Gestein gesprengt werden. Funde von Bohrgeräten in der Nähe von Schalen belegen diese Technik.

Die Opfersteine mit ihren Vertiefungen in Form von Schalen sind die materiellen Zeugen für alte Steinkulte. Aus der Vorzeit über das Mittelalter bis in die neuzeitliche Volkskultur wurden auf solchen Steinen Blumen-, Nahrungsmittel- und Tieropfer dargebracht. Als heilkräftig und magisch wirkend galt das aufgefangene Blut des erstgeborenen Lammes, in die Erde vergraben sicherte es die Ernte, in den Fluss gegossen rief es Regen hervor. Auch Vertretungsopfer, bei denen das Abbild eines Tieres in Form von Holz-, Ton-, Wachs- oder Teigfiguren geopfert wurde, waren üblich. Mit der Herstellung und Opferung der Figuren sollte die Vermehrung der Haus- oder Jagdtiere bewirkt werden. In Rußland gehörten die erste Garbe und die ersten Früchte den Seelen der Verstorbenen, auf dem Balkan warf man ein Teil der ersten Mahd in der Fluss. Im Vordergrund bei der Schalenopferung dürften die Riten der Agrarmagie zur Beeinflussung der Naturkräfte gestanden haben.

Der SPURSTEIN ist verwandt mit dem Schalenstein. In ihm glaubten unsere Ahnen den Abdruck eines Fußes zu sehen. Auch hier war für sie die Gottheit gegenwärtig, die dem Platz geheimnisvolle Kräfte verlieh. Die Spuren in solchen Steinen weisen oftmals Trittbilder oder schön geformte Lochprofile auf, wie zum Beispiel Spuren auf dem heiligen Felsen in Jerusalem. Dieser Fels bedeutet nicht nur die Mitte der christlichen Welt, sondern ist für die Anhänger Mohammeds wie die Kaaba von Mekka ein heiliger Platz. Den Spurstein der Himmelfahrt Jesu auf dem Ölberg haben Menschen nachgeformt. Eine andere solche Trittspur - sie befindet sich im Felsendom und ist wohl natürlichen Ursprungs - wurde als göttliches Zeichen gedeutet. Als Mohammed auf seinem Pferd in den Himmel aufstieg, hinterließen die Tierhufe Abdrücke im Stein, erzählt die Legende.

Fast überall im deutschen Sprachraum begegnen uns Sagen um Tritt- oder Spursteine. Ein häufig wiederkehrendes Motiv ist der Teufel, der einen christlich geweihten Ort, beispielsweise eine Kapelle, mit einem Stein zu zerschmettern beabsichtigt. Entweder wirft er - Dank der Intervention eines Heiligen - den Felsblock zu kurz, wobei er seine Fingerabdrücke hinterlässt, oder die Last wird ihm plötzlich zu schwer, so dass er vor lauter Wut mit seinem Pferdefuß in den Stein stampft. Der Teufelsstein von St. Roman im Ortenaukreis und der Teufelsstein von St. Ulrich im Kreis Breisgau-Hochschwarzwald sind klassische Beispiele hierfür. Es ist anzunehmen, dass auch diese Spursteine früher im Mittelpunkt heidnischer Verehrung standen.

Nicht nur die Kelten, auch die Römer kannten rituelle Spursteine. Bei den Römern galt der Brauch, zu Beginn einer Reise Fußabdrücke in Steine zu meißeln. Mit der Bitte um Schutz stieg der Reisende beim Abschied hinein, und wieder glücklich heimgekehrt, tat er dasselbe und dankte seinen Göttern. »Pro itu et reditu« lautet die Inschrift mit der Bedeutung »für den Hinweg und den Rückweg«. Im nördlichen Europa standen die Alten bei der Wahl ihres Königs auf fest mit dem Boden verbundenen Steinplatten als ein Zeichen für Dauerhaftigkeit und Gültigkeit.

Ein ZEICHENSTEIN ist ein flacher, tischartiger Stein, auf dem sich Zeichen befanden oder noch befinden, wie zum Beispiel ein Brot. Heidnische Zeichensteine haben oftmals noch lange in den Kirchen gestanden, bevor sie entfernt wurden. Dasselbe gilt auch für Steinplatten. Ursprünglich traf man sich an solchen Steintischen zum Sippenmahl, bei dem der Toten gedacht wurde. Warme Speisen und ein Maß alten Weines wurden aufgetischt, und zu Ostern (Ostara) feierte man die Auferstehung der Natur. Im Laufe der Zeit wurden die Steine nicht nur vom Volk, sondern auch von Priestern abgetragen, denn es galt der Glaube, dass ein noch so kleines Stück davon große Heilkräfte berge. In Quellwasser gemischtes Mehl von heiligen Steinen war das Heilmittel, das man dem Kranken zu trinken gab. Über den Stein kommunizierte der Mensch mit der unvergänglichen Materie und den fundamentalen Strukturen, die der physischen Existenz zugrunde liegen.

Den SITZSTEIN verraten Namen wie 'Hexensitz', 'Teufelssitz', 'Herrgottssitz' oder 'Himmelsstein'. Keltische Druiden, Einsiedler und weise Frauen sollen auf ihnen Platz genommen haben, um ein Gefühl der Transformation zu erwirken und die Kraft des Felsens aufzunehmen. Auf dem Odilienberg im Elsass ist es beispielsweise der sogenannte 'Kanapeestein', der wie ein 'Fenster' zu anderen Welten wirkt. Die Wölbung im Stein ist dem Körper gut angepasst.- Die Meditationspraktik des 'Aussitzens' ist auch unter anderen Völkern, wie beispielsweise den Samen Skandinaviens, verbreitet. Unter dem Sternenhimmel sitzend, verbringen sie eine Nacht in Kommunikation mit dem Kosmos.

Beim STEINERNEN STUHL handelt es sich um einen in Stein gehauenen Sitz in Form eines Thrones. Ob es weise Männer, Priester, Heilige, Astronomen oder gar Könige waren, die ihre physischen und psychischen Kräfte durch den Stein stärkten, um richtige Entscheidungen zu treffen, darüber lässt sich nur spekulieren. Tatsache ist jedoch, dass die alten irischen Richter auf solchen 'Stühlen' Platz nahmen, um von dort aus Recht zu sprechen. In der Anbindung an Quellen oder Brunnen wurden den steinernen Stühlen auch Heilkräfte zugesprochen, manche dienten zur Heilung des Körpers, andere wiederum zur Heilung der Seele.

LOCHSTEINE sind über die ganze Welt verstreut zu finden, selbst vor dem UNO-Gebäude in New York wurde ein neuer errichtet. Von den Kelten heißt es, dass sie einander zur Bekräftigung von Verträgen die Hand durch das Loch im Stein reichten. Dieser Griff in den Stein galt als Kulthandlung. Das männliche und das weibliche Prinzip sind in diesen aufrechtstehenden Steinen mit einem oder auch mehreren Löchern zum Fruchtbarkeitssymbol vereint. In Österreich heißen diese Steine auch GODA- oder GADASTEINE. Häufig standen oder stehen sie noch, vor allem in Gebirgsregionen, in der Nähe von Häusern oder Kultstätten. Mit den Lochsteinen verbinden sich alte Volksbräuche. So wurden, um Gewitter abzuwenden, Mehl durch das Loch geblasen oder Brotbrösel hineingesteckt und die Steine mit Weihwasser begossen. Auch hier ist nicht auszuschließen, dass das bei der Bohrung gewonnene Steinmehl zu Heilzwecken verwendet wurde.

Auf den Britischen Inseln gibt es eigentümliche Lochsteine, die noch vor wenigen Jahrzehnten eine Bedeutung für die Landbevölkerung hatten. So sagt man dem berühmten 'Men-an-Tool' oder 'Crick-Stein' in Cornwall nach, dass er rachitische Kinder heile. Es ist denkbar, dass die Lochsteine mancherorts wie Sammellinsen für kosmische Energien oder magnetische Felder gewirkt haben.

Der DURCHKRIECHSTEIN, der gespaltene Stein, kommt häufig an vorchristlichen Opferstätten vor, manchmal in Verbindung mit einer Quelle. Neben dem männlichen Opferstein von großem Ausmaß findet sich eine Spalte, eine Art Durchgang oder Durchschlupf mit weiblichem Geschlechtscharakter. Im Glauben, dass durch die Berührung mit dem heiligen Stein, ähnlich wie beim Durchkriechbaum, Heil für Leib und Seele gewonnen werden konnte, zwängte man sich durch die Spalte. Während des Durchschlüpfens durfte weder gesprochen noch zurückgeblickt werden. Der Akt symbolisierte kultische Heilung, Erneuerung und Wiedergeburt. Auch Kinder ließ man hindurchschlüpfen oder reichte sie hindurch, um Krankheiten von ihnen fernzuhalten.

HÄNGENDE STEINE, sogenannte 'Abris', sind halbhöhlenartige Felsüberhänge oder Felsschutzdächer, die dem Urmenschen neben Windschirmen aus Ästen, Blättern und Tierhäuten Schutz boten. In der ganzen Welt gibt es Stellen unter Felsüberhängen, an denen früheste Wohn- und Lagerplätze gefunden wurden.

WACKELSTEINE, die auch SCHWUNGSTEINE, ZITTERSTEINE oder SCHWANKENDE STEINE genannt werden, sind riesige Blöcke, die auf einem flachen Stein in labilem Gleichgewicht liegen. Der Name 'Wackelstein' ist nicht gerade selten, es gibt aber nur wenige Steine, die wirklich wackeln. Solche Steine, die allein schon mit der Hand zu bewegen sind, boten früher den Stoff für Legenden um Riesen, Heilige und Helden, denen man die Errichtung zuschrieb. In seiner 'Naturgeschichte' berichtet der antike Autor Gaius Plinius von einem schwankenden Stein, der, einmal in Bewegung gesetzt, nicht mehr angehalten werden konnte. Wahrscheinlich sorgten hier ständige Winde für das unaufhörliche Aufeinanderreiben der Steine, das auch unheimliche Geräusche erzeugt haben muss. In Zeiten, in denen über der Landschaft noch tiefe Stille lag, müssen diese Geräusche wie Urlaute aus einer anderen Welt geklungen haben. So verwundert es nicht, dass man in Wackelsteinen 'sprechende' Felsgottheiten und gleichzeitig Orakel sah, die zu den unterschiedlichsten Anlässen befragt wurden. Aber auch kranke Kinder brachte man zu den Steinen und wiegte sie auf ihnen.

Besonders auf den britischen Inseln waren die schwankenden Steine als Gegenstand von Aberglauben und Verehrung den Puritanern ein Dorn im Auge, und so wurde mancher von ihnen sinnlos zerstört. Aber auch auf dem europäischen Festland erging es ihnen im Verlauf des 19. Jahrhunderts meist nicht anders. Zu dieser Zeit wurden die Steine durch Berichte von Altertumsforschern publik gemacht, und die Folge waren herbeiströmende Touristen und Scharen von Kraftprotzen, die an den Steinen ihre Kräfte maßen, indem sie diese vom Sockel stießen oder deren Lage veränderten, dass sie nicht mehr zum Schwingen gebracht werden konnten.

Ein Wackelstein, der noch schwingt, befindet sich ganz in der Nähe von Amaliendorf bei Schrems im niederösterreichischen Waldviertel. Seine Form ist so glatt und vollendet, dass die Frage nach seiner Entstehung nahe liegt. Geschah es durch natürliche Verwitterung oder hat hier der Mensch nachgeholfen? Die Frage ist berechtigt im Hinblick auf die Tatsache, dass im Waldviertel keine Findlinge vorkommen, denn dieses Gebiet war während der Eiszeiten frei von Gletschern. - Ein Wackelstein gehört auch zu den Externsteinen mit ihrer umstrittenen einstigen Bedeutung in der Nähe von Paderborn im Teutoburger Wald.

ERDSTÄLLE sind unterirdische Gänge, die in die Erde, meist Löß oder Sandstein gegraben worden sind. Als Höhlen sind Erdställe nur im eingeschränkten Sinn zu bezeichnen, da Höhlen meist von Natur aus geschaffen und bedeutend größer sind. Die Gänge der Erdställe haben einen Einstieg, beispielsweise in alten Bauernhäusern, Burgen oder Kirchen, und verlaufen in spindelförmigen, sich verengenden Windungen, durch die man sich nur durchzwängen kann. Sie enden in der Regel in einer Kammer, in der bis zu acht Menschen Platz finden können. Die Frage nach dem Zweck dieser merkwürdigen Bauten ist berechtigt. Dienten sie als Vorratsräume, Schlupfwinkel oder etwa Kulträume?

Dass die Unterwelt, das Innere der Erde, den Menschen schon immer fasziniert hat, ist sicher. Und so deutet in der Tat einiges daraufhin, dass vorgeschichtliche Erdställe kultischen Zwecken vorbehalten waren. Scherben- und Knochenfunde sowie Gerätschaften sprechen dafür. Naheliegend ist auch der Vergleich mit den unterirdischen Tempeln auf Malta, in denen der Lebende den Kontakt mit den Toten gesucht hat und gleichzeitig der Erdmutter huldigte. In der Magie von Tod und Wiedergeburt erschloss sich hier dem Menschen das Mysterium ewiger Erneuerung. Bemerkenswert ist auch der Umstand, dass ein Teil der alten Kirchen in Beziehung zu Höhlen stand, erinnert sei hier an die Geburtskirche in Bethlehem, die über einem ganzen Höhlensystem erbaut worden ist. Man könnte sich beim Erdstall das Ritual der Inkubation, also des Tempelschlafes, des Schlafes im Heiligtum, vorstellen. Tast- oder Lichtnischen sowie Sitze in diesen unterirdischen 'Labyrinthen' lassen Meditationsplätze vermuten, darunter auch ganz kleine Sitze, die keine Benutzungsspuren aufweisen und wohl für die Toten bestimmt gewesen sein dürften. Hat der Mensch möglicherweise dort, wo er keine Naturhöhlen vorfand, sich im Erdstall seinen besonderen Ort der Besinnung geschaffen? Eine weitere Deutung hinsichtlich der Nutzung von Erdställen liegt in dem uralten Volksbrauch des Durchkriechens oder Durchziehens durch eine Engstelle, um Krankheiten abzustreifen.

Im Volksmund gibt es viele Überlieferungen, die von kilometerlangen Gängen handeln und die immer noch auf das Vorhandensein von Erdställen, sofern nicht verschüttet, hinweisen. Oftmals führten sie aus Burgen ins Freie oder verbanden wichtige Orte miteinander. In manchen Fällen führten sie auch zu Quellen. In Bayern wurden die Erdställe 'Zwergenloch' oder 'Schrazelloch' genannt. - Dass während Not- und Kriegszeiten in solchen Gängen Schutz gesucht wurde, versteht sich von selbst.

Im STEINKREIS, auch CROMLECH (keltisch: crom = krumm, rund / lech = Ort) genannt, begegnet uns vielleicht das eindruckvollste Denkmal der Megalithkultur. Inmitten der weiten Landschaft scheinen die im Kreis aufgestellten Steine miteinander zu kommunizieren, lautlos und gleichzeitig sprechend von Menschengruppen, deren Seelenleben sich im Naturerleben vollzog. Hier erlebten sie sich in Natur und Kosmos eingewoben als ein Teil des ewigen Ganzen. Hier feierten sie ihre großen Kulte und suchten die Verbindung zu ihren Göttern. Im Kreis, der einen besonderen Bezirk abgrenzt, ließen sie den schöpferischen Weltengeist sichtbar werden. Die ersten Steinkreise dürften (wenn auch nicht ganz gesichert) zu Beginn des 3. Jahrtausends v. Chr. um die großen Ganggräber errichtet worden sein. Manche liegen neben Gräbern oder nahmen kleine Gräber in ihrem Inneren auf. Die Gemeinschaft mit den Toten gehörte auch hier zum Kult - die Toten als Vermittler zu den Göttern und Helfer der Lebenden.

Steinkreise findet man am häufigsten in Irland, England, der Bretagne und in Schweden, seltener bei uns. Manche davon beschreiben keinen genauen Kreis, sondern haben die Eiform zum Grundriss oder die Ellipse. Lange Zeit hat die Altertumsforschung nur die Steine selbst im Vordergrund gesehen, ohne Verbindung zu Horizont und Landschaft, und sie galten als primitiv. Mit der Entdeckung der Fernvisierlinien erhielten die Steinkreise ihren einstigen Sinngehalt zum Teil wieder, der nicht nur weitab von Primitivität liegt, sondern subtile Kenntnisse voraussetzte, denn fast immer wurden die Standorte nach astronomischen Gesichtspunkten ausgewählt, um den heiligen Ort möglichst genau in den kosmischen Zusammenhang einzubinden. Doch stellten die Steinkreise keine reinen Zweckbauten dar, sondern waren in erster Linie heilige Plätze mit symbolischer Ausgestaltung, an denen der Bezug zum Kosmos hergestellt wurde.

In vielen Steinkreisen, auf kargem Untergrund, konnten Löcher oder kleine Gruben im Boden nachgewiesen werden, in die fruchtbare Erde eingefüllt war, welche die Fruchtbarkeit der Felder als eine Gabe der Götter honorierte. Aber auch Feuer und Wasser dürften bei den Kulten eine wichtige Rolle gespielt haben. Die Nähe der Steinkreise zu Gewässern ist auffallend, und Legenden berichten davon, dass die Steine einmal im Jahr lebendig würden, um zum Wasser zu gehen. In anderen örtlichen Sagen treten sie als versteinerte Menschen auf, als Tänzer und Tänzerinnen, die im heidnischen Reigentanz erstarrt sind. Die den frühen christlichen Tagen entstammende Begründung dafür liegt in der Entweihung des christlichen Feiertags, der mit Tanz- und anderen Verboten belegt war.

Besondere Ereignisse im Jahreslauf der Sonne oder im Verlauf der Mondzyklen sind von den kalendarisch ausgerichteten Steinkreisen aus zu beobachten. Dasselbe gilt für den kreisenden Sternenhimmel. In manchen Fällen wird die Kreuzform im Kreis, oder in Verbindung mit dem Kreis, hervorgehoben. Hierbei treten jene Steine, die nach den vier Himmelsrichtungen ausgerichtet sind, im Vergleich zu den anderen des Kreises, als besonders groß auf. Die Kreuzform kann aber auch in die Landschaft geschrieben sein über weit außerhalb des Kreises liegende Menhire, die, über Fernvisierlinien miteinander verbunden, beide Achsen des Kreuzes ergeben; der Schnittpunkt der beiden Achsen befindet sich dabei im Steinkreis. Von einigen Kreisen aus lässt sich beispielsweise keine künstliche Markierung im Osten ausmachen. Anstelle jedoch findet sich eine natürliche Markierung am Horizont (Taleinschnitt, Bergspitze, Fels etc.) und damit eine Visierlinie. Durch diesen Punkt am Horizont, an dem zu den Tag- und Nachtgleichen vom Steinkreis aus der Sonnenaufgang beobachtet werden kann, sind somit beide Kreuzachsen in den Jahreskreislauf der Sonne einbezogen. Das 'Kreuz im Kreis' dürfte nicht nur als Sonnenzeichen allein gegolten haben, sondern stellte wohl eher das Zeichen für sowohl 'Erde und Sonne' dar.

Wie wichtig den alten Völkern der Jahreskreislauf der Sonne im Verhältnis zur Erde war, dafür sprechen die Steinkreise insbesonders. Auch feierten die Megalithiker ihre großen Feste an den Tagen, an denen die Sonnwenden oder Tag- und Nachtgleichen stattfinden. Das göttlich-kosmische Wirken auf Natur und Mensch wurde erlebbar und bewusst gemacht. Von einigen Steinkreisen aus, besonders aus der frühen Megalithzeit, lassen sich keine Fernvisierlinien zum Horizont ausmachen. Dafür haben sie oft einen Stein, aufgerichtet oder querliegend, der sich außerhalb des Kreises, aber noch in seiner Nähe befindet, und der die Richtung zur Sommer- oder Wintersonnwende angibt. Dass den Megalithikern der Mond ebenso wichtig wie die Sonne war, davon zeugt der in den Kreis integrierte querliegende Altarstein, über den der erdennahe Gang des Mondes zu Johanni beobachtet werden konnte. Im Gegensatz zur Sonne, die an diesem Tag zu Mittag den höchsten Stand erreicht, gleitet die Scheibe des Mondes in seiner tiefsten Stellung um Mitternacht über den Altarstein. (Der querliegende Stein im Zentrum des Kreises, aber auch der aufgerichtete Menhir als Mittelstein sind nicht selten.)

Die verschiedensten Sinngebungen führten wohl zu den Konstruktionen der Steinkreise mit mancherlei Sonderformen. Großanlagen wie Stonehenge (ca. 1.900 – 1.600 v. Chr.) oder Avebury in England fallen aus dem normalen Rahmen. Mit einem Durchmesser von 338 Metern ist der Steinkreis von Avebury (ca. 2.600 – 2.300 v. Chr.) nicht nur der größte, sondern auch die einzelnen Blöcke sind die größten, die offensichtlich jemals beim Bau nordischer Tempelanlagen verwendet wurden. Die Kultanlage Stonehenge, ebenso mächtig, besitzt Steinblöcke (Sarsen) von über 50 Tonnen Gewicht, die 40 km weit herbei transportiert worden waren. Weitere Menhire stammen aus dem über 200 km entfernt liegenden Wales. Die Architekten und Steinmetze, welche dieses einzigartige Sonne-Mond-Observatorium, gleichzeitig Grabmonument und Zeremonienplatz, ausklügelten, glichen auf geniale Weise die perspektivische Verkürzung aus, wodurch die aus der Ferne gesehene Anlage nun nicht elliptisch erscheint, sondern optisch ihre Kreisform behält und somit eine ästhetisch vollkommene Anlage geschaffen wurde.

Bemerkenswert ist der in Stonehenge leicht aus der Mitte geschobene Zentralaltar. Aufgrund dieser Verschiebung befand sich der davorstehende, zelebrierende Priester genau in der Mitte des Kreises, ein Standort, über den jeder einzelne in der versammelten Gemeinschaft zum Glied des Weltenkreises wurde, ähnlich dem ins Wasser geworfenen Stein, der seine Kreise zieht, eine Weile nur sichtbar, aber unaufhaltsam in der Wirkung. Und so kann man sich auch das kultische Tanzen in und um die megalithischen Heiligtümer vorstellen, das mit seinen Klang- und Bewegungswellen die Menschen mit sonnenähnlicher Kraft durchdrang. Im gälischen Namen 'Cathoir Gall' für Stonehenge schwingt es weiter bis in unsere Tage; übersetzt bedeutet dies in etwa 'Saal des Tanzes der Riesen'. - »Keine einzige alte Weihe ist zu finden ohne Tanz ...« bemerkt der griechische Schriftsteller Lukian im 2. Jahrhundert n. Chr. und schafft damit eine Parallele zu den vorkeltischen Einweihungs-Mysterien.

DOLMEN werden normalerweise zu den Gräbern gerechnet, doch ist eine systematische Einteilung der Gräber aus der Megalithkultur mit Schwierigkeiten verbunden. Der Dolmen, eine vier- oder mehreckige Kammer, zusammengefügt aus steil aufragenden Steinen mit einer darüberliegenden Steinplatte, hatte jedoch nicht nur die Funktion einer Grabkammer, sondern konnte gleichzeitig als Meditationsort oder Opfer-Altar dienen. Es sind auch freistehende Dolmen bekannt, die keine Grabstätten darstellten. Die Frage, ob über allen Dolmen einst Hügel aufgeschüttet waren, ist bis heute unentschieden. Die starke Neigung der megalithischen Baumeister zum Unsystematischen schlug sich auch hier in Sonderformen und Variationen nieder. Zwischen 2500 und 2000 v. Chr. dürften die Dolmen errichtet worden sein. Etwa zeitgleich reißt die ältere Tradition der Ganggräber ab, in denen meist ein schmaler, niedriger Gang zur Grabkammer führt. Eine Fülle neuer Grabformen entsteht, darunter die Hügelgräber.

Es ist vor allem der mächtige Deckstein, der dem Dolmen seine charakteristische Form verleiht. Wie ein riesiger Pilzhut liegt er auf den Tragesteinen, und bei manchen der freistehenden Bauwerke hat man den Eindruck, als schwebe er. Was verbirgt sich dahinter? Worin lag der hauptsächliche Zweck? Hat das, was einst als Grab begonnen hat, sich zum Tempel gewandelt, zum Zentrum eines Ahnenkultes? Merkwürdig dabei ist, dass überall dort, wo Dolmen zu finden sind, keine Steinkreise auftreten oder ausgesprochen selten sind. Heißt dies etwa, dass Dolmen und Steinkreis die gleiche Funktion erfüllten, also der Beobachtung von Sonne und Mond dienten?

Besonders in der Bretagne finden sich Dolmen mit einer Art von Fenster. Der Deckstein über der Hauptkammer des Dolmens liegt höher als der Deckstein über dem Eingangsbereich. Die Spalte, die sich dazwischen ergibt, das sogenannte Fenster, ist meist nach Süden ausgerichtet, und so können die Strahlen der Mittagssonne in das Innere der Anlage fallen. Es entsteht ein 'Lichtzeiger' in der dunklen, gruftartigen Dolmenkammer, an dem man den Stand der Sonne über dem Horizont ablesen kann, und in der Nacht gilt dasselbe für die Beobachtung des Mondes. Im Gegensatz zu den Steinkreisen, von denen aus der Sonnenauf- und untergang am Horizont beobachtet wurde, stand wohl beim Dolmen die Mittagshöhe der Sonne im Interesse. Es gibt Dolmen, in denen der Lichtzeiger sogar eine Figur am Boden beschreibt, je nach Jahreszeit. Mittels Markierungen konnte so der Stand der Sonne im Jahreslauf abgelesen werden, um eine exakte kalendarische Festlegung zu ermöglichen. Hierzu zählte auch die Schattenbildung. Das Studium von Licht- und Schattenwirkung der Steine im Tages- und Jahresverlauf gehörte vermutlich mit zu den Aufgaben der druidischen Astronomen. 'Leac an Scail' lautet der Name eines Dolmens bei Kilmogue in Irland. Übersetzt bedeutet dies: Der Stein, der Schatten wirft. Der

Volksmund nennt die Dolmen auch 'Druiden-Altäre'. (Keltisch: dol = Tafel oder Tisch / men = Stein.)

Die merkwürdige Konstruktion der Dolmen lässt die Vermutung zu, dass es sich um Kultstätten handelte, in denen Erkenntnisse erlangt werden konnten, die bei direkter, oberirdischer Sonnenbeobachtung wegen der gleißenden Lichtfülle nicht möglich gewesen wären. Die Öffnung aus dem Erdgeschoss zur Welt und den Himmelskörpern hin ließ sich trotz des abgeschlossenen Innenraumes vollziehen. In ihm wurde das Wirken der Götter erlebt; sichtbar im Sonnenlicht, das in die Dunkelheit der Dolmenkammer genauso eindringt wie in die Tiefen der Erde und das, alles durchstrahlend, Lebensprozesse hervorruft.

In den STEINREIHEN manifestiert sich der kultische Weg zur kosmischen Gottheit hin. In den reihenweise aufgerichteten, keilförmigen Menhiren von Carnac beispielsweise in der Bretagne lassen sich zwei Grundtypen ausfindig machen. Zum einen sind die Steine mit der Keilspitze abwärts in den Boden gebaut und wirken dadurch kopflastig, zum anderen stehen sie auf breiter, pyramidenartiger Basis und streben mit ihrer Keilspitze von der Erde weg zum Himmel. Durch beide Formen wird die Polarität von 'Oben' und 'Unten' sichtbar. Im abwärts gerichteten Keil drücken sich die aus dem Kosmos auf die Erde wirkenden Kräfte aus, Sonne, Mond, Sterne, Blitz, fallender Tau und Regen. Im aufwärts gerichteten Keil antworten Erde und Mensch echogleich von unten her dem Kosmos - der Mensch in Andacht, Dankbarkeit und Verehrung für die Götterwirkung, der alles Leben entstammt, erhebt sich zu den Höhen. Im freien Wechsel enthalten die Steinreihen beide Grundformen.

Eine dritte Grundform in der Steinreihe ist die Horizontale: Der Weg selber, der heilige Weg, der Prozessionsweg, über den sich mit Gesang und Tanz ebenso die kultische Verbindung zu den Göttern des Lichts vollziehen sollte. Häufig führen die Wege von Osten nach Westen, also in Richtung des Sonnenlaufes. Manche orientieren sich in ihrer Richtung an der Tag- und Nachtgleiche, andere wiederum an der Sommersonnwende. Auch lassen sich die Auf- und Untergangspunkte an den vier großen landwirtschaftlichen Festen mittels Steinreihen beobachten: Anfang Februar (Fest der Reinigung), Anfang Mai (Frühlingsfest), Anfang August (Erntefest), Anfang November (Fest der Nacht/Fest der Geister).

Steinreihen, deren Linienführung nicht den charakteristischen Sonnenstand im Jahreslauf anvisieren, dürften der Beobachtung des Mondes gedient haben. In den Steinalleen von Le Menec in der Bretagne, eine siebenfache Anlage, haben die Steine am Anfang nur eine Höhe von ca. 30-40 cm. Im Verlauf 'wachsen' sie nach Westen immer höher und enden mit einer Höhe an die 4 Meter in einem

Halbkreis. Steinreihen, die weder als astronomische Beobachtungshilfen noch als reine Prozessionsstraßen gedient haben, verbanden ganz einfach die Heiligtümer untereinander und schufen so ein Netz von Beziehungen. Immer aber ist in der Markierung bestimmter Punkte oder Strecken durch den Stein auf der Erde der Bezug zu den lebensspendenden Himmelskörpern angestrebt worden.

Nicht nur die Lebenden vollzogen hierbei den Gedanken des Weges, des Schreitens von einem heiligen Ort zum anderen, des Schreitens vom Irdischen zum Himmlischen. Auch die Toten sollten über die vom Stein besiegelten Wege ihre Seelen zu den Sphären der Götter aufsteigen lassen. So nahmen die Toten auch an den großen Festen teil. Und wo immer die Lebenden ihr Bewusstsein auf die Götter richteten, konnte man jene treffen, die schon oder noch unterwegs waren in die 'Anderswelt'. Diese Religionsvorstellung verleiht den vielen Steinreihen, die von Gräbern ausgehen, ihren Sinn.

Eine Steinreihen-Anlage mit 45 Menhiren, von 50 cm Höhe bis zu 4,5 Meter hoch, befindet sich am Stadtrand von Yverdon (Schweiz), unmittelbar nach der Abzweigung der Straße nach Yvonand und Payerne.

KALENDERSTEINE erfüllten als Beobachtungsstätte von Sonne und Mond eine ähnliche Aufgabe wie die Steinkreise und ein Teil der Dolmen. In einigen ihrer künstlich geschaffenen Spalten oder Scharten lassen sich astronomische Visierlinien erkennen, die beispielsweise genau in die vier Himmelsrichtungen weisen. Durch sie konnten die Positionen der Himmelskörper erkannt werden. Dasselbe gilt für die Sonnenauf- und -untergänge der Sommer-, bzw. der Wintersonnwende und für die Bestimmung des Höchststandes der Mittagssonne an diesen Tagen. An solchen Kalenderstätten, an denen man auch Schalen und Rinnensysteme antreffen kann, wurde der 'kosmische Kalender' sichtbar gemacht, begleitet von einem tiefen Empfinden für Naturvorgänge und die bäuerliche Kultur. Die Zeit der Aussaat, die Tage des Befruchtens der Haustiere, die Tage der Feste, sie mussten an den Bewegungen der Himmelskörper abgelesen werden. - Im schweizerischen Kanton Waadt befindet sich bei Gimel 'La Pierre Schacran', ein aufrechtstehender Stein mit Bohrlöchern, die vermutlich die Zwölfheit der Monate in der aufsteigenden und absinkenden Kurve des Jahreslaufs markieren. Ein Kalenderstein, der nach wie vor Rätsel aufgibt, ist der 'Götzenaltar' bei Böttingen auf der Schwäbischen Alb.

Nach all diesen Betrachtungen lässt es sich vielleicht erahnen, warum die alten Völker im Stein ein Lebewesen sahen und keineswegs nur totes Material. In Zeiten, in denen keine modernen technischen Hilfsmittel verfügbar waren, standen sie dem Wesen des Steins viel näher, indem sie ihn mit eigenen Händen bewegten und seine Mächtigkeit spürten. Ganz gleich, wie weit entfernt die alten Welten von uns im zeitlichen Sinne sein mögen, in den Steinen rücken sie so nahe zusammen, dass die Jahrtausende fast wie ein Augenzwinkern erscheinen. Unverändert stehen die meisten Stein-Heiligtümer noch genau dort, wo sie immer gestanden haben, als Botschafter aus der Welt der Mystik und zugleich Geheimnisbewahrer. Offen zur Welt hin, zu Erde und Kosmos, erlauben sie auch den Kontakt zu anderen alten Kulturvölkern und ihren Denkmälern jenseits der Ozeane. Denn, erst wenn man die vorchristlichen Kulturen der ganzen Welt in Augenschein nimmt, entdeckt man, dass alles zusammengehört.

WER WAREN DIE KELTEN?

Wir können davon ausgehen, daß den unterschiedlichen Volks- und Stammesgruppen der Kelten eine einzigartige und unabhängige Kultur zu eigen war. Dass die Historiker lange Zeit aufgrund der 'Schriftlosigkeit' eher auf ein primitives Niveau als auf eine Hochkultur schlossen, ist längst schon änderungsbedürftig. Die nordische Megalithkultur nahm ihren Anfang vielleicht sogar noch früher als die ägyptische Kultur um 3000 v. Chr.

Die bedeutenden Zentren der Megalithkultur sieht man insbesondere in England, Irland und der Bretagne, und doch war diese Kultur sehr viel weiter verbreitet und gehörte sogar zu den am weitesten verbreiteten Kulturarten der Welt. Megalithische Denkmäler finden sich nicht nur in nördlichen Breiten wie dem heutigen Deutschland, Dänemark und Südschweden, sondern auch auf der Krim, in Kaukasien, Thrakien (heutiges Rumänien und Bulgarien), auf Sardinien, in Nordafrika und sogar Palästina; sie alle tragen landschaftliche und geologisch lokale Züge, was auf eine lose Verbindung innerhalb der keltischen Stämme hinweist. Grundcharakter der Megalither ist die Bereitschaft zu Beweglichkeit und Veränderlichkeit. So sollte man vielleicht weniger von einer 'Megalithkultur' sprechen, sondern eher von einem 'Megalith-Gedanken', einem Weltbild, in dem die verschiedensten Gruppen geistig beheimatet waren; ein Weltbild, aus dem Wesentliches in vielfältigen bildlichen Darstellungen und in einfachen Volksmärchen bis heute überlebt hat.

Erst durch die in den sechziger Jahren entwickelte Kohlenstoff-14 Messmethode lässt sich die keltische Geschichte innerhalb des klassischen Rahmens 'Steinzeit - Bronzezeit - Eisenzeit' einigermaßen chronologisch erfassen. Solche Untersuchungen haben inzwischen Datierungen ergeben, die bis in die Mitte des vorchristlichen dritten Jahrtausends zurückreichen. Den griechischen Geschichtsschreibern waren die Kelten aber erst gegen Ende des 6. Jahrhunderts v. Chr. bekannt, unter ihnen Herodot, der von den 'keltoi' (griechisch) im Zusammenhang mit der Donau berichtet, deren Ursprung in den Pyrenäen vermutet wurde. Außerdem bemerkt er, dass die 'keltoi' jenseits der 'Säulen des Herakles' wohnen (gemeint war damit Gibraltar) und außer den Kynesiern das westlichste Volk Europas seien. Aus der 'Ora maritima Avienus' aus dem 4. Jahrhundert v. Chr. geht hervor, dass die Kelten Gallien (Frankreich/Norditalien) und den Südwesten Spaniens (Galicien) bevölkerten. Nach Caesar haben sich die Gallier selbst 'celtae' genannt. Bei den Römern hießen sie 'galli'. 'Keltoi' bedeutet 'die

Bekleideten' (altirisch celt = Mantel). Diese Bezeichnung weist auf den Gegensatz zu den halbnackten Urbewohnern Mittel- und Westeuropas hin. In Rasse und Sprache bildeten die Kelten einen Zweig der westlichen Indogermanen (Inder und Germanen) und standen den Germanen in Religion und Kultur nahe.

In der 'Geographica' des antiken griechischen Geographen Strabon heißt es hierzu: »Die Germanen unterscheiden sich nur wenig von den Kelten, höchstens durch etwas wildere Sitten, größeren Körperbau und blonderen Haarwuchs. Abgesehen davon ähneln sie sich stark und man findet die gleichen Gesichtszüge, die gleichen Bräuche und Lebensweisen. Daher rührt auch der lateinische Name, da die Kelten in den Germanen ihre Brüder sehen und sie daher 'Germani' nennen, was in ihrer Sprache soviel bedeutet, wie Brüder des gleichen Vaters und der gleichen Mutter.« Der Name 'Germanen' stammt also vermutlich aus dem Keltischen und könnte auch 'Nachbarn' bedeuten. Nach den Berichten des römischen Schriftstellers Tacitus bezeichnete sich ein kleiner, auf die nordische Bronzezeit zurückgehender Stamm, der als erster den Rhein überschritt, als Germanen. Dieser Stammesname wurde dann von den Kelten und Römern für die Gesamtheit aller der Herkunft nach ähnlichen Stämme verwendet. Der Historiker Karl Kromer vertritt die Meinung, dass die Bedeutung des Namens 'Germanen' nicht ganz geklärt ist. Die Interpretationen reichen von 'die Grimmigen' über 'die Befreundeten' bis hin zu 'die Hervorragenden'.

Uns aber interessiert die ursprüngliche Heimat der Kelten: Mitteleuropa. Bereits um 1000 v. Chr. gehörten West- und Süddeutschland zum Stammgebiet der Kelten, das sich über Ostfrankreich und bis zur Tschechoslowakei hin erstreckte. Im Laufe von Jahrhunderten zogen keltische Stämme von diesem Kerngebiet aus bis nach Italien, Griechenland und Kleinasien. Invasionen von der Atlantikküste über das Meer nach Britannien und Irland führten zur Keltisierung dieser Inseln, wodurch die vorhandenen, alten megalithischen Stätten eine neue Belebung erfuhren und in die keltische Mythologie einbezogen wurden. Die ganz frühen Wanderungen fanden schon in prähistorischer Zeit statt, wobei die ansässige Urbevölkerung unterworfen wurde und man sich mit ihr vermischte.

Der Brief des Apostels Paulus im Neuen Testament an die Galater richtet sich an niemand anderen als jene ausgewanderten gallischen bzw. keltischen Söldner und Kriegsverbündeten, die von Paulus zum 'rechten Christenglauben' und zum 'Evangelium' geführt worden sind. Noch heute heißt eine Landschaft nach ihnen 'Galatien' ('Gallien' ist der römische Name Frankreichs.) Andere Stämme siedelten an der französischen Mittelmeerküste und fanden den Weg bis nach England und Irland. Manche der keltischen Stammesnamen ergaben sich aus den

Landschaften, in denen sie siedelten. An der Ruhr waren es die 'Rauraker', in den Tauern die 'Taurisker' oder 'Noriker', an der französischen Seine die 'Sequaner', und bei Meth an der Mosel lebten die 'Mediomatriker'. In vielen Städtenamen haben die einzelnen Stämme überlebt wie beispielsweise in Lyon: Lugudunum, in Bordeaux: Burdigala, oder Worms, das sich vom keltischen 'borm' (warm), in Verbindung mit warmen Quellen, ableiten könnte. Die Flüsse Rhein und Rhone sind ebenfalls aus dem Keltischen abzuleiten.

Ein charakteristischer Grundzug aber verband alle keltischen Bevölkerungsgruppen: Ihre spirituelle, heilige Dimension, durch die sie alle Lebensprozesse, welche Universum und Welt bewegen und miteinander verbinden, zu erfahren suchten. Der Materie maßen sie keine höheren Werte bei, und so wundert es nicht, dass der gallische Feldherr Brennus, beim Betreten des Heiligtums von Delphi (279 v. Chr.) angesichts der Götterstatuen, denen die Griechen Menschengestalt verliehen hatten, in Gelächter ausgebrochen sein soll. Den in Stein gemeißelten Göttern der Griechen und Ägypter stand bei den Kelten ein inneres, andersartiges Wissen und Denken gegenüber, das die Überwindung des Stofflichen im Mittelpunkt sah. Das Göttliche war für sie der Kreislauf der ewigen Wiederkehr und ihre Vorstellungen von der 'Anderswelt' lagen im Bereich einer außersinnlichen Realität. Vor diesem Hintergrund lässt sich der fehlende Anreiz begreifen, ein 'historisches' Weltbild in Wort, Schrift und Daten für die Nachwelt zu erhalten, da Vergangenheit, Gegenwart und Zukunft für sie eine unteilbare, zeitlose Ganzheit bildeten. Über die Zeit, die sich dem menschlichen Zutun entzieht, sozusagen Buch zu führen, wäre für die Kelten einem Frevel an der Totalität des absoluten Seins gleichgekommen, dem 'Über-Ich'. Die irdische Welt wurde als eine Art 'Nebenschauplatz' und ihre Vorgänge als ein Resultat aus einer unsichtbaren Dynamik der 'Anderen Welt' gesehen. Demnach standen wohl viele Dinge des täglichen Lebens im Dienste des Transzendentalen, insbesondere in der keltischen Kunst, in der einzelne Elemente immer wieder auseinandergebrochen wurden, um sie in einer anderen, abstrakten Ordnung wieder neu erscheinen zu lassen als Beweis für die Unsterblichkeit der Seele.

Der antike römische Dichter Lukan bemerkte folgendes über die keltische Vorstellung von der 'Anderswelt': »Euren Lehren zufolge, ihr Druiden, steigen die Seelen weder in die stillen Wohnungen des Erebos* noch in die Tiefen der blassen Königreiche des Pluto** hinab. Es belebt sie in der anderen Welt der gleiche Atem, und wenn eure Gesänge Wahrheit enthalten, ist der Tod nur die Mitte einer lange währenden Existenz.« Dieses dynamische Weltbild der Kelten war für die damalige Menschheit, die im Begriff war, die Schwelle vom Alterum

*Finsternis der Unterwelt **Herrscher des Totenreiches

zur Neuzeit zu überschreiten, im Grunde genommen revolutionär. Durch eine unglaublich kühne Sichtweise für die Relativität der Erscheinungen wurde ein Ausgangspunkt für eine neue Zivilisation geschaffen, aus der eine neue Kunst, Religion und ein neues Denken hervorgingen. Der Blick für die Unendlichkeit des Unzugänglichen war geweckt, der Begriff der Abstraktion geboren. Und doch sahen sich die Kelten außerstande, der griechisch-römischen Welt die neue Weltvorstellung nahezubringen, da sie weder mit wissenschaftlichen Erklärungen noch mit praktischen Konsequenzen aufwarten konnten. Um diese keltische 'Transzendenz' von einer dynamischen Weltenordnung verständlich werden zu lassen, dazu mussten erst zweitausend Jahre vergehen.

Für den keltischen Geist bewegt sich der Mensch auf einem schmalen Grat zwischen Vernunft und Gefühl, zwischen Rationalem und Irrationalem, zwischen irdisch und transzendent, immer im Bewusstsein der Flüchtigkeit der Realität. Die Schöpfung selbst wird als ununterbrochener, ewig dynamischer Prozess begriffen. Die außermenschliche Wahrheit definiert sich für die Kelten weder in der Schönheit noch in ihrer Verherrlichung, sondern in den bewegten Kräften von Kosmos und Natur. Nicht die Form der Welle ist es, die sie zur Welle macht, sondern die Kraft ist es, die sie bewegt. Unablässige Wandlung, in der nicht die Schönheit selbst im Mittelpunkt steht, sondern auch das Altern der Schönheit als Bewegungsprozess, so wie es der Bildhauer Auguste Rodin mit seiner Frauenplastik der 'Heaulmiere' gesehen hat. Die göttliche Fügung wird nicht als strafendes Verhängnis angenommen, sondern als eine notwendige Umkehrung jenseits der sinnlichen Wahrnehmung: Der himmlische Plan als Umkehrung des irdischen Plans; Leben und Tod als extreme Seinsweisen ein und derselben Existenz, so wie Tag und Nacht; schwingende Bewegung des Universums.

So will auch die keltische Kunst von verschönten Formen und Vergegenständlichung nichts wissen. Mit ihren Objekten versucht sie das innere Wesen der Dinge zu ergründen, es quasi aus einer fassbaren Verhüllung zu befreien: Die verborgene Realität hinter der sichtbaren Welt mit ihrer schöpferischen Ausdehnung. Im Gegensatz zu den Griechen, deren Zivilisation und Tradition die Kelten bewunderten, verzichteten sie auf klassische Stilmittel. Geometrische Figuren, Linien und Strahlen waren ihre Ausdrucksmittel, mit denen sie die überwirklichen Kräfte einer Gottheit in ihrer weisen Ordnung darzustellen versuchten. Diese Abstraktionen lassen eine erstaunliche Ähnlichkeit mit der Kunst unserer Zeit erkennen. Sie sind Ausdrucksträger einer geistig-religiösen Erfahrung.

Diese Anschauung, nach der der Mensch dem Naturprozess und seiner Geschlossenheit auch nach seinem physischen Sterben dient, schuf auch die

Grab- und Totenkulte. Einer der merkwürdigsten Kulte ist wohl der Kopfkult, von dem an anderer Stelle nochmals die Rede ist. Die Häupter von Helden und Göttern spielen nicht nur in den keltischen Mythen eine besondere Rolle, sondern existierten in Wirklichkeit. Der gesamte Mittelmeerraum der Antike kannte den Brauch, Schädel als Orakel aufzubewahren, bei den Kelten jedoch wuchs er zu einem der wichtigsten Kulte aus, ein Kult, der sich noch bis ins Mittelalter in Gebieten fortsetzte, die von den römischen Invasoren verschont geblieben waren. Einbalsamierte Köpfe von verstorbenen Vornehmen, von Freund und Feind, waren das kostbarste, das es zu besitzen galt und mit weltlichen Schätzen nicht aufzuwiegen war, denn im Totenschädel sah man den Sitz der gesamten Persönlichkeit. Verbunden war damit die Vorstellung von der beschützenden Seele des Verstorbenen und seinen Kräften, die sich im Schädel manifestierten und seinem Besitzer zur Verfügung standen. In gewissem Sinne kann man diesen Kopfkult als Vorläufer der katholisch-christlichen Tradition betrachten, Körperteile von Heiligen als Reliquien in Schreinen aufzubewahren und sie in Prozessionen herumzutragen.

Mit der Lebensweise der Kelten, ihrem Aussehen und mit ihren kultischen und weltlichen Gebräuchen haben sich die antiken Geschichtsschreiber immer wieder befasst. Als kühn im Kampf und von barbarischer Wildheit werden die keltischen Krieger beschrieben. Bei Diodor heißt es: »Ihr Aussehen ist furchterregend, der Ton ihrer Stimme tief und äußerst rau... Sie haben eine scharfe Urteilskraft und zum Lernen fehlt es ihnen nicht an Begabung... Bei Tisch geraten sie häufig über Kleinigkeiten in Streit und fordern einander zum Zweikampf heraus, denn das Ende des Lebens achten sie für nichts... Bei den Galliern nehmen es die Weiber mit den Männern auf, nicht bloß an Größe, sondern auch an Stärke.«

Mit Mut und Todesverachtung kämpften junge, zu Männerbünden geordnete Krieger. Gefürchtet waren besonders jene Keltenscharen, die im Auftrag eines 'heiligen Frühlings' auszogen, um ihre Heimat nie wiederzusehen. Ein heiliger Frühling war ein kultisches Ereignis, das die Bevölkerungszunahme verhindern und sozialpolitische Erleichterung schaffen sollte. Alle Knaben, die in der Zeit eines heiligen Frühlings zur Welt kamen, wurden darauf vorbereitet, nach 17 bis 20 Jahren ruhmvoll im Kampf zu fallen. Darunter waren Blutsbrüdergruppen, die sich mit Eisenketten zusammengeschlossen opferten und dabei dem Feind hohe Verluste zufügten. Sie waren im Glauben an die Seelenwanderung und die Rückkehr der Toten zu ihrem Stamm, in Gestalt eines neugeborenen Kindes, erzogen worden. Die frühkeltischen Krieger kämpften nackt, ihre Nacktheit war von religiös-magischer Bedeutung, und auch die Galater der pergamesischen

Bildhauer sind noch ganz nackt. Erst spätgallische Statuenfunde stellen vollgepanzerte Krieger dar.

Fest steht jedenfalls, dass zum kultischen Kriegsbrauchtum der Kelten die Kopfjagd gehörte. In den Aufzeichnungen von Strabon, nach Poseidonios heißt es: »Zu ihrer Torheit gehört auch der barbarische und fremdartige Brauch, der meist den nördlichen Völkern zu eigen ist, dass sie, aus der Schlacht zurückkehrend, die Köpfe der getöteten Feinde über den Hals ihrer Pferde hängen, mit sich nehmen und vor der Haustüre annageln...« Wie die Schnitter zogen die keltischen Helden in den Kampf, um Köpfe zu ernten, und auch auf ihren Streitwagen führten sie Kopftrophäen mit.

Nur so erklären sich die vielen einzelnen Schädelfunde in La Téne am Neuenburger See in der Schweiz. Durch eine Unwetterkatastrophe muss ein ganzer Kriegstransport in den Fluss gespült worden sein. Nicht nur die antiken Griechen, sondern auch inselkeltische Mythologie und Archäologie bestätigen den sogenannten Kopfkult, dessen Wurzeln bis in die Steinzeit reichen. Wie schon angedeutet sahen die Kelten im Kopf den Sitz aller Lebenskräfte, und es galt der Glaube, dass der vom Körper getrennte Kopf eines Gefallenen dem keltischen Besieger als Schutz zur Verfügung stand. Er war Sitz der unsterblichen Seele und stellte die Verbindung zur 'Anderswelt' dar.

Der menschliche Schädel, um 180 Grad gedreht, ergibt einen Behälter. Und damit haben wir den Kessel als Symbol für das Unsterbliche und die Verbindung zum christlichen Gral. An Kultstätten und Heiligtümern fanden sich Köpfe als Weihegeschenke für die Götter, sogenannte Votivgaben, ebenso in Quellen, Mooren und Kultschächten. In der Zurschaustellung von Köpfen in Tempelnischen und Säulenhallen sahen die Kelten eine Kraftreserve. So erklärt sich auch der Brauch, Menschenköpfe über der Haustür anzubringen. Der auf den Steinpfeiler gesetzte Kopf hat sich bis in die heutigen Tage in der Steinmetzkunst fortgesetzt und ist - wohlgemerkt - in den Kapitellen der christlichen Kirchen vertreten (lat. Capitellum: Köpfchen, oberer Abschluss einer Säule).

Die Forschung nimmt an, dass heidnische Riten bzw. Kultkessel die Vorläufer des späteren christlichen Gralsgedanken darstellten und gleichzeitig Ausgangspunkt für eine reiche Sagenbildung waren, die sich um Becher und Trinkgefäße rankt. Im Kessel sahen die Kelten ein Sinnbild für Fülle, Weisheit und Wiedergeburt. Seine magischen Kräfte ergeben sich aus der Verbindung mit den Elementen Feuer und Wasser als Spender aller lebenserhaltenden Prozesse. Der Ur-Kessel ist nichts anderes als der Schoß der Muttergöttin. Kein Fürst kam in der Anderswelt ohne Kessel aus. Der berühmte Bronzekessel des Fürsten von

Hochdorf aus der Hohenasperggruppe bei Ludwigsburg (Stuttgarter Landesmuseum) fasst ca. 500 Liter.

Ziemlich sicher ist auch, dass Menschenopfer geschehen sind. Grauenhaft für uns die Vorstellung, dass Menschenopfer auch noch mit Kannibalismus verbunden waren. An manchen Opferstätten wurden nur Tier- und keine Menschenknochen gefunden, vereinzelt aber zeigen menschliche Knochenfunde Spuren von Messerschnitten auf. Das bedeutet, dass diese Opfer verspeist wurden, jedoch nicht aus Hunger, sondern als ein Teil einer kultischen Handlung. Auf diese Weise vereinigte man sich mit den Toten und nahm deren Kraft auf. Neben diesen für uns nicht begreifbaren Menschenopfern, welche die keltischen Priester zu ganz bestimmten Zeiten in Tempeln, Hainen und Viereckschanzen zelebrierten, gehörten die Tieropfer ebenso zum kultischen Ritual. Das wohl vornehmste Opfer war das Pferd. Sein Fleisch wurde im kultischen Kessel gekocht, und das gemeinsame Mahl war ein hochrangiges Ereignis.

Einer der spektakulärsten Funde ist der 'Lindow Man', eine gut erhaltene Moorleiche aus einem Moor von Manchester, der 1989 beim Torfstechen gefunden wurde. Die Keltologen kamen zu dem Schluss, dass das Opfer nach druidischem Ritual den keltischen Hauptgöttern Taranis, Teutates und Esus übergeben worden war, um die drohende römische Invasion abzuwehren. Der 'Lindow Man' könnte ein junger Aristokrat gewesen sein, der sich freiwillig zum Wohl der keltischen Welt geopfert hat, denn Anzeichen eines körperlichen Widerstandes waren nicht festzustellen. Dies erinnert an das kultische Königsopfer, das in alter Zeit bei vielen Völkern verbreitet war. Der König wurde geehrt und führte ein Leben in Reichtum und Glanz, doch wusste er, dass er eines Tages geopfert werden würde, um zum Wohlergehen seines Volkes zu sterben. Aus dem alten Mexiko ist bekannt, dass dort, wenn der Regen nicht zur rechten Zeit fiel, junge Mädchen freiwillig ins Wasser sprangen, im festen Glauben, dass sie nach dem Ertrinken sofort ins Paradies kommen und so den nötigen Regen erwirken würden. Bei den Juden wurde der Glaube an die Notwendigkeit des Erstlingsopfers in einer geläuterten Form im Opfergang Mariens mit ihrem Kind zum Tempel dargestellt. Wahrscheinlich ist die rituelle Beschneidung eine noch bestehende, aber verdrängte und vergessene Reminiszenz an das Knabenopfer.

Das riesige Ausmaß an Menschenopfern, wie sie die antiken Autoren beschrieben haben, kann den Kelten allerdings bis heute nicht nachgewiesen werden. Ihren Berichten zufolge sollen die Kelten kolossale Käfige aus Weide oder Holz und Binsen in Menschenform konstruiert haben, eine Art überdimensionale hohle Puppe, die sie mit Dutzenden ihrer Gefangenen vollstopften und mitsamt ihrem lebendigen Inhalt verbrannten. Bei den Opfern soll es sich hauptsächlich um verurteilte Verbrecher und Kriegsgefangene gehandelt haben, welche man für die nur alle fünf Jahre stattfindende Feuerzeremonie sammelte. Die frühesten Beschreibungen solcher Feueropfer zur Beschwörung der Fruchtbarkeit hinterließ uns Julius Caesar. Als Eroberer der gallischen Kelten dürfte Caesar ausreichend Gelegenheit gehabt haben, die keltische Lebensweise in Verbindung mit religiösem Brauchtum zu beobachten, obwohl er sich in seinen eigenen Berichten der Erfahrungen des griechischen Forschers Poseidonius bediente, der Gallien 50 Jahre vor Caesar bereist hatte. Aber auch andere Berichterstatter, wie der griechische Geograph Strabon oder der Historiker Diodorus, scheinen ihre Beschreibungen über die keltischen Opferbräuche ebenfalls aus den Aufzeichnungen Poseidonius hergeleitet zu haben. Dieser Umstand erschwert eine umfassende Sichtweise. Und doch gibt es Grund genug anzunehmen, dass überall im früheren Europa Menschen dem Feuer geopfert wurden. Als irdische Vertretung von Baumgeistern oder Vegetationsgeistern traten sie mehr oder weniger freiwillig ihren letzten Gang an, denn es galt der Glaube, dass aller Segen und alle Wohltat dem Feuer entströme.

Im Feuer selbst sah man einen Repräsentanten der Sonne. Nächtliche Fackelumzüge und Sonnwendfeuer sind die Ausläufer solchen Brauchtums bis in unsere Tage. Im Brauchtum der fasnachtlichen Winteraustreibung hat sich der alte Opferkult in schwacher Form ebenfalls bis heute behauptet. Nicht nur im Verbrennen der 'Strohhexe' im Funkenfeuer am Scheiben- oder Funkensonntag am ersten Sonntag nach der Fasnet, sondern auch im mitternächtlichen Spektakel am Fasnet-Dienstag vor dem Villinger Rathaus im Schwarzwald, wobei die ausgestopften, unförmigen 'Wuescht' alles Stroh aus ihrem 'Häs' ziehen, auf einen Haufen werfen und anzünden.

Ein ganz markantes Beispiel für die alte Überlieferung ist der schweizerische 'Böög', ein riesiger Strohmann. In früheren Jahrhunderten wurden in Zürich beim fasnachtsähnlichen Maskentreiben Strohpuppen verbrannt, und der 'Böög' wurde, zum einen als 'Wintermann' ausstaffiert, zum anderen auch in Anlehnung an den römischen Kriegsgott 'Mars', zum Richtplatz geführt. Heute noch, beim Zürcher 'Sechseläuten', wenn die Glocken den Frühling einläuten, wird ein mehr als 10 Meter hoher Scheiterhaufen in Brand gesteckt, auf dem der Strohmann thront, und die Art, wie sich der 'Böög' seinem Schicksal ergibt, ob standhaft oder wehrlos, soll Auskunft über Wetter- und Fruchtbarkeitsverhältnisse des kommenden Frühlings und Sommers geben. Neben solchem Brauchtum, in dem sich das vorchristliche mythisch-magische Welterleben zum Teil widerspiegelt, haben die Kelten aber auch eine Entwicklung eingeleitet, die sich stufenweise bis heute fortgesetzt hat. So bestätigen viele Funde die großen Leistungen der Kelten auf wirtschaftlichem Gebiet, deren Grundlage der Ackerbau war. Auch das Pflugmesser, das sogenannte 'Sech', ist eine keltische Erfindung. Zusammen mit dem Räderpflug hatten die Kelten damit eine den südlichen Kulturen weit überlegene Pflugmaschine. Im französischen Wort 'Charue' für Pflug steckt noch heute das keltische 'carruaca'. Genau so vielfältig und ausgereift war der keltische Wagenbau und ein weit ausgedehntes Straßennetz mit zahlreichen Rasthäusern und Umspannplätzen, das den Kelten regen und weitreichenden Handel erlaubte. Nachgewiesen ist, dass die Römer nach der Eroberung des keltischen Siedlungsraumes ihre Straßen vielfach auf altkeltischen Verbindungswegen anlegten.

Ebenso herausragend müssen die Kenntnisse auf medizinisch-chirurgischem Gebiet gewesen sein. Ein chirurgisches Besteck aus dem Grab eines Kriegers und Arztes in Obermenzing bei München belegt den hohen technischen Stand. Der keltische Chirurg von Obermenzing hat wohl schwerste, durch Schwerthiebe verursachte Verwundungen behandelt. Als besonders fortschrittlich einzustufen ist hierbei ein Instrument, das zuziehbare Drahtschlingen besitzt und zum Abbinden von Adern diente. Ein ebenso 'modernes' Instrument ist eine Ligaturöse aus einem jugoslawischen Grab, mit der man Adern umstechen und Amputationen vornehmen konnte. Instrumente dieser Art wurden bis in die Neuzeit hinein in fast unveränderter Form angewandt.

Zur Abrundung unserer Betrachtung der Welt der Kelten gehört insbesondere die Begegnung mit den 'Druiden'. Druide heißt soviel wie 'Hochweiser', verbunden mit der Gabe der Prophetie. Nur durch Erziehung, Ausbildung und Noviziat gelangte man in diese hoch angesehene keltische Priesterschaft; die Herkunft aus einem gehobenen Stand war wohl Voraussetzung. Julius Caesar zollt den Druiden in seiner 'De bello gallico' hohes Lob: »Ihre Kenntnisse waren so umfangreich, dass ihre Schüler zuweilen zwanzig Jahre brauchten, um sie in genügendem Maße zu bewältigen.« Ein anderer römischer Geschichtsschreiber, Pomponius Mela, bemerkt: »Die Schulung ist lang und geheim. Sie findet in Höhlen und Wäldern statt.«

Als Hüter der Religion waren die Druiden im Besitz einer Geheimlehre über Mensch, Erde und Kosmos, die sie ihren Schülern mündlich überlieferten und von der wir nur wenig wissen. Dem toten Buchstaben als Träger für das lebendige Wort mißtrauten sie bei der Handhabung der alten Mysterien. Gedächtnisstärke und die Kraft des gesprochenen Wortes wurden somit außerordentlich hochgeschätzt. (Dieser Kunst der mündlichen Tradition verdanken wir die Überlieferung der keltischen Mythen.) Ganz entscheidend aber war die Führung der Druiden auch in weltlichen Dingen. Dion Chrystostome berichtet zur Zeit des Kaisers Vespasian (um 70 n. Chr.): »Die Könige können nichts entscheiden ohne sie, ...die Könige sind Diener ihrer Gedanken.« So stand wohl das Wort des Druiden über dem des Königs.

Im keltischen Nordeuropa tritt der Druide auch als 'Cerunnes' = Hirsch auf. Der Hirsch spielt in der Mythologie eine ganz besondere Rolle. Der Hirschgott 'Cernunnos', der die im Tode gefangenen Lebenskräfte wieder freigibt und mit Hilfe der Muttergöttin Pflanzen, Tiere und Menschen wieder Gestalt annehmen lässt, sichert dem Toten den Weg in die Anderswelt und wieder zurück. Die Darstellung des Druiden in meditativer Stellung, mit einem aus dem Kopf sprießenden Hirschgeweih, lässt sich als Bild geistiger Verbundenheit mit dem Kosmos deuten. Eine der Reliefplatten des berühmten Kessels von Gundestrup (Nationalmuseum Kopenhagen) zeigt auch eine Szene, in der ein übergroßer Druide, oder auch Gottheit, einen kleinen Menschen in einen Kessel taucht. Taranis, ein dem Jupiter gleichgesetzter keltischer Himmelsgott ist im Begriff, das Rad bzw. die Sonnenscheibe zu schleudern: Symbol für himmlisches Feuer zur Befruchtung des irdischen Wassers. Unter der Hand des Druiden oder Gottes vollzieht sich die Wiedergeburt des Menschen im Kessel, deren Vorstufe die Anderswelt ist. Hierfür ist der mythologische Hintergrund in einem keltischen Jahresfest zu Ehren der Muttergöttin zu sehen.

Eine ebenso besondere Stellung wie die Druiden nahmen die 'Barden' als wandernde Sänger, Erzähler und Ratgeber im Volk und am Hof ein, denn für das Ansehen des Königs war es von Bedeutung, was der Barde von ihm sang. Der Barde gab den weltlichen Festen den Inhalt. In heiteren Versen baute er Brücken zu den mythischen Hintergründen. Er lobte und spottete gleichsam und weckte so das menschliche Gewissen. Vergangenheit und Gegenwart, Sinnliches und Übersinnliches miteinander zu verbinden und seine Zuhörer in ihrem Sinnen und Trachten nach dem Geistigen auszurichten, war sein wesentliches Anliegen. In Irland hatte die Bardenschaft noch weit in die christliche Zeit hinein Sitz und Stimme. Dort gingen die christlichen Klöster zum Teil Verbindungen mit den Bardenschulen ein. Die Worte des irischen Missionars Columban, der vor seiner christlichen Klostererziehung im 6. Jahrhundert eine Bardenschulung durchlaufen hatte, sprechen für Akzeptanz und Toleranz gegenüber einer anderen Geistigkeit: »Wer den Schöpfer kennenlernen will, lerne seine Schöpfung kennen.«

Demnach lebten hier vorchristlicher Mythos und christliche Verkündigung einhellig beieinander, und die alten Überlieferungen seit der Eisenzeit konnten sich durch diese unglaublich offene Haltung des Keltentums gegenüber dem alt-irischen Christentum in aller Reinheit erhalten. Anders dagegen in Frankreich und Britannien: Dort wurden das Keltentum vom Römertum überwältigt und die Mysterienstätten systematisch zerstört. Irland hingegen war das einzige keltische Land, das die Römer nicht annektierten. Die irischen Meere hatten einen schlechten Ruf, ein Gerücht, das wahrscheinlich von Irland aus gezielt verbreitet worden war. Zum Schluss stellt man sich die Frage, wo denn die Kelten geblieben sind, nachdem die zivilisatorisch rückständigen Germanen über den Rhein in westlicher und über die Mittelgebirge in südlicher Richtung vordringen konnten und es ihnen gelang, ihre Territorien zu Lasten der Kelten zu erweitern. Der Grund hierfür war wohl die Klimaverschlechterung und damit drastisch veränderte Lebensräume in ihrer nordischen Heimat. So nahm zunächst die Vermischung der Kelten mit germanischen Stämmen in Süddeutschland und am Oberrhein ihren Lauf.

Um 390 bis etwa 300 v. Chr. löst sich die kulturelle Einheit des Keltentums auf, und seine Stämme beginnen zu wandern, während die Grenze zwischen Germanen und Kelten vom Niederrhein entlang der deutschen Mittelgebirgsschwelle bis zur Weichsel verläuft. Um 200 v. Chr. reicht der keltische Kulturraum von Anatolien (Türkei) bis nach Britannien. Ab etwa 150 v. Chr. entstehen die von den Römern als 'oppida' bezeichneten keltischen Städte, Ausdruck einer letzten Blütezeit.

Während des ersten vorchristlichen Jahrhunderts, in der vierten und letzten Periode der Laténe-Zeit vergrößert sich der Druck der germanischen und römischen Invasoren. Mit der Eroberung Galliens (Frankreich) durch Cäsar und der Eingliederung ins Römische Reich verschwinden die Kelten als selbständiges Volk auf dem Festland. Eine provinzial-römische Kultur entwickelt sich. Das neue wirtschaftliche Leben bringt die Schrift mit sich und, zumindest unter Teilen der Bevölkerung, die lateinische Sprache. Die Laténe-Kultur (benannt nach einem Fundort in der Schweiz), die vier Jahrhunderte zuvor aus der Hallstatt-Kultur um 500 v. Chr. (nach einem Fundort in Österreich) hervorgegangen ist, geht unter. Die römischen Lager werden zu Keimzellen städtischer Siedlungen. Beispiele sind Köln (Oppidum Ubiorum), Trier (Augusta Treverorum), Mainz (Mogontiacum), Wiesbaden (Aquae Mattiacae) und Dankstetten im Kreis Waldshut.

Während und nach der Zeitenwende übernehmen die Römer die alten keltischen Kultplätze und identifizieren die verschiedenen keltischen Gottheiten mit ihren eigenen. Aber auch die Germanen haben ihre eigenen, kriegerischen Götter mitgebracht. Der keltische Glaube an die Götter des Himmels, des Feuers und des Wassers, an Quellen, Bäume und Steine, Kunst und Poesie, wird vom göttlichen Allvater Odin oder Wotan, den die Symbole der Kraft und Männlichkeit begleiten, verdrängt. Er hat alle anderen Götter neben ihm geschaffen. Dennoch leben hier und da alte keltische Religionsvorstellungen wieder auf, und zwar im Matronenkult rheinischer Stämme. Es finden sich aber auch bei den Germanen Vorstellungen von weiblichen Göttinnen in der Art der alteuropäischen Muttergottheit.

Das Imperium Romanum erreicht um 100 bis 120 n. Chr. seine größte Ausdehnung mit dem Besitz der Gebiete rund um das Mittelmeer sowie Teilen von Britannien und dem römischen Germanien. Schon 30 Jahre später wandern die Goten von der Nordküste Germaniens zum Schwarzen Meer ab und lösen die erste germanische Völkerwanderung aus. Mit der Begradigung der nun 550 Kilometer langen Grenzbefestigung 'Limes' haben die Römer inzwischen ein Bollwerk geschaffen, das die Bedrängung von Seiten des freien Germaniens aufhalten soll, aber nicht kann, denn ab 185 n. Chr. beginnen freie germanische Stämme immer wieder den Limes zu durchbrechen. Für das römische Reich wird, trotz vieler Siege, die Germanengefahr immer größer. Nach 200 treten die Alamannen, hervorgegangen aus den westgermanischen Sueben (später 'Schwaben') als ernstzunehmenden Gegner der Römer auf. Gleichzeitig nimmt die Zahl der Christen durch die Missionierung zu.

Die christliche Religion muss allerdings bis zu einem gewissen Maß mit der germanischen Vielgötterei leben. Dabei übernimmt Christus die Funktionen der zahlreichen Götter in einem. Christus als Lenker und Herr des Kosmos tritt an die Stelle der alten Sonnen- und Heilsgötter. Dem späteren römischen Kaiser Konstantin, der um 313 die Christenverfolgung beendet, erscheint das Christentum als nützlich, da es eine Gehorsamspflicht gegenüber dem Staat betont. Mit ihm entsteht das politisch-religiöse Dogma, in dem der Kaiser als Stellvertreter Christi als Herr des Staates und auch der Kirche anzusehen ist. Die Entwicklung zur Staatskirche ist eingeleitet.

Offiziell wird das Heidentum als 'schädlicher Aberglaube' verboten, trotz Widerständen von Seiten der Bevölkerung. An manchen Orten enden Glaubenskämpfe in der Zerstörung heidnischer Kultplätze. Hierbei versuchen christliche Missionare nicht selten, eine Brücke zwischen Heidentum und Christentum zu schlagen, indem sie Kultplätze 'entdämonisieren' und mit christlicher Symbolik ausstatten. So verbindet sich der alte Glaube mit einer Vorstellung des 'neuen' Gottes als Fordernden und Strafenden. Von den christlichen Missionaren wird dieses Gottesbild, das an den heidnischen Schicksalsglauben anknüpft, sogar gefördert; mit Warnungen vor dem Jüngsten Gericht versucht man eine moralische Besserung der Gläubigen zu bewirken. Das Schicksal keltischer Eigenart in Brauchtum, in Kunst und Kulten, das über Jahrhunderte wie ein Katalysator zwischen Römern und Germanen funktioniert hatte, war aber damit nicht besiegelt. Territorien, in denen keltische Stämme auf Dauer nachhaltige Wirkung gezeigt haben, waren die ganze Poebene bis nach Mailand als größtes Gebiet. Brixen, Bergamon und Verona sind weitere keltische Gründungen. Das alte Gebiet der Picenter an der mittelitalienischen Adria zählt noch hinzu. Kleinere Gebiete um Edirne, dem früheren Adrianopel, und am nördlichen Randgebirge Anatoliens (Pontisches Gebirge / Türkei), sind außerdem zu nennen. In Mitteleuropa aber war es ganz Böhmen, in dem der keltische Geist nachhaltig 'wehte'.

Und auf dem Balkan ist die Vermischung der beiden Volksstämme, der Illyrer und der Kelten, noch lange über die römische Herrschaft hinaus bis in unsere Zeit spürbar geblieben. Ebenso in Südwestfrankreich zwischen Pyrenäen und Garonne, wo keltisch-iberische Mischvölker überlebten. Ganz besonders erhalten blieb keltisches Wesen, neben dem des heutigen Frankreichs, auf den Britischen Inseln, wo viele einheimische Dialekte keltischen Ursprungs sind.

Die geistigen Impulse auf die Völker aber hat das Keltentum bis heute im Mythos, als einem untrennbaren Element im menschlichen Bewusstsein, hinterlassen. Die Lebensweisheit vieler Generationen konnte sich in vielfältiger Weise an der alten Kultur orientieren, in der das Gleichgewicht der Natur und der Erhalt ihrer Schöpferkräfte im Mittelpunkt standen.

HÖHLEN, STEINZEITLAGER: IM ZEICHEN DES URMENSCHEN

Schon die Menschen der älteren Steinzeit glaubten an ein Totenreich im Westen, wo die Sonne versinkend der Nacht weicht. So der Neandertaler, der mit dem Gesicht nach Osten zur aufgehenden Sonne hin begraben wurde - »ex oriente lux« (aus dem Osten kommt das Licht). Offensichtlich öffnete er sich bereits religiöser Sehnsucht, indem er Opferrituale vornahm. Und dass die Eiszeitmenschen der Schwäbischen Alb schon eine konkrete Vorstellung über ein Jenseits und ein Leben nach dem Tod hatten, darüber sind sich die Prähistoriker weitgehend einig. Ein eindeutiges Zeugnis für mit allerlei Zeremoniell beigesetzter Schädel sind die Höhlen der Schwäbischen Alb, die zu den reichsten archäologischen Fundgebieten Deutschlands gehört. In einem kleinen Höhenzug der Ostalb bei Holheim am Südrand des Nördlinger Rieses, das durch Meteoriteneinschlag entstand, liegen die Ofnethöhlen, die nachweislich zu den ältesten bewohnten Höhlen zählen.

Der Urmensch in seiner letzten Entwicklungsphase war der Neandertaler, Angehöriger der Art Homo sapiens, der im Zeitraum vor 350 000 bis 40 000 Jahren lebte. Seinen Namen hat er vom Neandertal bei Düsseldorf, wo er im Jahr 1856 gefunden und seine Skelettreste zunächst für Bärenknochen gehalten wurden. Die in spekulativen Bildern verbreiteten Vorstellungen vom Neandertaler als halbem Tier oder Primitivmenschen sind offensichtlich falsch. Als Bewohner einer erbarmungslos harten Natur war er in seinen Instinkten und Sinnesschärfe uns Heutigen weit überlegen.

Mut, Schnelligkeit und List musste er als Jäger beweisen. Er jagte Mammut, Wollnashorn, Höhlenbär, Wildpferd, Waldelefant, Rentier und anderes Wild ohne Hilfe des Hundes. (Der Hund, aus südlichen Rassen des Wolfes wahrscheinlich hervorgegangen, erschien in Europa erst mit den Bogenjägern der mittleren Steinzeit vor etwa 10 000 bis 8 000 Jahren.) Im Unterschied zu seinen Vorläufern, dem 'Homo habilis' und 'Homo erectus' vor 3 Millionen bis 300 000 Jahren, verfügte der Neandertaler über weitaus bessere Stein-, Knochen- und Holzwaffen und -Geräte. Die Frage, ob er eine Sprache gehabt hat, lässt sich nicht beantworten. Angesichts der zum Teil mit höchster Geschicklichkeit geschlagenen Feuersteingeräte, möchte man meinen, dass eine solche Fertigkeit nicht nur durch Zeigen, sondern auch durch mündliche Anleitung in Form einer noch wenig artikulierten Sprache weiter gegeben wurde. Auch kann man von einer Sozialstruktur der Familien und Jagdgruppen ausgehen.

In Höhlen und unter Felsüberhängen, sogenannten Abris, bezog der Neandertaler allerdings nur zeitweilig Quartier, handelte es sich doch bei ihnen um periphere Siedlungsplätze. Im freien Land schützten Zelte und Windschirme aus Tierhäuten den sprichwörtlichen 'Höhlenmenschen'(der, bei näherer Betrachtung, gar keiner war), wo er für seinen Lebensunterhalt den Wanderungen von nicht ortsfestem Wild folgte. In der Eifel fand man u.a. bei Gönnersdorf Grundrisse von drei jurtenartigen Behausungen. Zentnerschwere Schieferplatten hatten einst die Stangengerüste beschwert. Zunächst waren es jedoch nur Tierhäute, die über Äste gebreitet eine einfache Behausung darstellten. Tagsüber wurde die nächtliche Felldecke übergeworfen und durch Riemen gehalten. Aus diesem Schutzbedürfnis heraus hat sich wohl die spätere Bekleidung entwickelt.

Im Laufe der Zeiten suchten die umherziehenden Neandertalergruppen immer wieder ihre Stationen auf, in denen Jagdmöglichkeiten günstig waren.

Vor ungefähr 500 000 Jahren hatte der Vormensch den Gebrauch des Feuers und seine Erhaltung entdeckt: ein wichtiger Schritt in der Entwicklungsgeschichte der Menschheit, von dem der Neandertaler bei seinen zeitweiligen Aufenthalten in den Wohnhöhlen besonders im Winter profitierte. Mit Fellen oder Tierhäuten mehr oder weniger bekleidet umlagerte man das Feuer und labte sich an den Beutetieren, deren Fleisch in vielen Fällen roh gegessen wurde, vielleicht nach gehörigem Schlagen mit Keulen. An manchen Fundstellen zeigen die Knochen jedoch Feuerbenutzung an. Mit ihren mächtigen Muskeln auf Schultern und Nacken, die im Hals ineinander übergingen, und dem markant großen Kopf mit den starken Überaugenwülsten müssen die athletisch gedrungenen, leicht vorgebeugten Gestalten beim Schwingen ihrer Keulen einen wilden und furchterregenden Anblick geboten haben.

Ein Grund für die langsame Entwicklung der Steinzeitkulturen liegt hauptsächlich in der Abgeschiedenheit der einzelnen Gruppen innerhalb ihrer Jagd- und Sammelterritorien und dem zwangsläufig beschränkten Erfahrungsaustausch, der auch eine genetische Isolierung zur Folge hatte. Und dennoch konnten sich gegen Ende der Altsteinzeit und zu Beginn der Mittelsteinzeit neue Gerätschaften durchsetzen. In Europa, im angrenzenden Asien und in Afrika wurde es üblich, viele Geräte nicht mehr allein aus Stein oder anderen Rohstoffen zu fertigen. Statt ihrer wurden Knochen oder Geweihhorn mit Steinsplittern besetzt, die teils als Spitze, teils als Widerhaken oder als Schneide dienten. Auch kam der Gebrauch winziger Feuersteinklingen mit gestumpften Rücken auf, eine Art Federmesser, die sich sowohl bei den australischen Ureinwohnern als auch bei den südafrikanischen Buschmännern bis in unsere Zeit erhalten haben.

Erst in der Jungsteinzeit am Ende der Urzeit werden Austauschbewegungen durch gemeinsame Bildvorstellungen sichtbar. Geniale Felsmalereien und Ritzzeichnungen auf Knochengerät und Schieferplatten beweisen die Fähigkeit des damaligen Menschen zu abstraktem Denken und dessen künstlerischem Ausdruck. Früheste Darstellungen von Fauna und Jagdszenen dienten jedoch nicht nur der bloßen Abbildung, sondern dem Jagdzauber und der Beschwörung, wodurch man sich die Nahrungsgrundlage sichern wollte. Mit der Tierzeichnung sollte das lebendige Tier zum Fang angelockt werden. Aber auch der Geist des erlegten Tieres sollte dadurch versöhnt werden. Derlei Schlüsse lassen sich aus der Anordnung von Tierköpfen auf Knochengeräten als magisches Instrumentarium des Jägers ziehen. Als ein Beispiel hierfür mag ein Knochenstab aus der Petersfelshöhle bei Engen im Hegau dienen, auf dem sich die Köpfe wilder Pferde ornamental aneinander reihen. In dieser Höhle hockten die einstigen eiszeitlichen Jäger schon vor 15 000 Jahren um ihre Feuer, die sie mit halbflüssigen Fetten unterhielten. Wölfe wurden erstmals domestiziert und zu Hunden abgerichtet. Die Vermutung liegt nahe, dass die Tiere gleichzeitig als lebende 'Fleischreserven' gehalten wurden. Auch ein Anhänger aus Gagat, der eine stilisierte Frauenfigur zeigt, gehört zu den bedeutenden Funden aus der Petersfelshöhle, die weltweit Wissenschaftsgeschichte gemacht haben. Im Hegaumuseum in Singen, Schlossstraße 1, sind Funde aus dem Bereich Peterfels ausgestellt, darunter die berühmten Ritzzeichnungen, die ein Rentierpaar darstellen. Die Fruchtbarkeit der Frau, die zur biologischen Existenzsicherung gehörte, fand ihren Ausdruck in stark stilisierten Frauendarstellungen auch andernorts, wie beispielsweise in der Statuette der Venus von Willendorf in Niederösterreich. Überbetonte Brüste, Bäuche und Gesäße, manchmal in Verbindung mit Doppelgeschlechtlichkeit, kennzeichnen solche Plastiken und auch Zeichnungen unter dem Aspekt der Fruchtbarkeit. (Eine 30 000 Jahre alte Elfenbeinfigur, ein Pferdekopf, Lochstäbe aus Rentiergeweih und Schmuck wurden erst im Jahr 2000 in der Hohle-Fels-Höhle der Schwäbischen Alb bei Schelklingen entdeckt.)

Zur harten Auseinandersetzung mit dem Leben gehörte auch das Phänomen des Todes. Die Schädelbestattungen in der großen Ofnethöhle sprechen davon. In nestartigen Gruben fanden sich dreiunddreißig Schädel, meist von Frauen und Kindern, die zum Teil Hiebverletzungen aufweisen. Auch bezeugen Schnittspuren an den Halswirbeln die gewaltsame Trennung von Kopf und Torso. Die Ofnethöhle ist nicht der einzige Fundort, der auf kultische Menschenopfer schließen lässt. So weisen die Funde in der jugoslawischen Krapina-Höhle am Fuß der Ostalpen nördlich von Zagreb sogar deutliche Spuren von Kannibalismus auf, und es hat mehr als nur den Anschein, als seien die Menschenopfer unvermeidliche Begleiterscheinungen in der Jäger- und Sammlerlebensweise des Urmenschen gewesen.

Was könnte dahinter gestanden haben? Hatte das Ritual der Schädelbestattungen in der Vorstellungswelt des Steinzeitmenschen einen begründeten Sinn, der weitgehend im Verborgenen geblieben ist? Zur Fürsorge um das Wohlergehen der Toten mag auch der Wunsch nach Schutz der Lebenden vor den Toten gehört haben. Diente die aufgeteilte späteiszeitliche Bestattung von Kopf und Körper der Unschädlichmachung der Toten? Entging man damit ihrer Wiederkehr? Oder sollten die Opferungen etwa die Existenz der Lebenden sichern? Die Färbung der Opfergruben mit roter Erdfarbe aus Eisenocker, sogenannter Rötel oder Roteisenstein, wird als frühes Symbol der Lebenskraft angesehen. Mit dem Rötel oder Eisenocker gab man der blutlos bleichen Leiche ihre Lebensfarbe zurück. Dieser 'Farbtupfer' bei Bestattungen lässt sich bis in späte Zeiten verfolgen.

Fast drängt sich die Vermutung auf, dass die Verbindung von 'Opfer' und 'roter Farbe' für die Gemeinschaft der Lebenden die Kraft des Unsterblichen bedeutete, dass also die Lebenskraft der geopferten Menschen ihren Nachfahren dauerhaft zur Verfügung stehen sollte. Die zahlreichen Beigaben von Halsketten aus Hirschgrandeln und Ziermuscheln in der Ofnethöhle sind vielleicht mit ein Beweis für religiösen Opferkult mittels primitiver magischer Praktiken, mit denen die äußeren Lebensumstände auf die Jenseitsvorstellungen projiziert wurden. Das Ineinandergehen von Opfer- und Totenritual in der jüngeren Steinzeit lässt sich aus Brandschichten in urzeitlichen Kulthöhlen und Grotten ablesen. In vielen Fällen weisen die Knochen Schnittspuren auf, oder die Röhrenknochen sind aufgeschlagen. Offensichtlich wurde bei solchen kultischen Menschenfressermahlzeiten das Mark ausgesaugt. Die Spuren solch grausigen Geschehens in grauer Vorzeit fanden sich in der Jungfernhöhle bei Tiefenellern im Landkreis Bamberg auf dem nördlichen Ende der Fränkischen Alb. Dort tut sich durch einen Felsabbruch ein düsterer Höhlenschacht wie ein Schlund auf. Möglicherweise wurde dieser Schacht von den Steinzeitmenschen als Zugang zum Schoß der Erde gesehen, dessen unterirdischen Mächten vor allem Kinder und Jugendliche weiblichen Geschlechts als Nahrung zugedacht waren. Vor dieser Höhle müssen im Laufe der Jahrhunderte mindestens 38 Menschen getötet, zerlegt und verspeist worden sein. Opfer- und Speisegeräte aus Knochen sowie Steinwerkzeuge und später zu datierendes Tongeschirr belegen neben Leichenteilen die mörderischen Fruchtbarkeitskulte. Kinder und Jungfrauen waren der höchste Preis, mit dem die agraren Kräfte der Erde zur Existenzsicherung der Lebenden bezahlt wurde. - Die Sage von der herumgeisternden Jungfrau ohne Kopf ist bis heute örtlich überliefert.

Ausgrabungen in der 1869 entdeckten Byci Skala-Höhle in Mähren belegen den kultischen Betrieb noch bis in die viel spätere Hallstattzeit (ab 7. Jh. v. Chr.), in der die Opferriten ihren Höhepunkt erreichten, Riten, die stark an jungsteinzeitliche Bräuche erinnern. Kultmahle waren auch hier üblich, in deren Verlauf Menschen und Tiere geopfert wurden. Ein schmaler Einlass führt in diese Hallenhöhle, in der Brandschichten aus Erde, Holzkohle, kalzinierten Knochen und verkohltem Getreide bis zu einem halben Meter angewachsen waren. Die größere Brandstelle von über 60 Quadratmeter enthielt Stücke von Rädern und Radbüchsen, darunter auch die verkohlten Reste eines Menschen. In der Randzone fanden sich die vielfältigsten Gebrauchsgegenstände wie verkohlte Wollstoffe, Garn- und Schilfgeflechte, wiederum verkohltes Getreide sowie Bronzeschmuck, Glas- und Bernsteinperlen.

Der Bergarzt Dr. Heinrich Blansko, der die Höhle entdeckt hatte, schildert den Fundort wie folgt: »Außerhalb dieses Brandplatzes wurden auf dem festgetretenen Höhlenlehm in allen möglichen Lagen über 40 Skelette vorgefunden ... Einigen fehlt der Kopf, anderen die Hände und Füße, einige trugen Schmuck ... Nur wenige Männer waren unter ihnen, die Mehrzahl waren Frauen, auch der Rumpf zweier Pferde lag dabei, der Kopf und die Füße fehlten ... An der Felsenwand standen bronzene Zisternen, Kessel und Becken, die mitunter mit verkohltem Getreide gefüllt waren; in einem Fall enthielt ein Kessel einen menschlichen Schädel ... Auf dem Altar lagen, in verkohltes Getreide gehüllt, zwei abgehauene Frauenhände, mit Bronzespangen und goldenen Fingerringen geziert, dann die rechte Hälfte eines in der Mitte gespaltenen Schädels.«

Andernorts, und zwar in den Weinberghöhlen bei Mauern im Landkreis Neuburg an der Donau, fand man Teile eines jungen Mammuts aus der älteren Steinzeit, ebenfalls in Rötel gebettet und umgeben von Feuersteingeräten und kleinen Elfenbeinanhängern. Es ist dies ein Beispiel für eine rituelle Tierbestattung, wie sie auch im alten Ägypten und anderen frühen Kulturen üblich war. Es wird vermutet, dass Kulte um Geburt und Totenehrung sowie Jagdkulte überhaupt ihren Anfang bereits in der Urzeitgesellschaft der Vorneandertaler der Art Homo sapiens genommen haben. - So waren die Köpfe oder Schädel von Tieren Kultsymbole innerhalb eines Bezugssystems, in dem Mensch und Tier als gleichwertiger Teil der Natur empfunden wurden. Mit den religiös-magischen Bestattungen von Schädeln des Höhlenbären und häufig auch des Steinbocks personifizierte sich der Jäger mit seinem Jagdwild, im Glauben, dass dessen Kraft und spezifische Fähigkeiten in ihn übergehen würden. Zu den religiösen Vorstellungen gehörten auch die Totemtiere, die als heilig galten und deren Eigenschaften sich auf den Stamm übertragen sollten. Die Vorzeitmenschen betrachteten sie ebenso wie die späteren Naturvölker als Ahnen ihrer Sippen. Amulette aus Holz, Stein oder Knochen mit dem Abbild des Totemtieres sollten vor Gefahren schützen. Auch gehörte der Glaube an die Wiederverkörperung eines angesehenen Sippenmitgliedes im Totemtier zum Religionsbild. Entsprechende Totemregeln und Riten bildeten die Vorläufer zu Magie und Zauberwesen der späteren Medizinmänner und Schamanen.

Die uralte Frage, was nach dem Tode ist, dürfte den Urmenschen nicht weniger als den heutigen beschäftigt haben. Sein Traumleben war, wie auch noch bei heutigen in niederen Kulturstufen lebenden Menschen, nachweisbar viel stärker als bei denen, die in einem höheren geistig-kulturellen Umfeld beheimatet sind. Die physiologische Erklärung des Traums, in dem ihm ein Verstorbener in gewohnter Gestalt und Tätigkeit erschien, blieb ihm versagt. So zog er den Schluss, dass der Tote in Wirklichkeit als Glied der Sippe im Guten wie im Bösen immer noch am allgemeinen Tun und Treiben teilnahm, wenn auch unter anderen Bedingungen. Diese Vorstellung vom Leben nach dem Tod war ganz materialistisch, spricht man doch heute noch gelegentlich von einem 'lebenden Leichnam'. Indem der Tote also lebte, bestanden ihm gegenüber die gesamten sozialen Pflichten weiter.

Hier ist die letzte Quelle des Brauchtums der Grabbeigaben zu suchen. Auch die Erkenntnis einer Zweiheit von vergänglichem Körper und unvergänglichem Geist oder Seele mag diesem Boden entsprungen sein. Eine weitere Urform religiöser Gedankenkreise war die Vorstellung von der Belebung des Alls durch übersinnliche Mächte. Wind und Wetter wurden zu Wesen, das Wunder des Wechsels von Licht und Dunkelheit, von Tag und Nacht, das Wachsen und Vergehen, das 'Stirb und Werde' waren der vielgestaltigen Welt abgeschaut und führten am Ende der Urzeit zu pantheistischen Religionsvorstellungen, einer Lehre, nach der Gott in allen Dingen der Welt existiert. In dieser Urzeitgesellschaft wurzelt nicht nur die materielle, sondern auch die geistige Kultur der Menschheit. - Diese uralten Vorstellungen haben bis heute in den Naturvölkern überlebt. Jagdtierkult, Totemismus und Fetischismus sind die Überreste nicht nur bei den australischen Ureinwohnern, sondern auch noch heutzutage bei afrikanischen, asiatischen und amerikanischen Stämmen. Ihre ursprüngliche Form und Funktion werden sie wahrscheinlich mit der Zeit verlieren, ihr symbolischer und traditioneller Teil wird möglicherweise noch nach Jahrhunderten existent sein.

Könnten wir die Urgeschichte des Menschen in groben Strichen zeichnen, so würden sich die halbe oder ganze Jahrmillion Menschheitsgeschichte, die für uns Heutige Schöpfungsauftakt waren, gegenüber der vier bis fünf Milliarden Jahren seit der Bildung der Materie und den Bausteinen der Atome sehr bescheiden ausnehmen. Die Zeiträume vor der Menschwerdung sind so riesengroß, dass man sie nur in einen gerafften Maßstab übersetzen kann. Die erst Jahrhundertausende und Jahrzehntausende währende Entwicklung beschleunigte sich am Ende der Urzeit plötzlich jäh. Überträgt man diese Zeiträume auf die biblische Schöpfungswoche von sechs Tagen oder 144 Stunden, so ist der Mensch bei weitem nicht das alleinige Werk des sechsten Tages. Nein, denn in diesen Zeitraum des sechsten Tages würde auch die Bildung und Evolution der gesamten geologischen Formationen der Erde fallen. Der Mensch aber würde als urtümliches, mit einem Stein bewaffnetes Wesen nicht eher als frühestens zwei Minuten vor Mitternacht des letzten Schöpfungstages in Erscheinung treten, wobei die nicht ganz fünftausend Jahre alte Kultur und Zivilisation unserer 'neueren' Weltgeschichte in diesem Zeitrahmen lediglich eine halbe Sekunde ausmachen würde.

Wird der moderne Mensch aus biologischen Gründen aussterben, so wie einst der Neandertaler? Oder wird er es selbst sein, der seinem Planeten Erde den Todesstoß gibt und das Ende seiner Zeit einleitet; eine Zeit, kaum länger als ein Atemhauch in einer langen Entwicklungsgeschichte, ein Abschnitt in dem er, privilegiert wie kein anderes Wesen vor ihm, diese Erde zu beherrschen glaubte?

1. DER MENHIR VON DEGERNAU
(KREIS WALDSHUT)

Abgeschieden auf einer Hügelkuppe stehend, die von den Einheimischen 'Bühlhölzle', genannt wird, übt der Menhir von Degernau als Zeuge längst vergangener Zeiten eine besonders starke Faszination auf den Betrachter aus. In diesem weithin sichtbaren Stein verkörpert sich das klassische Beispiel für den Standort eines Menhirs: Mittelpunkt der Landschaft - gleichzeitig Verbindung vom 'Unten zum Oben'. Dieser Eindruck verstärkt sich noch, wenn man vor dem zwei Meter hohen Findling steht.

'Beim langen Stein' und 'Vorm langen Stein' sind Gewannamen, die noch auf einem alten Gemarkungsplan von Degernau aus der Zeit um 1700 zu finden sind. Diese Bezeichnungen ließen den Degernauer Lehrer Josef Schneider schon während der dreißiger Jahre hoffen, einen Menhir zu entdecken. Doch sollte es noch viele Jahre dauern, bis die Erde den gesuchten Stein preisgab. 1954 war es dann soweit. Ein Schüler Schneiders war der glückliche Entdecker. Nur etwa 10 Zentimeter ragte der umgestürzte Stein aus dem Boden. Er wurde freigelegt und mehrere Fachleute konnten bestätigen, dass es sich um einen urgeschichtlichen

Der Menhir von Degernau bei Sonnenaufgang - Verbindung vom 'Unten zum Oben'

Menhir handle. Aufgerichtet wurde der Stein erst 1971. Etwa 500 Meter von ihm entfernt, befindet sich ein ebenfalls von Josef Schneider entdecktes und 1970 rekonstruiertes Megalithgrab aus der Zeit um 2000 v. Chr., mit einer im Original erhaltenen 3,3 Tonnen schweren Deckplatte. Vorhanden ist auch noch ein Teil der Giebelplatte mit einem kreisrunden Loch und einem Verschlussstein in Zuckerhutform. Durch dieses Einstiegsloch oder 'Seelenloch' konnte sich, nach damaligen Glauben, die frei bewegliche Seele Zugang zum abgelegten Körper verschaffen, und den Lebenden bot es die Möglichkeit, Opfergaben für die Toten in das Grab zu legen. Im ganzen Land findet sich nur ein weiteres Großsteingrab: Der 'Heidenstein' bei Schwörstadt. – Auf den Betrachter wirkt der benachbarte Menhir wie ein Wächter über das Megalithgrab. In alter Zeit haben wohl beide in Beziehung miteinander gestanden.

Beliebig nach Degernau und von dort die Straße hinauf in Richtung Erzingen. Ca. zwei Kilometer nach dem Ortsausgang von Degernau taucht rechts am Straßenrand das Megalithgrab auf. 500 m weiter in östlicher Richtung steht der Menhir auf einer grasbewachsenen Kuppe.

2. DER ALTENBURGER KELTENWALL
(KREIS WALDSHUT)

Ab Mitte des 2. Jhs. v. Chr. entstanden in Mittel- und Westeuropa größere keltische Siedlungen, sogenannte 'Oppida'. Das lateinische Wort 'Oppidum' bzw. 'Oppida' (Plural) entstammt Julius Caesars Beschreibung gallischer Städte und bezeichnet grundsätzlich einen befestigten Platz. Nicht nur die Elite der Handwerkerschaft war im Oppidum vertreten, auch der Handel mit seinen umfangreichen und wertvollen Warenlagern ging von ihm aus, wie moderne Ausgrabungen bestätigt haben. Die bedeutenden Oppida waren Sitz der Stammesmagistrate. Im Jahr 1955 wurde erstmals mit der Ausgrabung eines Oppidums begonnen: Die Keltensiedlung von Manching bei Ingolstadt, in der sich sogar chirurgische Instrumente fanden, die auf einen überraschend hohen technischen Stand schließen lassen.
Julius Caesar und Kaiser Augustus hoben die wirtschaftliche Bedeutung dieser Plätze mehr als einmal hervor. Sie erklärt auch ihr Ziel, diese zu besetzen bzw.

Restaurierter Kern des keltischen Walles bei Altenburg

zu erobern. So wundert es nicht, dass die Kelten große Anstrengungen machten, diese Art von Siedlungen vor dem Feind zu schützen. Hierzu errichteten sie mächtige Wallanlagen. Eine solche Anlage finden wir heute noch im Klettgau in der Nähe von Schaffhausen am Rhein.
Am östlichen Ortsrand der Gemeinde Altenburg, nur wenige Meter nach den letzten Häusern, erhebt sich der 750 Meter lange Keltenwall, der von den Einheimischen schlicht 'Schanz' genannt wird. Er riegelte einst ein Oppidum auf einer Halbinsel zwischen dem heutigen Altenburg und dem steilabfallenden Ufer des Rheins ab. Bewohnt war diese keltische Siedlung zwischen 120 bis 15 v. Chr. Funden nach, wie zum Beispiel Ölamphoren und Keramik aus den Mittelmeerländern, muss der Ort ein bedeutendes Handelszentrum gewesen sein, lag er doch an einer aus der Schweiz kommenden und zum Hegau und darüberhinaus verlaufenden alten Handelsstraße.

Dass die Bewohner des Oppidums keine Mühen scheuten, ihre Schutzmauer so sicher wie möglich zu bauen, wird uns beim Anblick des teilweise rekonstruierten Innenlebens des Walls bewusst. Es ist ein hölzerner Verbund von insgesamt etwa 70 000 Meter Rundholz, wozu 7000 Bäume gefällt werden mussten. Auf drei zuunterst liegenden Reihen von Längsbalken im Abstand von ca. zwei Metern wurden vier Meter lange Querbalken im seitlichen Abstand von einem Meter mit langen, eisernen Nägeln befestigt. Eine Mauerstärke von ca. vier Metern war damit möglich. Nach oben setzte sich dieses Gitterwerk bis zu fünf Metern Höhe fort. Aufgefüllt wurde die hölzerne, drei-etagige Konstruktion mit Geröll. Ihre Frontseite begrenzte eine Setzmauer aus Bruchsteinen und die Rückseite bildete eine schräg ansteigende Rampe aus Erde. Auf dem Grat des Walles befand sich ein Wehrgang. Bemerkenswert die Maße der Eisennägel: Länge 30 cm. Stärke 1,5 cm, Gewicht 300-400 g. Ein Kilometer Wall erforderte 3000 Nägel mit einem Gesamtgewicht von etwa einer Tonne.

In Südwestdeutschland gehörte zu den vier großen keltischen Städten neben Altenburg das östlich von Freiburg im Breisgau bei Kirchzarten-Burg liegende Oppidum 'Tarodunum', eine 6 Kilometer lange, ein Gebiet von 190 Hektar umschließende Befestigung mit teilweise bis zu 15 Meter hohen, offenbar künstlich angeböschten Rändern über den Wiesengründen der Dreisam-Quellflüsse. In der 'Geographie' des ägyptischen Astronomen Ptolemäus erscheint es sogar namentlich. Den Namen muss Ptolemäus einer vorrömischen, nicht mehr auffindbaren Quelle entnommen haben, da 'Tarodunum' in der römischen Kaiserzeit nicht mehr weitergeführt wurde. Die -'dunum'-Endung scheint typisch zu sein für Oppida-Namen. Ein weiterer sprachgeschichtlicher Zusammenhang mit den Ortsnamen Zarten und Kirchzarten offenbarte eine St. Galler Urkunde von 765 n. Chr., die von 'Zarduna' und von 'marcha Zardunensis' spricht. Das Oppidum 'Burgstall' bei Finsterlohr-Creglingen im Main-Tauber-Kreis mit einem typischen 'Zangentor' mit einer 31 Meter langen Torgasse wurde wohl eher im 1. Jahrhundert v. Chr. als Fliehburg benutzt.

Mit über 1660 Hektar Fläche stellt das Oppidum 'Heidengraben' bei Grabenstetten/Erkenbrechtsweiler auf der Schwäbischen Alb bei Urach die größte Befestigungsanlage ihrer Zeit in Mitteleuropa dar. 1980 wurde eine Zangentoranlage bei Erkenbrechtsweiler freigelegt und restauriert. In diesen zurückgesetzten, nur durch Torwege erreichbaren, sackartigen Zugängen konnten die Feinde von beiden Mauerkronen aus angegriffen werden.

Kleinere Oppida aus dem 5. Jahrhundert v. Chr. wurden auf dem Münsterberg von Breisach im Breisgau und auf dem Limberg bei Obersasbach im nordwestlichen Vorgelände des Kaiserstuhls erkannt.

Über Schaffhausen nach Altenburg. Nun durch den Ort in Richtung Rheinau bis zum Ortsausgangs-Schild. Links neben der Straße erhebt sich der Keltenwall.

3. Der lange Stein von Tiengen
(Kreis Waldshut)

Der Anblick des mit über fünf Metern Höhe größten Menhirs Baden-Württembergs regt den Besucher zur Frage an, wie es möglich war, solche Steinriesen herbeizuschaffen und aufzurichten. Kultstätten wie Carnac oder Stonehenge haben diese Fragen schon lange aufgeworfen und ließen diverse Theorien entstehen. Eine der plausibelsten stammt von dem französischen Archäologen Z. Le Rouzic, der seine Forschungen in den ersten Jahrzehnten des 20. Jhs. durchführte. Er konnte praktisch nachweisen, dass rund hundert geschickte Männer mit richtig angesetzten Hebebäumen auch sehr große Langsteine bewegen können. Rechnet man noch Rinder als Zugtiere hinzu, so dürfte die Frage nach dem Bedarf an Bewegungskräften als gelöst erscheinen.

Der größte Menhir von allen, der 'Men Er-Grah', liegt in vier Teile zerbrochen in der Nähe von Locmariaquer bei Carnac in der Bretagne. Dieser 20, 3 Meter lange Steinriese ragte einst 17 Meter hoch in den Himmel. Mit seinen 347,53 Tonnen übertrifft er das Gewicht eines vollbesetzen Jumbo-Jets um 40 Tonnen. Sein natürlicher Standort war die 15 Kilometer Luftlinie entfernte Küste. Der Landweg beträgt gut das Doppelte. Herbeigeschleppt und aufgerichtet haben diesen Koloss die vor rund 4000 Jahren im Nordwesten Frankreichs lebenden Armorikaner, Nachfahren des Cro-Magnon-Menschen. Nach Theorien mancher Archäologen konnte die Fortbewegung des 'Men Er-Grah' auf Rollen nur mit Hilfe von mindestens 3000 Menschen ermöglicht werden: Ein für diese damals sehr dünn besiedelte Gegend ein unrealisierbares Aufgebot. Dieser Umstand spricht ebenfalls für die Auffassung von Rouzic.

Zum Aufstellen mächtiger Menhire wurden vermutlich Erdrampen gebaut, über deren Rand man den Stein in eine vorbereitete Grube absenkte. Der dann in einem relativ steilen Winkel an die Erdrampe anlehnende Stein konnte so mittels Hebebäumen und Seilen noch vollends in seine aufrechte Position gebracht werden. Dass der Durchführung des Projektes mit relativ einfachen Mitteln genaue statische Berechnungen vorausgegangen sein müssen, versteht sich von selbst. So stammen beispielsweise die Steine von Stonehenge aus dem nicht weniger als 230 Kilometer entfernten Ort Pembrokeshire im Süden der Grafschaft Wales. Letzte Klarheit gibt es auch heute noch nicht darüber, wie man vor annähernd 4000 Jahren ein solches Transportproblem zu lösen verstand.

Vor einem ähnlichen Problem müssen auch die Menschen gestanden haben, die vor Jahrtausenden den langen Stein von Tiengen aufrichteten. Nicht nur der Größe wegen übt der Menhir seine Faszination aus, sondern vor allem im Hinblick auf sein ungewohntes Umfeld, wo sich enorme Gegensätze begegnen. Wer vermutet schon einen Kultstein genau zwischen zwei Fußballplätzen? Wo heute die Fußballanlage des FC 08 Tiengen in der Landschaft steht, bildete einst die Wutach mit mehreren Armen ein Flussdelta. Auf einer Insel zwischen zwei solchen Armen hat er gestanden. Der Standort selbst ist gleich geblieben, nur das Umfeld hat sich geändert, etwa durch Eindämmung und Flurbereinigung der Wutach und dem Bau der Schul- und Sportanlagen. Seine Bedeutung aus vorchristlicher Zeit setzte sich bis ins Mittelalter fort. Er diente als Landmarke, und vor ihm tagte das Gericht.

Heute steht der Stein neben einem Fußballtor. Alles dreht sich hier ums runde Leder, nicht mehr um ihn. Doch immer noch bringt das Monument die Menschen zum Staunen, obwohl seine Bedeutung als Gebets- und Opferstätte in vorchristlicher Zeit nur wenigen bekannt ist.

Kultstein zwischen zwei Fußballplätzen

Von Blumberg aus kommend fährt man das Wutachtal hinunter bis nach Tiengen. In der Mitte des Ortes befindet sich eine Ampelanlage. Danach den Schildern 'Sportanlagen' folgen. Beim Schulzentrum nicht rechts in Richtung Sportanlagen abbiegen, sondern geradeaus zum 'Parkplatz Sportanlagen' fahren. Ab hier sind es wenige Meter zu Fuß zum Ufer der Wutach. Nun über die große Holzbrücke gehen, dann rechts halten. Nach wenigen Metern sieht man den Fußball-Platz und den Steinkoloss.

4. DER HUNNENSTEIN BEI NIEDERSCHWÖRSTADT (KREIS LÖRRACH)

Der Hunnenstein

In der Umgebung von Niederschwörstadt stoßen wir auf mehrere vorzeitliche Spuren. Da wäre als erstes der 'Heidenstein' am Fuß des Dinkelberges zu nennen, eine mächtige Steinplatte, die einst die Front eines im zweiten Jahrtausends v. Chr. aus fünf monumentalen Steinen errichteten Megalithgrabes bildete. Hiervon zeugt vor allem das schön ausgeformte 'Seelenloch' der Steinplatte, welches an das Megalithgrab von Degernau erinnert. In unmittelbarer Umgebung des Grabes stößt man auf einen Menhir, den 'Hunnenstein'. Er steht nur wenige Kilometer vom 'Heidenstein' entfernt, am östlichen Hang einer flachen Anhöhe des Gaisbühls im Gebiet der Gemarkung Niederdossenbach. Der Hunnenstein wurde von jungsteinzeitlichen Bewohnern des Dinkelberges oder des Hochrheintales aufgestellt. 1,60 Meter ragt der 2,50 Meter lange Stein aus dem Boden. Sein Querschnitt ist fast quadratisch und misst in Bodenhöhe 2,12 Meter. Nach oben verjüngt sich der Stein. An allen Seiten des Menhirs lassen sich Bearbeitungsspuren erkennen, die dem Stein sein säulenhaftes Aussehen geben. Mehrere Versuche, den Hunnenstein zu verschleppen, misslangen glücklicherweise. Sein jetziger Standort dürfte, den Volksüberlieferungen nach, identisch sein mit seinem ursprünglichen Platz.

Etwa 1,3 Kilometer vom Hunnenstein entfernt nordöstlich von Dossenbach, im westlichen Hanggebiet der Anhöhe 'Frickstalten', treffen wir auf einen weiteren Menhir, der von den Einheimischen schlicht und einfach 'Stein' genannt wird. Er ist ein oval walzenförmiger Pyramidenstumpf mit an der Ostseite abgeschrägter Spitze. Wie der 'Hunnenstein', so besteht auch der 'Stein' nicht aus dem hier gewöhnlichen Muschelkalk, sondern aus Albtalgranit. Beide Steine wurden als erratische Blöcke vom Schwarzwald während der Risseiszeit bis in dieses Gebiet transportiert. Vielleicht der Grund, warum man genau sie zu Kultsteinen auserkor. Wahrscheinlich haben sie mit dem Megalithgrab in Verbindung gestanden.

Beliebig nach Schwörstadt, von dort nach Niederdossenbach. Vor dem Ortsausgang Niederdossenbach führt rechts ein Sträßchen zur Marienkapelle. Vor der Kapelle steht ein Wegweiser, der auf den Hunnenstein hinweist. Diesem Schild folgen und links abbiegen. Ca. 300 m nach dem Mutterhof kommt eine Kreuzung, an der ein Steinkreuz steht. Hier wiederum links abbiegen. Den grün-weißen Schildern 'Hunnenstein' folgen, er ist leicht zu finden.

5. DER MENHIR VON NÖGGENSCHWIEL (KREIS WALDSHUT)

Gewann-Bezeichnungen wie 'Langenstein' oder 'Kurzer Stein' lassen uns aufhorchen, vielleicht sogar die Wanderschuhe schnüren, um nachzuschauen, was es damit auf sich hat. So zum Beispiel in Nöggenschwiel im Kreis Waldshut. Allzuweit aus dem Dorf mit dem malerischen Beinamen 'Rosendorf' muss man sich nicht bewegen, denn der 'lange Stein' steht unweit der Straße von Nöggenschwiel nach Höchenschwand im Gewann 'Langenstein'. Archäologisch ist er als Menhir anerkannt. Durch seine Lage auf der Hochebene, mit einem großartigem Ausblick bis in die Schweiz, schafft er eine Atmosphäre von Weite und Zeitlosigkeit. Eineinhalb Meter hoch ist dieser Menhir, an dem sich mit ein bisschen Fantasie vage Gesichtszüge erkennen lassen. Nördlich von Nöggenschwiel begegnen wir einem Gewann mit dem Namen 'Kurzer Stein'. Vielleicht stand dort einst auch ein Stein, eine Art kleiner Bruder? Könnte es sein, dass es auch noch so eine Art 'Onkelstein' gegeben hat, bzw. noch gibt, und zwar im Menhir von Tiengen, dem größten Baden-Württembergs? Wundern sollte es uns nicht, da sich alte Kultsteine oft viele Kilometer voneinander entfernt befinden und dennoch über Visierlinien miteinander verbunden sind.

Nahe dem 'Langenstein' findet sich die Appolonia-Kapelle. In vielen Fällen wurden heidnische Heiligtümer später verchristlicht und auch hier dürfte es so gewesen sein. Die hl. Appolonia ist die Schutzpatronin der Zahnärzte. Der Märtyrerin wurden um 250 n. Chr. bei einem Pöbelaufstand die Zähne ausgeschlagen, bevor man sie zur Richtstätte schleppte, wo sie lieber den Feuertod starb als dem Christentum abzuschwören. So wurde die im Volksmund 'Zahnkäppele' genannte Apollonia-Kapelle zu einem Wallfahrtsort der Zahnleidenden. Die jetzige Kapelle geht auf das 18. Jahrhundert zurück, ihr Ursprung ist älter und ihre Beziehung zum 'Langenstein' kaum zu übersehen.

Gewitterstimmung am Langenstein

Über Höchenschwand oder Waldshut nach Nöggenschwiel. In der Mitte des Dorfes befindet sich eine Wandertafel, auf der die Kapelle und der 'Langenstein' eingezeichnet sind. Der Menhir steht nur wenige Meter neben der Straße nach Höchenschwand.

6. DIE KALENDERSTEINE BEI ENDENBURG (KREIS LÖRRACH)

Kalendersteine dienten unseren Vorfahren als Beobachtungsstätten der Gestirne und der Zeitmessung. Durch die künstlich geschaffenen Scharten und Rinnen konnten sie den Stand von Sonne und Mond bestimmen. Beispielsweise war es möglich, Sommer- und Wintersonnwende zu ermitteln; an ihnen orientierten sich die Feste, die eine zentrale Rolle für Aussaat und Ernte spielten. Heute erinnert meist nur noch wenig an die einst lebenswichtigen Kalendersteine. Verborgen liegen sie im tiefen Wald, überwachsen mit Moos und Flechten, und ihre Bedeutung ist den Menschen längst nicht mehr bekannt.

Natürlicher Menhir mit kalendarischer Funktion

So auch in der Nähe des kleinen Schwarzwalddörfchens Endenburg bei Kandern, wo sich Sportbegeisterte über den am Ortsausgang in Richtung Kirchhausen liegenden Trimm-dich-Pfad mühen. Dabei kommt man auch an einem Kalenderstein vorbei. Die auf der Oberseite des ovalförmigen Steines eingearbeitete Spalte wurde in vorchristlicher Zeit geschaffen und ist auf den Stand der Sonne zum Zeitpunkt der Wintersonnenwende ausgerichtet. Es scheint, als wäre der Monolith auf den unter ihm liegenden Stein aufgesetzt worden. Durch zwei kleinere, daneben liegende Steine wird er vor dem Umfallen gesichert. Die dabei entstandene Spalte weist in nord-südliche Richtung. Achtzig Meter weiter, in östlicher Richtung, befindet sich ein weiterer Kult-Monolith. Seine Höhe von fünf Metern und der aufrechte Stand könnten natürlichen Ursprungs sein, andererseits lässt die aus mehreren Steinblöcken gebildete Mulde, in der der Monolith ruht, Vermutungen über ein künstliches Aufstellen zu. Die gratförmige Spitze des Steines ist auf den Stand der Mittagssonne am Tag der Wintersonnenwende ausgerichtet. Auf der Oberfläche der daneben liegenden Felsgruppe ist eine Scharte erkennbar, die in die gleiche Richtung weist. Es wird angenommen, dass auch dieser 'natürliche' Menhir als Kalenderstein genutzt wurde.

Nur einen Kilometer entfernt steht in westlicher Richtung im Massiv 'Stückbäume' ein weiterer Kalenderstein. Es dürfte für manche der früheren Himmelsbeobachter mit großen Schwierigkeiten verbunden gewesen sein, zur Wintersonnwende den Gipfel des 950 Meter hohen Berges zu besteigen. Dieser Umstand hat nach Meinung der Archäologen dazu geführt, die Winter-Sonnwend-Messungen stellvertretend auf den zuvor beschriebenen Menhir zu verlegen.

Von Kandern nach Endenburg und durch den Ort in Richtung Kirchhausen, bis links ein Parkplatz mit einer Wassertretstelle erscheint. Hier parken. Nun in den Wald hinein. Knapp oberhalb des Trimm-Pfades steht der erste Monolith. Ca. 80 m weiter östlich oberhalb der Straße in Richtung Kirchhausen findet man den zweiten Kalenderstein.

7. DIE BASILIKA ST. CYRIAK IN SULZBURG
(KREIS BREISGAU-HOCHSCHWARZWALD)

Die Krypta in der Kirche St. Cyriak

Trutzig, wehrhaft, eigenwillig steht sie immer noch da, die Klosterkirche St. Cyriak, deren wesentliche Teile über eintausend Jahre alt sind. Im Wandel der Zeiten hat sie ebenfalls Wandlungen erfahren und ist doch bis auf den heutigen Tag das geblieben, was sie immer war: eine Kirche von genialer Schlichtheit. Weder Sockel noch Profile hat sie aufzuweisen. In den Resten eines Mäanders entlang der Holzdecke begegnet uns ornamentale Malerei, in der sich keltische Verschlingungsmotive erahnen lassen. Urkundlich erwähnt wird die Kirche erstmals im Jahr 993. Eine Besonderheit ist der Turm von St. Cyriak; zu Beginn des 11. Jahrhunderts erbaut, ist er der älteste erhaltene in Südwestdeutschland. Dendrochronologische Untersuchungen ergaben, dass das Balkenholz des Turmes von einem im Winter 996 gefällten Baum stammt. Im Turm befand sich eine Herrenloge, deren später vermauerte Tür wieder freigelegt werden konnte. Diese Loge, von der aus an den Messen sozusagen von oben herab teilgenommen werden konnte, weist auf die einstige Burg auf der nördlichen Höhe hin, von der nur noch wenige Reste übrig sind; eine Burg zum Schutz des Silberbergbaus im Sulzburger Tal. Zur Herrenloge führt seitlich der Kirche eine Außentreppe.

Vor dem Turm hat einst eine Vorhalle gestanden (1509) und darüber wurde eine Michaelskapelle errichtet. Als Nachfolger heidnischer Götter trat der Erzengel Michael schon beizeiten das Erbe des alten Höhenkultes an; die ihm geweihten Kapellen stehen meist auf Bergen oder Anhöhen an vorchristlichen Plätzen. An anderen, im Tal gelegenen Plätzen, wusste man sich zu helfen, indem man Michael einen luftigen Aufenthalt im Turm der Kirche oder zumindest über dem Portal verschaffte, ein Zeichen für die einstige kultische Bedeutung des Ortes. In St. Cyriak wurden nach über einem halben Jahrtausend die Vorhalle und die Michaelskapelle abgebaut, dies aus bautechnischen Gründen, vielleicht aber auch, weil sich das Wissen um die Hintergründe allmählich verloren hat. Das alte Portal jedoch hat sich behauptet; versetzt an die Turmfront, lädt es heute noch zu den Zeugen versunkener Welten ein. Im Boden dieser Turmhalle sind diese alten Welten in der ehemaligen Westapsis des Gründungsbaues markiert, mit dem Grab des Stifters von St. Cyriak, dem Breisgaugrafen Birchtilo. Die Holzdecke in diesem Raum stammt aus dem Jahr 1509, die farbige Fassung der Fensterlaibungen ist an den östlichen Hochschiff-Fenstern noch original erhalten.

Eine wirkliche Besonderheit von St. Cyriak ist ihre Unterkirche, die Krypta unterhalb des Altarraumes. Über ein paar hohe Treppenstufen kann man hinabsteigen und findet sich dort wieder im mystischen Dämmerlicht einer 'Urinsel' der Andacht. Ein Heiligengrab ist nicht nachweisbar, und ob Reliquien in ihr verwahrt wurden, nicht bekannt. Die Säule, die das mächtige Gewölbe trägt, ist in dieser Form in anderen tausendjährigen Krypten kaum zu finden.

In der Regel verbindet man den Begriff der Krypta mit Grabstätten, Grüften. Das Wort selbst ist griechischen Ursprungs und bedeutet 'Verborgenes'. In der Literatur wird stets auf die Abstammung von den römischen Katakomben hingewiesen, was nur zum Teil richtig ist. Es gibt eine andere, neuere Meinung über den Ursprung der Krypten. Sie besagt, daß iroschottische Mönche diese Bauidee bei ihrer Missionierung auf das europäische Festland mitbrachten; in ihrer Heimat existierten schon vor dem Christentum unterirdische Räume, die der Meditation und dem Gebet dienten. Es entspricht einem Urbedürfnis des Menschen, Geborgenheit und Ruhe im Schoß der Mutter Erde zu finden. Krypten wurden nur in der Romanik gebaut, die Gotik kannte diese nicht mehr.

Nachdem Sulzburg als ein altes römisches Bergbaurevier anzusehen ist, stellt sich die Frage, ob sich die Mauern von St. Cyriak, wie auch anderswo, auf einem vorchristlichen Kultplatz befinden. Häufig wurden die keltischen Opferstätten von dem Römern übernommen, wo sie ihre gallo-römischen Tempel errichteten. So manch römischer Fundamentmauerzug mag noch verborgen unter einigen der ganz alten Kirchen unseres Landes liegen. Im Zuge der Christianisierung waren es die iroschottischen Mönche, die Toleranz walten, den Leuten aber ihre alten Plätze ließen. Der vielgöttige Charakter der alten Religionen, allgegenwärtig in der Natur, erklärt vor allem, warum das Christentum lange Zeit eine Stadtreligion blieb und sich nur langsam bei der Landbevölkerung durchsetzte. Die Landbewohner, im Unterschied zu den Stadtbewohnern, den 'urbani', nannte man 'pagani', was 'Heiden' bedeutet. Aufgrund von archäologischen Funden hat sich in den letzten zehn Jahren die Theorie verstärkt, die besagt, dass die ganze Gegend um Sulzburg römisch besiedelt war. Römische Fundstücke in der Kirche St. Cyriak zeugen noch davon. Weitere Beispiele für die Anwesenheit der Römer sind die 'Villa urbana' im nahe gelegenen Heitersheim, die römische Therme von Badenweiler, die römischen Töpfereien von Bad Krozingen und die 'Villa rustica' von Müllheim an der Stelle der Martinskirche.

Über die B3 nach Bad Krozingen, das südlich von Freiburg liegt. Von dort über die Landstraße nach Staufen und weiter bis nach Sulzburg und in den Ortskern. Die Kirche St. Cyriak liegt linker Hand der Hauptstraße und ist im Ort ausgeschildert. Sulzburg beherbergt auch einen der ältesten jüdischen Friedhöfe Deutschlands mit Denkmälern, die nachdenklich stimmen; ebenfalls im Ort ausgeschildert und in der Nähe von St. Cyriak.

8. DER TEUFELSSTEIN VON ST. ULRICH
(KREIS BREISGAU-HOCHSCHWARZWALD)

Vom Teufel zur Taufe - der 'Teufelsstein' von St. Ulrich

Z Geschichten und Legenden um Steine oder Felsen, die vom Teufel handeln, begegnet man fast überall im deutschen Sprachraum, und immer ist es der fromme Glaube, der das Zerstörungswerk des Teufels gerade noch im letzten Augenblick zunichte macht. Da kann der Teufel auf Rache sinnen, so oft er will, dem Gottesfürchtigen gegenüber hat er keine Chance. Was bleibt ihm da anderes übrig, als in seiner Wut mit riesigen Felsblöcken um sich zu werfen, dass es nur so kracht, möglichst in der Absicht, ein Gotteshaus zu treffen. Dabei wirft er einmal zu kurz, einmal zu weit und verfehlt stets das Ziel. Manchmal stampft er vor Zorn mit dem Fuß auf einen Stein und hinterlässt seinen Fußabdruck, weil ein Gott ergebener Mensch den Wurf verhindert, indem er drei Kreuze über dem Stein schlägt, und, was am allerschlimmsten ist, auch noch die Heiligen anruft.

Eine der 'Teufelsstein'-Legenden im süddeutschen Raum rankt sich um das einstige Kloster St. Ulrich im Möhlintal, südlich von Freiburg. Sein Entstehen verdankt es dem heiligen Ulrich, der von dem berühmten Abt Hugo zu Cluny im Jahr 1087 den Auftrag erhielt, im Schwarzwald einen geeigneten Platz zum Bau eines Klosters ausfindig zu machen. Ulrich stieß auf das Möhlintal mit seinen lieblichen Blumenwiesen. Ein plätschernder Bach und eine kristallklare Quelle gaben den Ausschlag zur Grundsteinlegung des Klosters. Die heilige Quelle findet sich bei jedem Ulrichheiligtum Europas, meist wurde über ihr sogar die Kirche erbaut. Nach erfolgtem Bau suchte der hl. Ulrich nach einem Stein, der einen Brunnentrog abgeben sollte. Vom Suchen müde, legte er sich im Wald zur Ruhe. Da erblickte er im Traum den gesuchten Sandsteinblock; rund und groß und für eine Brunnenschale wie geschaffen lag er inmitten wogender Algenwälder auf dem Meeresgrund. Seufzend wachte der heilige Mann auf: »Nein, diesen Stein kann niemand heben ...« Kaum laut gedacht, stand plötzlich ein Jäger vor ihm und erbot sich, den Stein herbeizuschaffen, wenn er Ulrichs Seele dafür bekäme. Zum Schein ließ sich der Heilige auf den Handel ein, machte aber zur Bedingung, dass der Stein noch vor dem ersten Läuten der Messe, vor Beginn der Wandlung um neun Uhr, herbeigeschafft sein müsse.

Der verkleidete Teufel, mit dem Handel zufrieden, verschwand sogleich, während Ulrich schleunigst heim zu seinem Kirchlein eilte, wo er angesichts der brenzligen Lage dem lieben Gott gegenüber kein Blatt vor den Mund nahm. Der liebe Gott hatte natürlich ein Einsehen mit Ulrich und machte, dass sich die Blätter des Messbuches von selbst wendeten und Ulrich die Worte von den Lippen flogen. Ein Paternoster nach dem anderen las er ab, und als die kleine Glocke von St. Ulrich den ersten Ton entsandte, landete der Teufel gerade mit dem Steinblock auf dem nahe gelegenen Berg mit dem passenden Namen Geiersnest. Jetzt klang auch schon das zweite Glockenläuten zu ihm herauf und raubte ihm jeden Nerv, denn himmlische Töne und Gotteslob verträgt kein Teufel. Mit einem Aufschrei der Wut schleuderte er den Stein ins Tal hinab und fuhr auf Nimmerwiedersehen davon. Ulrichs Mönche aber, nachdem sie den Stein im Klostergarten fanden, machten sich sogleich an die Arbeit und schufen ein wunderbares Becken daraus.

Der romanische Taufstein, der auf einen uralten Wasserkultus hinweist, ist mit seinem Durchmesser von 259 cm und einer Höhe von 72 cm ungewöhnlich groß. Neben Fabelwesen, Drachen und Vögeln schmücken je zwölf stehende und zwölf sitzende Heiligengestalten seine Wandung. Auf einem Spruchband heißt es »ORDO - DEO - PLENUS - MUNDO - CLAMAT - DUO - DENUS - QUOD - VERBO - FIDEM«, was so viel bedeutet wie: »Die von Gottes Geist erfüllte

Apostelschar verkündet aller Welt den Glauben.« Nachdem in der Gegend um St. Ulrich ein derartiger Sandstein nicht vorkommt, ist anzunehmen, dass die Schale als Geschenk des Mutterklosters Cluny während des 14. Jahrhunderts nach St. Ulrich fand. So hat sich auch hier, wie bei manch anderem Teufelsstein, die Sage um das Taufbecken gewoben, eine Sage aus dem Volk, das glaubte, nur der Teufel persönlich könne einen so mächtigen Stein herbeigeschleppt haben. Viele der vorchristlichen Opfersteine wurden durch die Kirche verteufelt und nur mehr die Sagen weisen auf den Kraftort hin, Beispiele sind Teufels- oder Hexensteine. In Böhmen findet man manchmal riesige Beckensteine in Kirchen, die noch heute kultisch verehrt werden. Viele solcher Becken oder Schalen weisen eine mit einer Quelle in Verbindung stehende Rinne auf. Dem Schalenwasser werden Heilkräfte zugeschrieben.

Beliebig nach Bollschweil, das etwa auf halbem Wege zwischen Freiburg und Staufen in unmittelbarer Nähe der Gemeinde Ehrenkirchen liegt. Von dort zum ausgeschilderten Kloster St. Ulrich das Möhlintal hinauf. Der Stein steht im ehemaligen Klostergarten bei der Kirche. – Das Möhlintal eignet sich besonders im Frühling für Wanderungen. Hunderte von Obstbäumen verwandeln die Landschaft dann in ein Blütenmeer.

9. Die St. Severinskapelle auf dem Mauracherbergle bei Denzlingen (Kreis Emmendingen)

Zerklüftete Mauern, alte Grabsteine und ein aus Hainbuchen und Eichen gebildetes 'Kirchendach' machen die Ruine der 1497 errichteten St. Severinskapelle auf dem Mauracherbergle zu einem mystischen Platz. Noch einmal 500 Jahre früher (962) soll hier die Kirche 'Ze Muron' (Maurach) gestanden sein. Der Geist der Jahrhunderte ist erhalten geblieben.

Alte Grabsteine vor der Kirchenruine St. Severin

Eine hier gefundene Reliefplatte aus der Zeit um 1400, die den hl. Severin zeigt, befindet sich heute in der St. Jakobkirche in Denzlingen.

Die Faszination, die von der Ruine der St. Severinskapelle ausgeht, zieht leider auch solche 'Besucher' an, die ihre Ideologien auf die alten Kirchenwände sprayen.

Beliebig nach Denzlingen, auf dem Parkplatz des Schwimmbades parken. Nun am Mauracherhof vorbei. Von hier aus geht es auf den Mauracherberg hinauf.

10. DER MAGDALENENBERG BEI VILLINGEN (SCHWARZWALD-BAAR-KREIS)

Auf dem 'Laible', am Südrand von Villingen, erhebt sich der einst mächtigste hallstattzeitliche Grabhügel Europas, der Magdalenenberg. Vor zweieinhalbtausend Jahren türmten die hier ansässigen Kelten 45 000 Kubikmeter Erde und Steine aufeinander. So entstand ein 12 Meter hoher Grabhügel mit einem Durchmesser von 107 Metern, dessen Fertigstellung 15 bis 20 Jahre in Anspruch nahm. Vor dem Baubeginn hatte man den mit Gras und Sträuchern bewachsenen Boden abgebrannt. Ob zur rituellen Reinigung, oder lediglich zur Einebnung des Geländes, bleibt unbeantwortet.

Der Magdalenenberg, der im Volksmund 'Magdalenenbergle' genannt wird, gilt als eine der bedeutendsten hallstattzeitlichen Fundstätten in Europa. Die erste Ausgrabung an diesem Ort wurde im Jahre 1890 vollzogen. Doch erst die zweite Hügelgrabung von 1970 brachte spektakuläre Entdeckungen ans Tageslicht und wurde somit zum Meilenstein in der Erforschung des keltischen Lebens. Obwohl den Kelten nur verhältnismäßig einfache Techniken zur Verfügung standen, gelang es ihnen, und auch andernorts wie beispielsweise auf dem 'Hohmichele', solche gewaltigen Landschaftsveränderungen zu schaffen. Inzwischen haben viele Jahrhunderte die einstigen Ausmaße des Magdalenenbergs schwinden lassen, fortgesetzt haben sich jedoch diese Kräfte der Zeit in der Magdalenenbergeiche am Fuß des Grabhügels.

Größter keltischer Grabhügel Europas - der Magdalenenberg

Die wissenschaftliche Untersuchung des Magdalenenbergs im Jahre 1970 verblüffte insofern, als die mächtigen hölzernen Balken der Grabkammer erstaunlich gut erhalten waren. Auch rief die in ihr zutage getretene hochentwickelte Zimmermannskunst größte Bewunderung hervor. Aufgrund von dendrochronologischen Verfahren, einer Wissenschaft, die anhand der Jahresringe von Bäumen eine relativ verlässliche Datierung von Hölzern zulässt, legte man den Zeitpunkt, an dem die Bäume zum Bau der Grabkammer geschlagen wurden, auf ein Jahr um 550 v. Chr. fest. Anhand der gleichen Methode fand man heraus, dass der tote Keltenfürst, samt seinen zahlreichen Schmuck-, Kult- und anderen Grabbeigaben, schon rund 30 Jahre nach der Bestattung von Grabräubern geraubt worden war. Mittlerweile stellt man sich jedoch die Frage, ob es wirklich Grabräuber waren, denen es allein um den Schatz ging, oder ob die Öffnung der Grabkammer auch andere Gründe gehabt haben könnte. Nach der Bestattung des Fürsten benutzten die Kelten den Magdalenenberg nämlich noch als Friedhof. 126 Gräber wurden von Archäologen in ihm gezählt und sie haben nachweisen können, dass dieser Keltenfriedhof wahrscheinlich nur für die Dauer einer Generation benutzt wurde. Dies gibt Anlass zur Vermutung, dass der Stamm nach eben jenen dreißig Jahren seinen Siedlungsbereich aus unbekannten Gründen verließ. Das Volk könnte seinen Fürsten, den es möglicherweise als eine Art Heiligen verehrte, mitsamt den fürstlichen Grabbeigaben zum neuen Siedlungsort mitgenommen haben, um ihn dort neu zu bestatten.

In diesem Zusammenhang ist zu erwähnen, dass erst mit dem Übergang zur Metallzeit prunkvoll ausgestattete Grabmonumente entstanden sind. Zuvor gab es, gemessen an den archäologischen Hinterlassenschaften Mitteleuropas, wahrscheinlich keine Kulte um Einzelpersonen oder Klassen wie sie beispielsweise die späteren Hallstattfürsten und Adelsgeschlechter darstellten. Zweifellos waren die so erlesen Bestatteten schon im Leben mit Reichtum gesegnet. Vierräderige Wagen mit Pferdegeschirr, sogenannte Prunkwagen, kostbarer Goldschmuck, kunstvolle Kessel und Trinkgefäße, rituelle Artefakte und sogar importierte Luxusgüter aus dem Mittelmeerraum wurden ihnen auf ihrer Reise in die Anderswelt mitgegeben. Auch der Magdalenenbergfürst hat wohl zu diesen Erlesenen gezählt, und die Frage tut sich auf, woher er seinen Reichtum genommen hat. Zu seinen zahlreichen Grabbeigaben zählten übrigens Bergmannswerkzeuge, wie Schlägel und Eisen. Nicht allzuweit entfernt, bei Hammereisenbach, befanden sich reiche Eisenerzlager und eine Fliehburg, das Krumpenschloss, und beim benachbarten Laubenhausen eine befestigte keltische Siedlung. Auch Salzvorkommen in Schwenningen am Ursprung des Neckars und im benachbarten heutigen Bad Dürrheim dürften eine gewisse Rolle gespielt haben und die Frage nach dem Ursprung des fürstlichen Reichtums vom Magdalenenberg, neben dem Erzabbau, mitbeantworten. Weitere Informationen hierüber erfährt der Leser an anderer Stelle dieses Buches.

In den Grabbeigaben nicht nur der großen Fürstengräber spiegelte sich auch der Kult der Kriegswaffen wider, woraus sich schließen lässt, dass Kampf und

Krieg einen festen Bestandteil der keltischen und vorkeltischen Kulturen bildeten. Gekämpft wurde um Land, Vieh, Frauen, Nahrungsmittelvorräte und natürlich Metall - Gold und Bronze als Inbegriff von Reichtum. So wurde das Schwert in der Epoche der Bronzezeit erfunden, eine Waffe, die ausschließlich für den Kampf gegen Menschen konzipiert war. Männern von Rang gab man es neben anderen Waffen mit ins Grab. Die Bestattung in Grabhügeln (Tumuli), charakteristisch für die gesamte Hallstattkultur mit Beginn um 750 v. Chr., dürfte, wie bereits erwähnt, ein Privileg der Mittel- und Oberschicht dargestellt haben, da auch ärmliche Bestattungen in einfachen Erdgruben für denselben Zeitraum nachgewiesen sind. Gerade diese Gegensätze weisen auf starke soziale Unterschiede hin und sprechen für eine deutlich geprägte gesellschaftliche Gliederung im späten Keltentum.

Man fragt sich vielleicht nach dem Sinn der Hügelform für Gräber. Beweisen lässt sich zwar nichts, aber Vermutungen seien erlaubt. Wahrscheinlich stellte der Grabhügel ein Modell der Anderswelt dar, abgeleitet von der Verehrung heiliger Berge und Hügel, die als Altäre der Götter betrachtet wurden. Der Grabhügel als ein symbolisches Reich auch für den Eintritt in den Schoß der Mutter Erde, in dem sich die Wandlung vom Tod zu neuem Leben vollzieht; der Grabhügel auch als Denkmal für das Leben des Verstorbenen und sein Wirken in dieser Welt.

Eine weitere Betrachtung in diesem Zusammenhang verdient der Kultkessel, wie er den Keltenfürsten ins Grab mitgegeben wurde. Kessel und Grabhügel wirken zusammen; in der Umkehrung sind sie formengleich. Der umgekehrte Kessel ist der Grabhügel, der umgekehrte Grabhügel ist der Kessel. Der Kessel symbolisiert die Wiedergeburt und Fülle. Dieser Wiedergeburt geht der physische Tod durch den Eintritt in den Kessel der Unterwelt voraus; der Kessel als Uterus der geistigen Wiedergeburt. In der Hügelform lässt sich aber auch, aus irdischer Sicht, die Himmelskuppel nachvollziehen; der Grabhügel als Abbild des Himmels und dadurch Paradies oder Anderswelt; der Hügel als eine sich aus der Erde erhebende 'Kugel', die sich in alle Raumrichtungen ausdehnt.

Beliebig nach Villingen und von dort in Richtung Krankenhaus zum Hallenbad (Südstadt). In der Saarlandstraße parken. Nun geht es die Saarlandstraße hinunter bis zur Kreuzung Laiblestraße. Dort rechts abbiegen und die Laiblestraße bis zu ihrem Ende gehen. Beim Schild Landschaftsschutzgebiet nach rechts. Nach wenigen Metern geht es nun links den Berg hinauf und am Hunde-Parcours vorbei. An der Weggabelung den rechten asphaltierten Weg nehmen. Bei Erreichen der Hochfläche ist linker Hand der Grabhügel zu sehen.

11. Das Krumpenschloss bei Hammereisenbach und Laubenhausen – Das gesuchte Pyrene? (Schwarzwald-Baar-Kreis)

Gut erhaltene keltische Mauer des 'Krumpenschloss'

Die vorgeschichtliche Anlage 'Krumpenschloss' auf der Bergkuppe des Schlossbergs über der Bregfurt beim Fischerhof wurde bereits 1782 vom Fürstlich Fürstenbergischen Hofrat und Archivar Carl-Friedrich Döpser beschrieben: »...bey dem Bauern Hof zum Grumpen genannt... ein Bollwerk, das aus einer ungeheuren Menge aufeinander gethürmter Steine bestehet...« In älteren Unterlagen wird das Krumpenschloss auch als 'Altfürstenberg' bezeichnet. Mit den Hintergründen hat sich der Fürstlich Fürstenbergische Oberforstdirektor i.R., Dr. Karl Kwasnitschka, jahrzehntelang beschäftigt und darüberhinaus die engen Zusammenhänge zwischen Krumpenschloss, Magdalenenberg und einer versunkenen, einstmals berühmten Handelsstadt bei Laubenhausen aufgezeigt. Mit einer Aufschüttung von ca. 45 000 Kubikmetern ist der Grabhügel auf dem Magdalenenberg bei Villingen das mächtigste keltische Fürstengrab Europas. Die Frage nach der Quelle des fürstlichen Reichtums ist berechtigt. Beim Betrachten der Landkarte fallen die Ortsnamen Hammereisenbach und Eisenbach ins Auge und man denkt unwillkürlich an Eisenerz und Bergbau. Und genau hierin dürfte der Reichtum des Magdalenenbergfürsten gelegen haben. Auch die Gewannamen 'Hammerwald', in dem sich der Schlossberg befindet, und 'Schmelztobel' sowie 'Mistelbrunn' sprechen für sich.

Die Reste des Krumpenschlosses, bestehend aus einem ovalen Steinwall 150 auf 80 Meter im Durchmesser, mit ausschließlich trockengesetztem Mauerwerk, weisen auf keltischen Ursprung hin. Nach Westen hin haben die Erbauer der Anlage zusätzlich zum Ringwall einen starken Doppelwall gegen das Vorgelände errichtet. Der Ringwall, der seinesgleichen sucht, dürfte insbesondere durch die ehemals bis ca. 10 Meter hohe Schildmauer für damalige Zeiten uneinnehmbar gewesen sein. Auch eine größere Toranlage war wohl vorhanden, und eine noch sichtbare Lücke im unteren Wall lässt hier einen Fluchtweg und Noteingang vermuten. Aus der Lage der Burg, nur 400 Meter von der Bregfurt entfernt, lässt sich schließen, dass mit dem Krumpenschloss dieser wichtige Bregübergang und der nördliche Zugang nach dem 1,3 Kilometer entfernten Laubenhausen gesichert waren. Möglicherweise hat die Anlage den Bergleuten und den Bewohnern von Laubenhausen in Notzeiten als Fliehburg gedient, vielleicht war sie auch ein Wohnsitz der Magdalenenbergfürsten, deren Herrschaftsgebiet sicherlich die landwirtschaftlich genutzte Westbaar einbezog.

In der Mitte des 5. Jahrhunderts v. Chr. schrieb Herodot, der 'Vater der Geschichtsschreibung', dass der Istros (gemeint ist die Donau) »im Lande der Kelten bei der Stadt Pyrene« entspringe und mitten durch Europa fließe. Aus vielleicht älteren Quellen schöpfend berichtet der Gelehrte Apollonios von Rhodos um 500 v. Chr., dass man die Kelten erreiche, wenn man den Rhodanos (die Rhone) aufwärts fahre und stürmische Seen überquere. Eine der antiken Fernhandelsstraßen ist anhand von griechischen Funden von Massilia, einer griechischen Kolonie (heute Marseille) nachzuweisen, die über den Genfer See dem Hochrhein und der Donau zustrebte. Ein anderer, wahrscheinlich noch älterer Weg führte von Lyon durch die Burgunder Pforte nach Breisach am Kaiserstuhl und wendete sich dann nach Osten durch Schwarzwald und Baar, wo der Anschluss an das Flusssystem der Donau das Tor zum Osten bildete. Und hiermit sind wir bei Laubenhausen.

Mit großer Wahrscheinlichkeit führte der Fernhandelsweg auch über das keltische Oppidum 'Tarodunum' in die Nähe von Laubenhausen und zwar nach Mistelbrunn. Die bedeutende keltische Stadtanlage bei Zarten im Breisgau, mit einer sechs Kilometer langen Befestigung und einer Fläche von 190 Hektar, war ein bedeutender Handelsplatz, der über Breisach mit Marseille in Verbindung stand. Erwähnt hat ihn schon Ptolemäus der II., Sohn des Freundes von Alexander dem Großen. Mistelbrunn selbst lag als Raststation an der wichtigen Kreuzung des West-Ost-Handelsweges. Die Überquerung des Schwarzwaldes, ganz gleich in welche Richtung, war in damaligen Zeiten nicht ungefährlich und Raststationen hatten lebenswichtige Bedeutung.

Die Lage von Laubenhausen war also äußerst günstig. Mit den Eisenerzvorkommen in der Nachbarschaft und der Nähe zum Fernhandelsweg ein idealer Standort für die Verhüttung der Erze, ihrer Weiterverarbeitung und schließlich Vermarktung. Nach Carl-Friedrich Döpser und der seinerzeitigen Überlieferung war Laubenhausen »...eine ehemalig berühmt gewesen sein sollende große Handelsstadt. Ihr Umfang soll sich auf eine Stunde Weges erstreckt haben und ihr Dasein fällt in die Zeiten des Heidentums. Wer sie zerstört, hat die Sage nicht auf uns gebracht, nur soll nach ihrem Ruin Villingen erbaut worden sein.« - Die frühhallstattzeitliche Siedlung Laubenhausen hat wohl erstaunliche Ausmaße erreicht; geschützt war sie durch Befestigungsanlagen von mindestens 4110 Meter Länge, die eine Fläche von ca. 70 bis 100 Hektar umschlossen. Ein zusätzlicher Schutz bedeutete das stark befestigte Krumpenschloss.

War dieses Laubenhausen identisch mit der Stadt 'Pyrene', über die Herodot berichtet und wo den Kelten nach die Donau entspringt? Die Historiker waren geneigt, das Wort 'Pyrene' als eine Verwechslung mit den Pyrenäen zu deuten. 'Pyros' bedeutet in griechisch 'Feuer'. Dr. Karl Kwasnitschka hat viele Antworten gefunden, sonst wären diese Ausführungen nicht möglich. In den Sommern 1988 und 1989 meisterte er die Kartierung der noch sichtbaren Steinwälle und Wallgräben, um damit einer Deutung der früheren Anlagen näher zu kommen; für die meisten von uns sind es nur unbeachtete Steinhaufen. Und so wundert es nicht, dass die Wälle im Südteil der Anlage um Laubenhausen fast vollständig abgetragen waren, da man sie zur Befestigung von Waldstraßen verwendet hatte. Insgesamt betrachtet ergeben die Wallanlagen im Nordteil von ca. 1160 Metern Strecke und im Südteil von ca. 2950 Metern das Bild einer einst gewaltigen Befestigungsanlage, wobei Doppelwälle eine besonders wirksame Verteidigungsanlage dargestellt haben.

Die kärglichen Reste von Laubenhausen zu schützen und der Nachwelt zu bewahren sollte uns alle angehen, denn ein 'Pyrene' hat man nicht überall quasi vor der Haustür.

Deutliche Spuren einer vorkeltischen Besiedlung der Gegend lassen sich übrigens in der Megalithanlage im Hammerwäldle, hoch über dem rechtsseitigen Bregtal und dem Ort Hammereisenbach, klar erkennen. Dort liegt der Kuckucksweiher, eine Gruppe von aufeinanderliegenden Felsblöcken aus Granit mit mehreren eingetieften Schüsseln, einem Schalensitz, eingeschliffener Kerbe und keilförmigem Sattelstein. Die größte Schüssel hat einen Durchmesser von fast 80 Zentimetern. In der Nähe, etwa 30 Meter hangwärts, liegen längliche, menhirartige Steine verstreut in einer Mulde. Auch das christliche Bannzeichen, das Kreuz ist vorhanden und somit lässt sich die Anlage mühelos in die typisierten Megalithformen des Schwarzwalds und der Vogesen einfügen.

Laubenhausen liegt im Forstdistrikt Oberholz auf Gemarkung Donaueschingen und zwischen Mistelbrunn und dem Bregtal bei Bregenbach-Zindelstein auf der Buntsandsteinhochfläche in einem ausgedehnten Waldgebiet. In alten Landkarten findet man die Eintragung 'Auf Laubenhausen' und in aktuellen Karten erinnert die Bezeichnung 'Laubenhauser Brunnen' an die Vergangenheit.

Im Nordteil sind die Steinwälle zum Teil noch gut erhalten. Sie sind 2,5 bis 3 Meter breit und 0,5 bis 0,8 Meter hoch. An einzelnen Stellen ist noch eine Einfassung durch gesetzte Steinreihen zu erkennen. Am Sauerbrunnenweg kann man auf 250 Metern 5 bis 20 Meter nördlich dieses Weges einen Steinwall, z. T. nur in Resten, verfolgen, der bis zum Krumpenweg hinführt und sich etwa 40 Meter nach Osten verfolgen lässt. Die Weitläufigkeit des Geländes macht es unmöglich, die Positionen von Wallresten, Hügelgräbern, einem alten Prozessionsweg und wahrscheinlich einer Viereckschanze hier schriftlich zu fixieren. Genaue Auskunft gibt der Sonderdruck des Vereins für Geschichte und Naturgeschichte der Baar 'Krumpenschloss und Laubenhausen - Burg und Handelsstadt der Keltenfürsten vom Magdalenenberg?' (1991 / aus Band 37).

Beliebig nach Hammereisenbach. Von dort auf der Straße in Richtung Wolterdingen nach Fischerhof, das Auto abstellen. 800 m nach dem Ortsausgangsschild von Fischerhof in Richtung Wolterdingen führt rechts ein Weg von der Straße über eine Brücke zu einem Bauernhof, dem Krumpenhof. Nun geht es rechts an dem Bauernhof vorbei. Kurz danach teilt sich der Weg. Wir nehmen den linken roten Sandweg, der uns nach oben in den Wald führt. Nach ca. 1 km bergauf kommen wir an eine Wegkreuzung. Wir bleiben auf unserem Weg und folgen der scharfen Linkskurve. Nach ca. 800 m erreicht der Weg seine höchste Stelle. Rechts des Weges erkennen wir die Wallanlagen des Krumpenschlosses.

12. DER BLINDESTEIN AM ROHRHARDSBERG BEI SCHONACH
(SCHWARZWALD-BAAR-KREIS)

Kreisrunde Opferschale auf dem Blindestein

Nicht weit entfernt vom Rohrhardsberg bei Schonach liegt ein etwa 10 Meter hoher Felsen, versteckt im tiefen Wald. So interessant wie sein Erscheinungsbild ist auch der Name: Blindestein. Eine kreisrunde Schale ist auf seiner Spitze in Stein gehauen, mit einem Durchmesser von gut 30 Zentimetern und die einzige auf der Felsengruppe. Ganz gleich ob nach wochenlangen Trockenperioden oder regnerischem Novemberwetter, stets ist die Schale mit schwarz schimmerndem Wasser gefüllt. Gab dieses 'schwarze Auge' dem Felsen seinen Namen?

Die Wissenschaft vertrat lange Zeit die Meinung vom 'menschenleeren Schwarzwald', der erst um ca. 800 n. Chr. besiedelt worden sein soll. An dieser Stelle sei stellvertretend Wolfgang Neuss, Dagmar Martin und Gerhard Aberle für alle anderen Aktiven des Geschichts- und Heimatvereins Hornberg für ihre Jahrzehnte währende, hervorragende Forschungsarbeit zur Vorgeschichte Hornbergs höchstes Lob ausgesprochen und für die Unterstützung dieses Buch-

Projekts gedankt, zeigten uns doch auch Herr Neuss und sein Team eine Fülle von megalithischen Anlagen im Raum um Hornberg, die so zahlreich anzutreffen sind, dass es den Rahmen dieses Buches sprengen würde, sie alle vorzustellen. Die Anführung der nun folgenden Plätze belegt jedoch eindeutig, dass die These vom 'menschenleeren Schwarzwald' in vorchristlicher Zeit ihre Gültigkeit verloren hat.

Beliebig nach Schonach. Von Schonach vorerst zur Wilhelmshöhe, dann das Prechtal in Richtung Elzach hinunter. Etwa 3 km nach der Wilhelmshöhe bei der Straßenserpentine am Mühlebühl dem Schild 'Skilift Rohrhardsberg' folgen, hier muss man links abbiegen. Bei der Skiliftanlage das Auto abstellen.
Ein Asphaltweg mit dem Sperrschild 'Anlieger frei' führt an der Skipiste vorbei. Auf diesem Weg bis zum Ochsenhof gehen (Bushaltestelle). Hier teilt sich der Asphaltweg, wiederum links halten, dem blau gerandeten Schild 'Gasthaus Schwedenschanze' folgen. Bei der nächsten Weggabelung den rechten Weg, der zum Waldrand zeigt, einschlagen.
Am Waldrand, beim braunen Schild 'Schonach' führen drei Wege in den Wald hinein. Den mittleren wählen und rechts am grünweißen Sperrschild vorbei gehen. Nun immer die Richtung des Schildes 'Gschasikopf - Oberprechtal 10 km / Siebenfelsen - Jach - Elzach 8 km' beibehalten.
Nach etwa 20 Minuten wird eine Wegkreuzung erreicht. Geradeaus geht es weiter bis zum Schild 'Am Eckle 1020 m. ü.d.M'. Etwa zehn Schritte hinter dem Schild fällt an einem Baum die Markierung mit der blauen Raute ins Auge. Dort führt zur Linken ein schwach ausgeprägter Pfad steil aufwärts in den Wald. Diesen Pfad benutzen, man ist nach ca. 5. Minuten am Blindestein, einer 10 m hohen Felsengruppe auf der bewaldeten Anhöhe. Am besten geht man um den Blindestein herum und versucht von der Hinterseite aus den Felsen zu besteigen. Auf dem höchsten Punkt befindet sich die Schale, versteckt unter einer Tanne.
Rückweg: Zurück in Richtung 'Am Eckle 1020 m. ü. d. M'. Mit Blickrichtung zur Kreuzung den linken Weg nehmen. Nach ca. 50 m führt ein nur schwach ausgeprägter Pfad rechts in den Wald hinein. Dieser wird bis zu seinem Ende (Schild 'Schonach') begangen. Unterwegs türmen sich beeindruckende Gesteinsmassen auf: die Geistfelsen. Über den Ochsenhof geht es zurück zur Skiliftanlage. Wanderzeit ca. 3-4 Stunden.

13. DIE MENHIRE AUF DEM STORENWALDKOPF BEI HORNBERG
(ORTENAUKREIS)

Deutlich erkennbar unterlegt - der Menhir auf dem Storenwaldkopf

Die 350 Meter hochgelegene Stadt Hornberg wird von mehreren mittelhohen Bergen umgeben. Einer davon ist der 703 Meter hohe Storenwaldkopf. Über seinen Rücken schlängelt sich ein schmaler Pfad, auf dessen höchstem Punkt ein gut drei Meter hoher Menhir thront. Immer noch deutlich erkennbar ist die kleinere Steinplatte, mit welcher der tonnenschwere Stein unterlegt ist und die ihn bis heute vor dem Umfallen bewahrt. 25 Meter weiter befindet sich ein zweiter, blockförmiger Monolith mit noch stattlicheren Ausmaßen. Auch an ihm lassen sich die Spuren einer künstlichen Aufrichtung deutlich erkennen. Auf seiner Oberseite befindet sich eine 20 cm tiefe Schale mit einem Durchmesser von 30 cm. Diese war dem Volk wohl bis in die jüngere Zeit bekannt, denn der Name 'Schüsselefels' ist heute noch ortsüblich. Im Gegensatz zum Menhir, auch Phallusstein genannt und in der Regel das männliche Prinzip verkörpernd, symbolisiert die Schale das Weibliche, das Empfangende. Um den Storenwaldkopf befinden sich noch weitere stehende und liegende Menhire, die auf einen alten Kultplatz hinweisen. Besonders stimmungsvoll wirkt der Ort an düsteren Novembertagen.

Vom Hornberger Stadtzentrum in Richtung Triberg fahrend, rechts in die Frombachstraße einbiegen. Nun geht es an der Brauerei Ketterer vorbei, dann an den Sportanlagen und am Freibad. 1,7 km den Frombachtalweg entlang bis zum letzen Hof fahren, hier parken. Ein Sandweg, an dessen Beginn sich ein Sperrschild befindet, führt steil den Berg hoch. Nach ca. 200 m kommt man zu einer Weggabelung. Den nach rechts führenden, breiteren Fahrweg wählen. Nach wenigen Minuten erreicht man eine Bank und sieht in der Ferne den Bauernhof, bei dem das Auto abgestellt ist. Mit Blick auf den Bauernhof hat man den Gipfel des Storenwaldkopfes im Rücken. (Wer sich verlaufen hat und sich auf einer Strecke befindet, auf welche die Beschreibung nicht mehr passt, gehe einfach immer weiter den Berg hinauf bis zum höchsten Punkt.) Von der Bank aus führt der Wanderweg ein paar Minuten leicht bergab, dann führt scharf links ein Weg (kein Pfad) steil hoch in den Wald. Einige Zeit später überquert man einen breiteren Fahrweg und nimmt den Weg, der gerade aus hoch in den Wald führt. Den schmalen Pfad, der ein paar hundert Meter links abzweigt, unbeachtet lassen. Nach kurzer Zeit teilt sich der Weg, den linken wählen. Kurz unterhalb des Bergrückens teilt sich der Weg erneut. Hier den rechten nehmen, der steil nach oben führt und mit Baumstümpfen übersät ist (Länge ca. 300 m). Auf dem Bergrücken angekommen führt ein schmaler Trampelpfad die 150 m direkt auf den Menhir zu. Der Schüsselefels liegt 20 m weiter unterhalb des Menhirs.

14. DIE MEGALITHANLAGE AUF DEM WINDECKFELSEN BEI HORNBERG (ORTENAUKREIS)

Der Name des 704 Meter hohen, hoch über Hornberg gelegenen Windeckfelsen deutet zwar auf einen alemannischen Beobachtungsposten hin, doch lässt uns nicht zuletzt sein seltsames Aussehen einen vorchristlichen Kultplatz in ihm vermuten.

Josef Naudascher, der langjährige Leiter der Fachgruppe für Archäologie des historischen Vereins für Mittelbaden, meint zum Windeckfelsen:

»Beim Windeckfelsen handelt es sich um ein seltsames geometrisches Gebilde aus Granit mit ungewöhnlichem Charakter. Seine Struktur und seine Lage am Steilhang neben dem schmalen Berggrat des Felsmassivs entspricht nicht dem sonst üblichen tektonischen Aufbau. Der Felsen beginnt etwa 30 Meter

Mächtiger Steinsockel mit Schale auf der Spitze des Windeckfelsens

unterhalb dem Berggrat am bewaldeten steilen Westhang, hat eine Basis von etwa 10 x 20 Metern und erscheint mit seinen geometrischen und zyklopischen Steinen wie aufgesetzt. Er ragt auf drei Seiten senkrecht gegen den Himmel. Seine untere Partie entspricht äußerlich einer rechteckigen Blockverwitterung. Sie ist strukturell grob- bis feinblockig unterteilt. Im oberen Teil dagegen ist der Fels seltsamerweise meist nur noch grobblockig. Er besteht dort aus zwei, etwa drei bis vier Meter hohen, durch eine Lücke getrennten Teilen. Der eine Teil, ein gegen Südosten auf dem Felsen stehender Block ist geviertteilt, wobei der oberste einer Platte gleicht. Sie überdeckt die darunter liegenden Blöcke und wirkt somit wie die aufgesetzte Platte eines steinernen Tisches.

Der nach Nordwesten stehende Steinblock ist durch eine gleich große blockige, etwa 40 cm hohe Schicht vom darunter liegenden Felsen getrennt und hat pyramidale Seiten. Er ist drei bis vier Meter hoch und wirkt wie ein mächtiger Sockel. Auf seiner 3 x 3 Meter großen Oberfläche ist eine kreisrunde, 32 cm breite und 22 cm tiefe Schale mit einem Auslauf nach Nordwesten eingearbeitet. Am Sockel vorbei ist ein schmaler Fußweg ausgehauen, der hinüber zum 'Steintisch' führt.« Geht die Spekulation zu weit, dass es sich hier um eine teilweise künstlich geschaffene Anlage handelt? Auch die über den Berggrat verteilt liegenden und stehenden menhirartigen Steine weisen auf die kultische Vergangenheit des Platzes hin und verstärken diesen Eindruck. Einer der Menhire ist künstlich unterlegt und ähnelt jenem auf dem Storenwaldkopf. Vielleicht standen sie miteinander in Beziehung? Denkt man sich den Wald weg, bestünde jedenfalls eine Sichtverbindung.

Beliebig nach Hornberg. Am Bahnhof parken. Die Franz-Schiehle-Straße hinaufgehen. Nach einigen Minuten links in die Straße 'Schmiedeacker' (Schild 'Windeckfelsen') einbiegen. Hier mündet der Asphaltweg in einen Sandweg. Am Wasserreservoir nach rechts und hinauf in den Wald gehen. Der Windeckfelsen ist ausgeschildert. Nach ein paar Minuten macht der Pfad einen scharfen Rechtsknick, kurz darauf kommt ein breiterer Fahrweg und der Wegweiser zeigt nach links, nach 500 m wieder nach rechts.
Nicht in Richtung 'Gesundbrunnen' gehen, sondern links dem 'H 17' Schild folgen. Nach ein paar Minuten kommt ein steil ansteigender Fahrweg, man hält sich linker Richtung. Beim Erreichen des nächsten Fahrweges rechts (H 17 Schild) bleiben, nach ca. 300 m führt links ein Weg zum Windeckfelsen hoch. Auf der Spitze des Bergrückens sieht man rechts den Felsen. Die Menhire befinden sich ca. 50 m weiter am linken Wegrand in Richtung 'Immelsbacherhöhe'.

15. DIE SCHALEN DES DACHSFELSENS BEI NIEDERWASSER
(ORTENAUKREIS)

Wie ein kaskadenartiger Felsengarten zieht sich der untere Dachsfelsen westlich von Niederwasser am Steilhang des 850 Meter hohen Gaisbergs entlang. Seine Spitze wird von einem großen Steinblock gebildet, der an zwei Seiten von mehreren kleineren Felsen getragen wird. Der so entstandene natürliche Dolmen entfaltet seinen Zauber besonders in den frühen Morgenstunden, wenn die aufgehende Sonne durch die in ost-westlicher Richtung liegende Dolmenkammer scheint. An der Westseite des Felsens befindet sich eine vertikal eingesenkte Doppelschale. Solche vertikal eingearbeiteten Schalen findet man auf allen Kontinenten. Die wie kleine künstliche Höhlen aussehenden Vertiefungen symbolisierten das Himmelsgewölbe und dienten darüberhinaus zur Beschwörung der Winde. Mit einer Opfergabe sollte der ortsansässige Windgeist günstig gestimmt oder auch besänftigt werden, denn er war es, der den ersehnten Regen brachte oder Sturm und Hagel verhinderte.

Auf den kleineren Steinformationen und Monolithen des Felsens finden sich neben der Doppelschale zahlreiche weitere 'Schüsseln'. Ein besonderes Objekt ist ein kegelförmiger, etwa vier Meter hoher Stein mit einer Schale, der sich nur wenige Meter unterhalb des Gipfels, auf einer der tiefer liegenden Steinterrassen

Pyramidenförmiger Schalenstein am Unteren Dachsfelsen

befindet. Eine natürliche Entstehung ist kaum wahrscheinlich. Eine Quelle entspringt am Berghang, sie führt nur noch wenig Wasser, aber das kann einmal anders gewesen sein. Die Vermutung, dass in den Schalen des unteren Dachsfelsens auch das Wasser kultisch verehrt wurde, liegt nahe.

Beim Weg, der am unteren Dachsfelsen vorbeiführt, geht es ein paar Meter den Hang aufwärts, bis schließlich ein ca. 10 Meter hoher Felsen auftaucht: der obere Dachsfelsen. Auf seiner leicht abgedachten Oberfläche findet man ein bemerkenswertes Schalensystem, bei dem eine kleine Schale durch eine Rinne mit einer größeren, sehr tiefen, ovalen verbunden ist. Ein Abfluss führt zum Rand des Felsens in eine Spalte.

Von Hornberg kommend in Richtung Triberg. Kurz nach Hornberg rechts in Richtung Niederwasser abbiegen. Dem Schild 'Schöne Aussicht' folgen. Nach 3,7 km führt rechts ein roter Sandweg in den Wald hinein (Hinterhauensteinweg). Als Orientierungshilfe dient der Telefonmast Nr. 13. Hier muss das Auto abgestellt werden, zu Fuß den Weg hinaufgehen, eine Schranke passieren. Kurze Zeit später führt links ein Weg hoch in den Wald. Diesen ein paar Schritte gehen, dann nach rechts durch den Wald auf den oberen Dachsfelsen zusteuern. Nach der Besichtigung der Schalen auf seiner Spitze wieder hinunter zum Weg. Nach weiteren 200 m liegt rechts des Weges die Spitze des unteren Dachsfelsen mit ihrem natürlichen Dolmen. Am Telefonmast Nr. 31 schlagen wir nach rechts ein. Nach ca. 30 Schritten links abbiegen. Wenige Meter später sieht man den kegelförmigen Stein, auf dessen Spitze die Schale thront.

16. Die Megalithanlagen beim Karlstein oberhalb von Niederwasser
(Ortenaukreis)

Treppenstufen am Fuße eines Felsens in der Nähe des Karlsteins

Der Karlstein ist mit 970 Metern eine der höchsten Erhebungen im Hornberger Gebiet. Die spektakuläre Megalithanlage dürfte kaum natürlich entstanden sein. Auf einem Absatz, bevor der Fels senkrecht abfällt, ragt ein vermutlich künstlich aufgestellter Menhir auf. Direkt vor ihm befindet sich eine 'Doppelschale', die aus einer kleineren und einer größeren 'Schüssel' besteht. Doppelschale und Menhir haben wohl miteinander in Beziehung gestanden. Die Stelle ist sehr schwer zugänglich und gefährlich, da hier akute Absturzgefahr droht. Im Falle der Selbsterkundung ist also äußerste Umsicht geboten. Im ganzen Gebiet um den Karlstein gibt es Schalen und auffallende Felsgebilde.

Ein mehrere Meter hoher Fels präsentiert an der Talseite zwei in den Fels gehauene Treppenstufen. Wer von diesen Stufen auf die rechte Spitze des Felsens schaut, wird unter dem zuoberst aufgesetzten Stein ein eingearbeitetes Kreuz erkennen. Im Fundbericht des Historischen Vereins für Mittelbaden, August 1989, schreibt Josef Naudascher von der Fachgruppe Archäologie: »Da die Möglichkeit

Menhir mit Doppelschale auf dem Karlstein

besteht, dass die aufragenden Felsblöcke seit der Steinzeit von Menschen aufgesucht wurden, ist dort mit frühgeschichtlichen Relikten zu rechnen«. Und tatsächlich wurden nur wenige hundert Meter unterhalb, im sogenannten Bergloch, Werkzeugfunde in Form eines sehr gut geformten Schabers und eines rautischen Rohlings aus Hornstein gemacht, die auf die Mittelsteinzeit, etwa 9. bis 5. Jahrtausend v. Chr., datiert werden. - Der Name Bergloch beschränkt sich auf das wasserreiche Quellgebiet des Offenbachs unterhalb des 1932 abgebrannten Berghofes. Dort entspringen seit langen Zeiten Wasserläufe, die auch heute noch zwei Weiher speisen. In diesem Gebiet befindet sich Mauerwerk aus besonders gewaltigen Steinen, die wie 'Heidenmauern' aussehen und über deren Entstehung noch gerätselt wird.

Bei einer Begehung des Bergloches 1997 durch Josef Naudascher, dem Geologen Dr. Helmut Eisenlohr und seiner Frau, fand Brigitte Eisenlohr etwa 100 Meter unterhalb der alten Fundstelle eine schmale Gebrauchsklinge aus Jaspis vom Isteinerklotz. Die Klinge, deren eine Seite die Steinrinde zeigt, hat auf der anderen Seite scharfe Kanten mit kleinen Gebrauchsretuschen. Eine Materialuntersuchung des Fundes ergab, dass es sich dabei um eine unmittelbar an der Rinde einer Rohknolle abgeschlagenen Steinklinge handelt; sie dürfte der Jungsteinzeit, etwa 5. bis 2. Jahrtausend v. Chr. angehören. Am Mundloch und entlang des Bächleins (Offenbach) wurde dann noch eine größere Zahl von Hornstein gefunden. Den Menschen der Steinzeit war demnach das Bergloch bekannt, wo sie das aus dem Berg austretende Bächlein nutzten.

Siehe Wegbeschreibung 'Dachsfelsen'. Vom Dachsfelsen weiter bis zum Hotel 'Schöne Aussicht'. Am Tennisplatz parken. Rechts der Straße führt ein Weg hinauf zum Karlstein. Nach Besichtigung der Doppelschale geht es weiter in Richtung 'Huberfelsen-Farrenkopf-Hausach' (siehe Schild). Nach 100 m erscheint rechts ein Felsen. An diesem Felsen rechts in den Wald einbiegen und etwa 200 m hangabwärts gehen. Am Steilhang erscheint ein mächtiger Felsen, an seiner Talseite befinden sich die beiden Stufen.

17. DER ALTARSTEIN AM ROMBACHSÄGEWERK BEI SCHONACH
(SCHWARZWALD-BAAR-KREIS)

Dieser sonderbare Steinblock übt eine besondere Faszination auf den Betrachter aus, steht er doch - außer einem sich daneben befindlichen anderen Stein - isoliert von weiteren Felsgruppen. Sein blockförmiges Erscheinungsbild lässt an einen Altar denken. Und so verwundert es nicht, dass sich auf seiner glatten Oberfläche eine schön gearbeitete Schüssel befindet. Ihr Auslauf ist genau auf den Sonnenaufgang zur Sommersonnwende hin ausgerichtet. Manchem von uns mag beim Anblick solch einer Schale das Blutopfer durch den Kopf geistern. Im Druidenheiligtum 'St. Jean les Saverne' wurden ganze Stiere und Pferde geopfert. Für Rituale dieser blutigen Art sind die Schalen im Raum Hornberg freilich zu klein. Doch gab es auch viele andere Gaben, mit denen man sich das Wohlwollen der Götter erkaufte: Früchte, Gebäck, Honig, Eier, Bier, Wein, Milch, Käse, Quark und sogar Wertobjekte wie Münzen und Stoffstücke.

Altarförmiger Stein mit Schale beim Rombachsägewerk

Man versuchte auf diese Art den Elementargeistern zu huldigen (Geistern des Feuers, des Wassers, der Erde und der Luft). Auch den Wald- und Wasserdämonen, den Schicksals- und Hausgeistern und den Seelen der Verstorbenen wurden Opfer dargebracht. Anlässe für Opferrituale waren Hochzeit, Geburt, Krankheit und Tod, aber auch lebenswichtige Arbeitsgänge wie Jagd, Ackern, Saat oder Ernte. Die wichtigste Voraussetzung für eine erfolgreiche Ernte war die Kraft der Sonne, die sich in den Sonnen- und Lichtgöttern offenbarte. Dies erklärt wohl auch, warum die Ausläufe vieler Schalen in ganz bestimmte Richtungen wie Süden, Osten, Sonnenaufgang zur Sommer- und Wintersonnwende, sowie auf die Tag- und Nachtgleichen ausgerichtet wurden.

Siehe Wegbeschreibung 'Karlstein'. Vom Tennisplatz in Richtung Schonach fahren. Nach ca. 3,5 km am Gasthof 'Karlstein' in Richtung 'Rombach Sägewerk' links abbiegen. Beim Sägewerk parken. Hinter dem Sägewerk zweigt links der Straße ein ansteigender geteerter Weg ab. Diesen nehmen, beim Telefonmast Nr. 20 rechts in den Wald hineingehen. Nach ein paar Schritten sieht man den Altarstein.

18. DIE SCHALENSTEINE OBERHALB DES RÖTENBACHERHOFES BEI GREMMELSBACH
(SCHWARZWALD-BAAR-KREIS)

Die weitgezogene, teilweise bewaldete Hochfläche oberhalb des Rötenbacherhofes zählt mit ca. 850 Metern zu den höchsten Punkten der Region. Das Panorama des mittleren Schwarzwaldes bis hin nach Osten zur Baar ist sehenswert. Am steilen Abhang der Hochfläche befindet sich ein Gebirgsmassiv mit mehreren Felsgruppen. Beim Betreten der Hochfläche selbst fällt eine vereinzelt stehende Felsengruppe ins Auge, die aus dem Wald herausragt und an einen heiligen Platz denken lässt.

Auf einer ihrer Spitzen wurde in den harten Granit eine auffallend große Schale gearbeitet; ihre Rückwand hat eine Höhe von über 40 cm und der Durchmesser beträgt 50 cm. An der Vorderseite fällt die Schalenwand flach ab, eine Einladung, sich in die Schale hineinzusetzen, sich an den Fels zu lehnen und die Füße baumeln zu lassen. Sitzsteine und steinerne 'Stühle' begegnen uns an vielen Orten und haben meist mit merkwürdigen Felsen zu tun. Hier mögen druidische Priester oder heilige Männer und Frauen gesessen und die Verbindung zum geistigen

Wesen von Natur und Kosmos gesucht haben. Manche der Sitze hat die Natur geschaffen, andere weisen deutliche Bearbeitungsspuren auf.

Wo Christliches auf Heidnisches trifft - das Kreuz im Spiegel der Jahrtausende

In der Nähe des Sessels aus Stein finden sich noch weitere Spuren des alten Kultes. Etwa 300 Meter in westlicher Richtung gibt es eine Felsengruppe, auf der ein christliches Kreuz den höchsten Punkt der Gegend markiert. Unterhalb des Kreuzes befinden sich mehrere Schalen und auch auf der Südseite der Felsengruppe sieht man vier schön geformte Schalen. Auf einem Felsen davor liegt ein großer, mehrere Tonnen schwerer, vom übrigen Fels getrennter Steinblock; er trägt auf seinem Rücken eine weitere Schale. Der Steinblock ähnelt mit seinem spitz zulaufenden Sporn einem Pfeil. Dieser 'Pfeil' zeigt exakt nach Süden. Unterhalb des 'Pfeilsteins', im Fels darunter, entdeckt der Betrachter wiederum eine Schale. Zwischen beiden, Deckstein und Schale, gibt nur etwa zehn Zentimeter Freiraum. Einige Meter unterhalb der gesamten Felsengruppe liegt am Hang ein flacher Stein, dessen Oberfläche zwei, durch einen Ablauf miteinander verbundene Schalen trägt. Es handelt sich um eine kleinere und eine tiefer liegende größere, eiförmige Schale. Von dieser Schale aus verläuft ein Rillensystem über den gesamten Stein. Zwei sich kreuzende Kanäle, der eine in ost-westlicher, der andere in nord-südlicher Richtung. Auch der Auslauf der eiförmigen Schale zeigt nach Süden. Die Assoziation zum strömenden Wasser ist gegeben. Vielleicht ist dieses künstlich geschaffene Rillen- und Schalensystem Symbol für die lebensnotwendigen Adern, wie sie die Ströme, Flüsse und Bäche in der Landschaft darstellen. Diese Lebensströme der Erde sind auch vergleichbar

Merkwürdiges Rillensystem auf einem Felsblock

mit dem menschlichen Blutstrom. Sicher hat die Natur mitgearbeitet, doch lassen manche Schalenausläufe stark an Fließkulte denken, die ein sensibles Bewusstsein ihrer Betreuer für Zusammenhänge vorausgesetzt haben dürfte. - In der Nähe der Felsengruppe gab es noch im 20. Jh. eine Quelle, sie ist versiegt. Eine knorrige, alte Buche, die sich in der Enge der Felsen emporreckt hat sich bis heute behauptet. Sie trägt dazu bei, die Erinnerung an einen einstigen 'Felsentempel' im 'Land der tausend Schalensteine' um Hornberg herum zu bewahren.

Von Hornberg bzw. Triberg kommend in Richtung Gremmelsbach fahren. Etwa 100 m vor dem Ortsschild 'Gremmelsbach' links in Richtung Rötenbach-Althornberg, bzw. Rappenfelsen abbiegen. Nach 1 km teilt sich der Weg in Richtung Rappenfelsen, bzw. Rötenbach. Parken ist in der Nähe des Buswartehäuschens möglich. Von hier aus den linken Weg in Richtung Rötenbach nehmen. Bis zum Oberrötenbachhof sind es 1000 m, dann links weiter auf dem roten Sandweg, der in den Wald führt. Nach ca. 500 m erreicht man den Höhenrücken. Links des Holzschuppens über die Wiese zu der schon sichtbaren Felsengruppe mit dem 'Sitzstein' gehen. Vom Holzschuppen aus in westlicher Richtung (ca. 300 m den Weg entlang) befindet sich die Felsengruppe mit dem Kreuz.

19. DER SCHALENSTEIN BEIM GASTHAUS STAUDE BEI SOMMERAU (SCHWARZWALD-BAAR-KREIS)

Im Gegensatz zu den meisten Schalensteinen des Schwarzwaldes, die sich häufig unter 'schwarzen' Tannen verstecken, befindet sich eine Schale unweit des Gasthauses 'Zur Staude' bei Sommerau auf dem freien Feld.

Nach Osten hat man Aussicht über das Turntal hinweg. Diese Verbindung zur Weite lässt die Ausstrahlung erahnen, die mancher alte mit Kultsteinen markierte Platz auf die Menschen hatte. Viele hundert Jahre später, als der heranwachsende Wald dichter und dunkler wurde, begannen sich die Schleier des Vergessens über die Orte mit ihren Steinen zu legen. Beim Schalenstein unweit der 'Staude' handelt es sich um einen Steinblock mit einer 30 x 15 cm großen Schale. Davor liegt ein pyramidenförmiger Stein, der an einen umgefallenen Menhir erinnert.

Außer dieser Steingruppe bietet die Gegend um die 'Staude' noch mehr Auffälliges. Die Hochfläche wird von mehreren kleinen Hügeln durchzogen, die nicht ins natürliche Bild passen. Besonders auffallend ist ein Hügel 300 Meter südlich der 'Staude', rechts neben der Straße in Richtung Sommerau, der sich nur wenige 100 Meter vom Schalenstein entfernt befindet. Ein weiterer Hügel begegnet uns 300 Meter südöstlich der 'Staude' in Richtung Weissloch, ebenfalls rechts des Weges. Nach Wolfgang Neuss dürfte es sich um alte Grabstätten handeln. Archäologische Untersuchungen stehen noch aus.

Von St. Georgen bzw. Triberg nach Sommerau und von dort zum Gasthaus 'Zur Staude'. Beim Gasthaus parken und den durch ein grün-weißes Schild markierten roten, mit einer Schranke versperrten, Sandweg nehmen, der in westlicher Richtung nach Nußbach und Triberg führt. 600 m nach der Schranke biegt der Weg rechts ab. Hier jedoch geradeaus auf freies Feld gehen. Nach 250 Metern rechts halten und schräg über die Wiese auf ein kleines Wäldchen zu gehen. Auf diese Weise gelangt man direkt zum Schalenstein.

Einer der wenigen, nicht im Wald verborgenen Schalensteine des Schwarzwalds

20. DIE ST. NIKOLAUSKAPELLE IN BUCHENBERG (SCHWARZWALD-BAAR-KREIS)

Lange war die kleine Kirche über dem Glasbachtal an dem von Rottweil nach Freiburg führenden Römerweg kaum bekannt. Ihren frühmittelalterlichen Ursprung erkennt man insbesondere in der niedrigen Sakristei; sie entwickelte sich aus einer frühchristlichen Zelle, die sich wahrscheinlich einige Jahrhunderte lang gegen die alten Naturreligionen behaupten musste. An ihrer Westseite, dem ältesten sichtbaren Teil, befinden sich zwei übereinander eingeritzte Kreuze in Kreisen und schwer deutbare Ornamente. Ob diese Kreuze mit den verstärkten Enden rein romanisch oder noch keltischen Ursprungs sind, ist umstritten. Die Kreuze erinnern an jene vorchristlichen Kreuzmotive, die global auftraten, insbesondere auch in Nordeuropa. Das Radkreuz symbolisierte die Eingliederung in den Kosmos = Mensch und Welt sind eins. Mit den alten Kulten versuchte der Mensch diese Ordnung zu erhalten. So wurden Menschen, welche diese Ordnung durch ein Verbrechen durchbrachen ans Kreuz geschlagen, um sie wieder in die Ordnung des Kosmos einzugliedern.

Sturmerprobt in einer kriegsbewegten Geschichte hat die Kirche in ihrer Abgeschiedenheit überdauert, hat Pest gesehen, Brand gerochen und Plünderungen getrotzt und ist von einer mittelalterlichen Siedlung allein erhalten geblieben. Der Name des Glasbaches weist auf die einstige Glasbläserei hin. Eine Besonderheit, eine Figur, die im Jahr 1926 unter dem Chordach der Kirche gefunden wurde, ist das 'Buchenberger Herrgöttle'. Eine Kopie dieser romanischen Holzplastik hängt im Chor der Kirche. Das Original, das um 1160 datiert wird und sich in der Schatzkammer vom Münster Mittelzell auf der Reichenau befindet, ist kunsthistorisch sehr bedeutsam, da nur wenige Holzkreuze aus dieser Zeit in Süddeutschland erhalten sind. Auch der schlichte aufgemauerte Altar mit seiner romanischen Platte kam erst bei der letzten Renovierung unter einer Holzverkleidung zum Vorschein. Die Orgel aus dem Jahr 1719 gehört zu den ältesten Orgeln Badens.

Bis zum Jahr 1867 lag der Friedhof bei der Kirche und es war immer wieder die Rede von den dortigen 'Bronnquellen' im Bergabhang. Im Jahr 1719 erwähnt der Prälat des Klosters St. Georgen, M. Friedrich Wilhelm Breuninger, in seinem Werk 'Die Urquelle des berühmten Donaustroms' die Flecken Peterzell und Martinsweiler mit der Burg Waldau; dies im Zusammenhang mit »drei Brunnen, die so nahe beisammen sind, dass man mit einer Flinten von einem zum anderen schießen kann.« Diese Brunnen teilen sich und ergießen sich in Donau,

Spürbar alt - die St. Nikolauskapelle

Rhein und Neckar. Gemeint ist die große europäische Wasserscheide auf dem Brogen in Buchenberg. Er berichtet auch von einer Besonderheit im Buchenberger Kirchhof. Dort sei der Grund so beschaffen, dass die Toten innerhalb weniger Wochen »gänzlich verzehret« seien und nur noch Wasser vorkomme. Im Jahr 1717 wurden zwei Gräber geöffnet. Im Sarg eines vor nur vier Wochen beerdigten Kindes fand man nichts mehr bis auf ein wenig Hirnschale und im Sarg eines eben erst begrabenen Mannes nur noch ein 'geringes Stücklein', in das der Leichnam eingewickelt gewesen war. Klagen über die feuchte und dadurch baufällige Kirche ziehen sich durch das ganze 19. Jh. Am 27. Februar 1812 schreibt Pfarrer Johann Georg Hermann zu Tennenbronn einen Brief an das Dekanat Hornberg, in dem es heißt, dass das ganze Gebäude der Nikolauskirche nicht einmal des Abbruchs wert sei. 1836 wurden die 'Bronnquellen' abgeleitet und ein neuer Friedhof belegt.

Über St. Georgen, Villingen oder Schramberg nach Königsfeld im Schwarzwald. Von dort auf der Landstraße nach Buchenberg. In Buchenberg beim Rathaus parken, gegenüber die Dorfkirche. Achtung: Die Dorfkirche ist nicht zu verwechseln mit der St. Nikolauskapelle. Im Eingangsflur des Rathauses hängt der Kapellenschlüssel an der Garderobe. (Auch Samstags und Sonntags geöffnet.) Nun zwischen dem Rathaus und dem daneben stehenden Gasthaus Linde zur St. Nikolauskapelle hinabgehen. Diese erscheint nach wenigen Metern links am Wegrand.

21. DER VISURSTEIN AUF DER RAMSTEINER HÖHE BEI TENNENBRONN
(KREIS ROTTWEIL)

Nur wenige Meter neben der kleinen Straße, die über die Ramsteiner Höhe bei Tennenbronn führt, treffen wir auf einen Steinblock, dessen Bedeutung nicht genau definiert werden kann. Schon durch seine Ausmaße von gut vier Meter Höhe, drei Meter Länge und zwei Meter Breite bietet der Sandsteinblock ein imposantes Bild. Seine Seiten sind nach den vier Himmelsrichtungen ausgerichtet, er hatte wahrscheinlich eine kalendarische Funktion. Diese Annahme wird insbesondere durch die Gestaltung seiner Ostseite bekräftigt. Auf ihr befindet sich in der Mitte des Steins ein kreisrundes 20 cm breites und 14 cm tiefes Bohrloch.

Der Visurstein auf der Ramsteiner Höhe

Im Gegensatz zu den Schalensteinen, die als Opfergefäße dienten, erfüllten Steine mit Bohrlöchern - meist an einer senkrechten oder schrägen Steinfläche angebracht - eine Aufgabe die im vermessungstechnischen Bereich liegen dürfte. Die Ostseite des Steins, und somit auch das Bohrloch, ist auf den Höhenzug Sulgen ausgerichtet, wo sich Hardt befindet. Sollte der Steinblock tatsächlich die Funktion eines Visursteins erfüllt haben, so stand er wohl mit dem alten Römerweg in Verbindung, der, vom Hardt kommend, in Richtung Brogen führte. Unmittelbar vor den Römern waren es die Kelten, welche die alten Wege genutzt hatten, bevor sie von den römischen Legionen ausgebaut wurden. Der mächtige Stein wurde wahrscheinlich von den Kelten gesetzt.

Ein anderer Weg verlief über den Windkapf entlang der Benz-Ebene in Richtung Schramberg. Wenn der Stein auf der Ramsteiner Höhe als eine Art Wegweiser gedient hat, dann müsste hier auch ein Weg entlang geführt haben. Hierfür sprechen die Scherbenfunde aus der unmittelbaren Nähe des Steins. Vielleicht handelte es sich um einen Verbindungsweg zwischen den beiden Römerstraßen. Ebenfalls in diesem Gebiet entdeckt wurden mehrere alte Fahrspurrillen, die Anlass zu verschiedenen Theorien über alte Verbindungswege gaben. Einer von ihnen müsste am Stein auf der Ramsteiner Höhe vorbeigeführt haben. Linkerhand des Lochs im Stein befinden sich drei gut erkennbare untereinanderliegende Näpfchen, bzw. kleinere Bohrlöcher, die ebenfalls nach Osten ausgerichtet sind. Oberhalb von ihnen verläuft eine bearbeitete Spalte, die sich in ost-westlicher Richtung über den Rücken des Steins zieht.

Von Tennenbronn in Richtung Schramberg. 800 m nach dem Ortsschild 'Tennenbronn' befindet sich links das 'Gasthaus zum Bach'. 200 m nach dem Gasthaus führt links eine schmale Straße auf die Ramsteiner Höhe. Nach 1,7 km sieht man links der Straße den großen Felsblock.

22. DER RAPPENSTEIN BEI KIRNBACH (ORTENAUKREIS)

Neben Schalen weisen auch Felsspalten zum Durchschlüpfen sowie Sitzsteine auf Kultstätten hin. All dies findet sich auf einem Felsen, der in 753 Metern Höhe südlich des Kirnbachtals bizarr in den Himmel aufragt: Der Rappenstein. Zahlreiche Schalen von unterschiedlicher Größe sind auf den Platten und Spitzen der riesigen Steinblöcke eingehauen. Davor liegt ein auffallender rechteckiger, etwas kleinerer Steinblock mit einem schön herausgearbeiteten 'Sessel', dessen Sitzkante nach Süden weist. Durch nicht weniger als drei Felsspalten muss sich hindurch zwängen, wer die Spitze des Rappensteins erreichen will. Am alten Kult des 'Durchkriechens' führt kein Weg vorbei.

Übereinander liegende Steine bilden hier natürliche Dolmenkammern und erinnern an die mächtigen Dolmengräber Irlands. Die vielen Schalen des Rappensteins, auch heute noch in ihrer exponierten Lage zum Teil nicht leicht auffindbar, dürften vor Jahrtausenden in dieser einsamen Hochlage des Schwarzwaldes erst recht schwer erreichbar gewesen sein. So ist der letzte Teil des Felsens nur durch

Ein Rillensystem durchzieht die Spitze des Rappensteins

eine gefährliche Kletterei zu bezwingen. Bei Erreichen der Felsspitze präsentiert sich ein ganzes System aus Rinnen, Rillen, die sich strahlenförmig um die Felsspitze ausbreiten. Neben diesen Rinnen befinden sich drei kleine Schalen, die in westlicher Richtung untereinander angeordnet sind und wie eine künstlich angelegte Wassertreppe wirken. Auch auf einer weiteren, naheliegenden Felsspitze lassen sich mehrere Schalen erkennen.

Mit seiner weithin sichtbaren Lage, seiner Mächtigkeit und seiner bizarren Gestalt hat der Felsen auch Menschen aus der Ferne magisch angezogen. Die vielen Sagen und Mythen, die sich um den Rappenstein ranken, sprechen für diese Anziehungskraft. So soll hier einst ein zerfallenes Bergschloss gestanden haben und in den Adventsnächten eine von zwanzig Geißböcken gezogene Geisterkutsche ins Kirnbachtal hinuntergefahren sein. Begegnet uns hierin vielleicht Wotans wildes Heer, das in den Dunkelnächten um die Wintersonnwende durch Himmel, Wald und Flur brauste?

Beliebig nach Kirnbach. 200 m nach dem Kirnbacher Ortsschild in Richtung Lauterbach rechts abbiegen (Schild 'Röcklehof 800 m'). An der neuapostolischen Kirche parken. Um sie herum gehen und dann rechts in den Rappensteinweg einbiegen. Auf diesem Weg geht es nun 2 km den Berg hinauf. Oben angekommen, dem Schild 'Rappenstein 5 min.' folgen.

23. DER HEIDENKELLER BEI ETTENHEIMMÜNSTER
(ORTENAUKREIS)

Immer steht die Altertumsforschung vor Schwierigkeiten, wo sie sich mit der schriftlosen Vorgeschichte befasst. Beim 'Heidenkeller' von Ettenheimmüster ist man sich nicht klar, ob die einstige Anlage keltischen, frühgermanischen oder alemannisch-fränkischen Ursprungs ist. In diesem Zusammenhang darf einmal die Frage gestellt werden, warum sich die Wissenschaft gerade heute für Plätze, an denen sich alte Kultgeschichte vermuten lässt, so sehr interessiert? Nach 'braunen' Zeiten, in denen dem sogenannten 'Deutschen Ahnenerbe' in krankhafter Form gehuldigt wurde und die 'Herren' am liebsten jede alte Kirche hätten abreißen lassen, um nach mutmaßlichen germanischen Kultstätten zu buddeln, war den Vorgeschichtlern nach Kriegsende über Jahrzehnte hinweg die Lust an gewagten Auslegungen vergangen. Während der Nazi-Zeit waren sie bei den Interpretationen ihrer Funde härtestem Druck ausgesetzt, um dem 'Ahnenerbe' ja keine Schande zu machen, galt es doch, das Weltbild vom Germanentum mit seinem Übermenschen hochzuhalten; dies auch an Stätten, die im Ursprung nichts mit den Germanen zu tun hatten. Was immer an Funden diesem Weltbild diente, wurde für die eigene Sache 'konfisziert'. Verständlich,

Die unzähligen Steinblöcke auf dem 'Heidenkeller' – Zeugen einer vorgeschichtlichen Anlage

dass es danach zur Gegenbewegung kam und nur das, was absolut beweisbar war, ernst genommen und nicht spektakulär ausgelegt wurde.

Dem Kenner und Betrachter von Landschaft und ihrer Geschichte sind heute im Aufspüren von Zusammenhängen keine Grenzen gesetzt. Hypothesen sind erlaubt, sofern sie eigenverantwortlich und kritisch gehandhabt werden. Nicht alles muss um jeden Preis enträtselt werden. Unter diesem Aspekt ist auch der Heidenkeller zu betrachten. Zwar handelt es sich unumstritten um eine vorgeschichtliche Anlage, wer aber ihre einstigen Erbauer waren, bleibt im Dunkel der Geschichte verborgen, denn archäologisch untersucht wurde der Ort bislang nicht.

Heidenkeller heißt die Bergnase, an deren wallartigen Rändern unzählige quaderförmige Gesteinsbrocken herumliegen und von einer früheren Befestigung durch Menschenhand zeugen. Einträge im Totenbuch des Pfarrarchivs Münchweier aus dem 17. Jahrhundert berichten von einer, von den Vorfahren errichteten Fluchtstätte, in der die Dorfbewohner in Notzeiten immer wieder Schutz gesucht hätten. In diesem Zusammenhang taucht der alte Name 'Castelberch' (= Burgberg) auf, aus dem später der 'Heidenkeller' wurde. Unter einem Keller kann man auch einen Schutzraum verstehen.

Auf dem Gelände des Heidenkellers befindet sich noch ein Überrest der 'Pyramide', ein ehemaliger Aussichtsturm aus dem Jahr 1880. Errichtet wurde die seinerzeitige Touristenattraktion aus den Steinen der alten Fliehburg, von wo aus sich das Rheintal bis nach Straßburg überschauen ließ. Über 120 Jahre später fragt man sich, wie konnte es geschehen, dass die Relikte aus uralten Tagen so respektlos behandelt und ihre letzten Spuren wissentlich verwischt wurden. Eine Genugtuung bleibt, wenn auch nur eine bescheidene, denn von der 'hochfahrenden' Pyramide ist heute nur noch der Sockel übrig.

Über Freiburg oder Offenburg auf der B3 oder auf der A5 nach Ettenheim und von dort nach Ettenheimmünster. Im Ortskern geht es rechts gegenüber vom Gasthaus Rebstock in die Schuttergasse. Hier parken. Dem Schild 'Heidenkeller - 2 km' folgen, das mit einem blauweissen Rechteck gekennzeichnet ist. Der Weg führt in den Wald hinauf. Nun stets dem blauweissen Schild mit der blauen Steinpyramide folgen. Nach ca. 20 Minuten erreicht man den Bergsporn des Heidenkellers bzw. die Pyramide.

24. DIE HEIDENKIRCHE BEI OBERHARMERSBACH (ORTENAUKREIS)

Der 'Hexentanzplatz' bei der 'Heidenkirche'

Dem Besucher bietet sich ein grandioser Anblick, scheint es doch, als ob sich die Götter selbst hier ihren Tempel erbauten, oder dass Riesenhände mit gewaltigen Buntsandsteinblöcken spielten wie Kinder mit Bauklötzen. Doch war es der Baumeister Natur selbst, der vor Zeiten aus mächtigen Quadern eine Art 'Kirche' gestaltete.

Der Überlieferung nach wurde hier einst mehreren Göttern gehuldigt, was den Namen 'Heidenkirche' erklärt. Auch von einer 'Kulthöhle', die unter einem großen Stein bis in etwa acht Meter Tiefe reichen soll, ist die Rede.

Das Wort 'Kirche' dürfte den hiesigen Menschen der Vorgeschichte unbekannt gewesen sein, denn es ist anzunehmen, dass es sich erst im Laufe der Christianisierung durch die irischen Missionare und unter Karl dem Großen bildete. Die Bezeichnungen, die das Volk den Felsen der 'Heidenkirche' gab, sprechen für sich: so z. B. 'Kapelle' und 'Schiff'. Im Volk erzählt man sich von Geistern und Dämonen, die hier oben ihre Feste feiern würden. Auf der 4 x 5 Meter großen, eben geschliffenen Steinplatte, dem sogenannten 'Hexentanzplatz', sollen sie ihr

Die 'Kapelle' der 'Heidenkirche'

Unwesen getrieben haben. Dieser 'Naturaltar' mag ebenfalls seine eigene, längst versunkene Geschichte haben.

Immer neue Ausblicke tun sich auf, steigt man zwischen den von Kieseleinsprenglingen durchzogenen Felsen umher. Eine Vielfalt an Moosen siedelt auf der Dunkelseite der Steine. Aus Spalten und Höhlen wogen lichte Farne und machen diesen Ort zu einer Fabelwelt, die noch heute von Göttern und Geistern erzählt.

Ausgangspunkt für die Wanderung zur 'Heidenkirche' und zum 'Hexentanzplatz' ist der 656 m hoch gelegene Löcherbergwasen (Waldparkplatz mit Kiosk), der höchste Punkt der Straße, die Löcherberg (Renchtal) mit Zell am Harmersbach verbindet. Auf einem gut ausgeschilderten, nach Westen ansteigenden Waldweg wandert man bis hinauf zur 'Heidenkirche'.

Ein ebenfalls ausgeschilderter Weg führt vom Löcherbergwasen in Richtung Südosten zum Heidenstein, einem eindrucksvollen Berggrat (794 m) von über hundert Metern Länge. Auch hier bietet sich dem Wanderer ein beeindruckendes Bild. Stark verwitterte Sandsteinblöcke ragen auf, in denen der Vorüberkommende, je nach Phantasie, Gesichter und Gestalten sehen mag.

25. DER HEIDENSTEIN BEI SCHWAIBACH (ORTENAUKREIS)

Das, was die Kirche beabsichtigte, nämlich einen Teil der alten heidnischen Kultplätze zu verteufeln, Ängste zu schüren und sie in ihrer Wirkung dem Volk zu entziehen, hat sich mancherorts eher ins Gegenteil verkehrt. Obwohl an vielen Orten die vorchristlichen Heiligtümer getauft wurden, indem man Kirchen, Klöster und Kapellen auf ihnen errichtete, war es manchmal gerade die markante teuflische Namensgebung, die bis heute Hinweise liefert und an das alte Geschehen erinnert. Ehemals heilige Steine, Felsen und Berge,

Hügelkuppen etc. wurden - denn man konnte ja nicht überall eine Kapelle hinstellen - mit Vorsilben wie 'Heiden', 'Hexen', 'Buhl', 'Brünst', 'Götzen', 'Ketzer', 'Teufel', 'Hölle' etc. belegt. So ist ihre einstige Bedeutung im Volkswissen über lange Zeit erhalten geblieben, und es konnten sich viele Sagen um sie ranken. Hätte die Kirche einen heidnischen Opferstein zum Beispiel nur zum 'Wiesenstein' oder 'Waldstein' umfunktioniert, kein Mensch hätte wahrscheinlich nach Jahrhunderten Fragen nach seiner einstigen Bedeutung gestellt.

Wer mag wohl einst auf dem 'Sofa' gesessen und zum Heidenstein hinüber geschaut haben?

Beim Blick auf eine Landkarte der näheren Umgebung wird man überrascht sein, wie häufig diese schaurig klingenden Namen auftreten. Im Schwarzwald taucht ein Name besonders oft auf: Heidenstein. Hinter dieser Bezeichnung verstecken sich die verschiedensten Orte. Ob Menhire, Schalen- und Gerichtssteine oder bizarre Felsen, über ihre einstige Bestimmung lässt sich nur spekulieren. Bei letzteren muss es sich nicht immer um eine alte heidnische Stätte gehandelt haben, denn schon ein besonders auffallender Felsen, der beispielsweise bedrohlich auf seine Umgebung wirkte, war Grund genug für eine entsprechende Namensgebung. Bei den meisten Heidensteinen trifft man jedoch auf Spuren vorchristlicher Verehrung. So auch beim Heidenstein von Schwaibach, der oberhalb der Gemeinde am westlichen Berghang eines Hügels liegt. Schon ein Blick auf die Wanderkarte macht neugierig, wird der Heidenstein dort doch auch als 'Keltische Thingstätte' bezeichnet.

Ob es sich bei diesem Platz tatsächlich um eine alte Gerichtsstätte handelt? Dies lässt zumindest das sogenannte 'Sofa' vermuten, ein 2,5 Meter breiter und 1,60 Meter hoher Sitzstein mit einer Sitzhöhe von 80 cm. Links und Rechts wird das Sofa von mehreren Steinblöcken eingerahmt. Laut Josef Naudascher könnte es sich auch um einen Altarstein handeln. Wer immer auf dem Sofa gesessen haben mag, er schaute genau zum 35 Meter in südwestlicher Richtung entfernten Heidenstein, einem 2,30 Meter hohen und 1,50 Meter breiten menhirförmigen Stein. Dieser künstlich aufgerichtete, massige Monolith lehnt sich mit seiner abgeflachten und nach Südosten ausgerichteten Seite gegen zwei ca. 1 Meter voneinander entfernt liegende Stützsteine. Zusammen bilden die drei Steine eine Nische. Gut vorstellbar, dass sich jemand in die Nische gesetzt hat und sich an der flachen Steinwand anlehnte.

Direkt vor der Nische liegt ein Schalenstein. Dieser 1 Meter x 1,20 Meter große, tief ausgehöhlte Steinblock wirkt wie ein überdimensionaler hohler Backenzahn. Es handelt sich wohl eher um ein steinernes Becken, als um einen gewöhnlichen Schalenstein. - In westlicher Richtung zeigt die Aussicht Eindrücke vom Heidenstein zur Rheinebene. Die Berglekapelle von Gengenbach, ein ebenfalls vorchristlicher Kultplatz, liegt nur wenige Kilometer von ihm entfernt.

Über die B 33 nach Gengenbach bei Offenburg. Von dort auf der Landstraße nach Schwaibach. Nach dem Schwaibacher Rathaus links abbiegen und bis zum Mühlenhof hinauf fahren. Bei diesem restaurierten alten Hof gibt es Parkmöglichkeiten. Nun zu Fuß weiter die Straße hinauf. Kurz hinter dem Mühlenhof zweigt links von der geteerten Straße ein mit einem grünen 'T' gekennzeichneter Weg ab. In diesen einbiegen. Nach ca. 250 m zweigt der mit dem 'T' gekennzeichnete Weg wieder links ab und führt auf offene Wiesenlandschaft mit Obstbäumen zu. Wir halten uns jedoch auf dem Weg, der weiter bergauf führt, lassen das grüne 'T' also links liegen. Nach weiteren ca. 50 m macht unser Weg eine scharfe Rechtskurve. Nach erneut ca. 50 m biegt links ein Weg in den Wald hinein, der sich ein paar Meter weiter gabelt. Den linken der beiden Wege wählen. (Der rechte 'Weg' ist eine Mountainbike-Rennstrecke). Nach ca. 150 m bergauf geht scharf rechts ein Weg ab, diesen unbeachtet lassen und auf dem ursprünglichen bleiben. Nach weiteren 50 m macht der Weg eine scharfe Rechtskurve. In der Kurve geht links ein Weg ab, der steil bergauf führt. Dem steilen Pfad folgen und auf ihm bleiben. Nach ca. 100 m wird ein breiter Fahrweg überquert. Ab dieser Stelle ist der Heidenstein durch ein Holzschild ausgeschildert. Nach ca. 250 m erreicht man erneut einen Fahrweg. Diesmal nicht überqueren sondern den schmalen Pfad benutzen, der scharf links abbiegt und nach ca. 20 m zum rechts am Pfad liegenden 'Sofa' und weiter zum Heidenstein führt.

26. DER PIPILISTEIN BEI ORTENBERG (ORTENAUKREIS)

Oberhalb des Schlosses Ortenberg, das von weitem an ein Märchenschloss erinnert, steht mitten im Weinberg ein archäologisch anerkannter Menhir mit einer Höhe von 1,70 Meter. Man fragt sich, wie hat er es geschafft, sich über so viele Jahrhunderte hinweg zu behaupten und aufrecht stehen zu bleiben? 'Pipilistein' heißt er im Volksmund. Kultstein, Denkstein, Gerichtsstein? Allein seine aussichtsreiche Lage am Hang lässt darauf schließen, dass er in alten Tagen von weitem gesehen wurde; Fixpunkt in der Landschaft für Wanderer, die den Weg von Westen her über den Rhein durch die Ortenau in den Schwarzwald in Richtung Donau nahmen und umgekehrt. Ob die heutige 'Heidengasse' im Dorf Ortenberg an diesen steinzeitlichen Weg erin-

Versteckter Menhir zwischen Weinreben - der Pipelistein

nert, wer weiß? Weiß man aber auch, dass die Ortenau früher 'Mortenau' hieß, was auf 'Mortunouwa' oder 'Mordunouwa' zurückgeht?

Hier ist ein sprachgeschichtlicher Zusammenhang mit dem keltischen Begriff '-dunum' für 'befestigte Siedlung' im weitesten Sinne von 'Stadt' gegeben. Das Wort 'Mor', eng verwandt mit dem keltischen 'Mori', ist dem 'Meer' gleichzusetzen; lateinisch mare. Da es sich auch auf ein Binnengewässer beziehen kann, käme dafür die Kinzig in Frage; sie mündete einst in die urzeitliche Kinzig-Murg-Rinne und schuf vermutlich eine Wasserlandschaft, welche die Bezeichnung 'Mori' rechtfertigte. Das Wort 'Mori' und '-dunum' bilden den Namen 'Moridunum', also 'befestigte Siedlung am See'. Die keltischen Oppida 'Tarodunum' bei Kirchzarten und 'Lopodunum' bei Ladenburg sind weitere Beispiele für die Namensbildung aus dem jeweiligen Wortstamm und dem keltischen Suffix '-dunum'.

Wo genau sich ein solches Oppidum namens Moridunum befunden hat, lässt sich nur vermuten. Es könnte sich um das heutige Offenburg handeln, denn der flache Kinzigschuttkegel, auf dem die Stadt liegt, war im Süden und Westen lange Zeit von einer sumpfigen Niederung umgeben, die eine natürliche Schutzzone bildete.

Zurück zum Menhir, dessen Namensgebung noch interessieren mag. Pipili dürfte sich von den Jungtieren von Wachteln herleiten lassen. Die Verwandtschaft mit dem alemannischen 'Bippele' oder 'Bippili' für junge Hühnchen ist offensichtlich. Die Umdeutung zum 'Hinkelstein'(Hinkel = Huhn), mancherorts auch als 'Hühnerstein' oder 'Hünenstein' vertreten, liegt nahe. Wie schon an anderer Stelle erwähnt, wurden in der Nähe solcher Steine Knochenreste von geopferten Hühnern gefunden. Auch als Grenzwächter trifft man Hinkelsteine an. Ein weiteres Mal taucht der Name 'Pipili' in Verbindung mit einem Stein auf, einem Monolith-Feldstein bei Lahr. Vor dem Ersten Weltkrieg hat ihm jemand, wahrscheinlich Student oder Steinmetz, einen Kopf eingemeißelt und damit seine Betrachter genasführt. Die Tatsache, dass der Volksmund auch diesen Stein 'Pipilistein' nennt, spricht dafür, dass es im badischen Sprachraum noch weitere 'Pipilisteine' gegeben haben dürfte.

Beliebig nach Ortenberg bei Offenburg. In Ortenberg geht es hoch zum Schloss. Hier parken. Nun dem Schild 'Zur Turmanlage' folgen und links am Schloss vorbeigehen. Ein breiter Teerweg führt in die Weinberge. Rechts dieses Weges stehen immer wieder das Weinanbaugebiet betreffende Schilder. Beim zweiten Schild den Weg verlassen, rechts, etwa 10 m den Weinberghang hinab steht der Pipelistein.

27. DER IMMENSTEIN BEI BÜHL
(KREIS RASTATT)

Im 'Immenstein' sei - dem Bühler Volksmund nach - das Summen der Bienen (Immen) zu hören. Er soll als Gerichtsstein gedient haben, was zur Folge hatte, dass die Seelen der Hingerichteten zwischen dem Stein und der Müllenbacher Brücke immer noch 'hin- und herschwirren', so ebenfalls der Volksmund. Er wäre nicht der erste heidnische Kultstein, dessen frühere Bedeutung und Funktion nur bruchstückhaft durch die Jahrhunderte auf uns gekommen ist. Der klobige Fuß des Steins befindet sich im Rohzustand, der restliche, deutlich schlankere und abgerundete Teil hingegen wirkt wie eine Steinsäule. Könnte es sein, dass die Bezeichnung 'Immenstein' auf den germanischen Gott 'Irmin' zurückgeht? Unter den germanischen Stämmen waren es insbesondere die Sachsen, die solche Säulen aus Holz zu Ehren Irmins errichteten. In der 'Irminsul' sahen sie das Abbild der Weltensäule, die den Kosmos trägt. Auch bei den Kelten galt der Holzpfahl als ein Symbol der Himmelsachse. - Es war Karl der Große, der im Jahr 772 die Irminsäule an der sächsischen Grenzfeste Eresburg in Westfalen zerstören ließ, und so stellt sich die Frage, ob der 'Immenstein' als steinerne Variante des 'Irminsul', allen Ausrottungsversuchen zum Trotz, überlebt hat.

Der Immenstein

Über Baden Baden oder Offenburg nach Bühl (A 5 Ausfahrt Bühl). Dann durch den Ort in Richtung Müllenbach. Auf halber Höhe von Bühl kommend in Richtung Müllenbach steht der Immenstein auf der linken Seite der Landstraße.

28. DER WACKELSTEIN BEI CALW
(KREIS CALW)

Leider wackelt er nicht mehr, der Wackelstein

Direkt am Steilabfall zum Nagoldtal auf dem Welzberg, hoch über dem weltweit bekannten ca. 500 n. Chr. gegründeten Kloster Hirsau, liegt der 'Wackelfels', der dem Calwer Volksmund als 'Wackelstein' bekannt ist. Dabei handelt es sich um einen zwei Meter hohen, zwei Meter langen und einen Meter breiten Sandsteinblock. Unter dem sich nach unten verjüngenden Monolithen befindet sich eine flache Steinplatte, die verhindert, dass die schmale, gratartige Unterseite des 'Wackelsteins' in den Boden einsinkt. Künstlich angelegte Fußsteine sichern ihn vor dem Umkippen. Leider wackelt er nicht mehr. 1960 wurde ihm die maschinelle Holzabfuhr zum Verhängnis, weil sich beim Holzziehen Stämme verhakten und ihn in Schräglage brachten. Früher konnte man ihn mit bloßen Händen zum Wackeln bringen.

Seinen Ursprung hat der Wackelstein in keltischer Zeit. Er ist nach den Himmelsrichtungen ausgerichtet. Seine Ostseite wurde bis zur Hälfte stark abgeschrägt. Die so entstandene Spitze weist über das Tal hinweg zum 'Unteren Hengstetter Wald'. Dort befinden sich über 40 hallstattzeitliche Grabhügel, die paarweise in Ost-West-Richtung angeordnet sind. Die Annahme, dass der Wackelstein mit ihnen in Verbindung gestanden haben könnte, verstärkt sich beim Betrachten seiner Südseite. Sie ist nach dem nur wenige Kilometer entfernten Berg 'Doma' ausgerichtet. Dort wurde ein größeres Hügelgrab gefunden. 500 Meter vom Grab entfernt, am Fuß des Doma, wurde eine Grabstele entdeckt, die heute im Archäologischen Landesmuseum Stuttgart zu finden ist. Der Name 'Doma' könnte auf das keltische Wort für 'Daumen' zurückgehen. Der Berg hat tatsächlich die Form einer Daumenkuppe.

An der Westseite des Wackelsteins befindet sich eine Felsnase, die auffallend aus dem Stein heraussteht. Wie viele kultisch verehrte Steine, übernahm auch er später die Funktion eines Grenzsteins. Bei ihm verläuft heute die Grenze zwischen den Gemarkungen Calw und Hirsau.

In Calw zum Friedhof durch den Welzbergweg und zum Parkplatz am Weg. Zu Fuß weiter auf dem Asphaltweg bis zum Holzpavillon (ca. 1 km). Wenige Meter vor dem Pavillon führt rechts ein Weg mit der Bezeichnung 'Welzberghöhe-Schafscheuer' in den Wald hinauf. Dieser Weg überquert einen Holzabfuhrweg und führt stetig weiter nach oben. Nach ca. 10 Minuten erreicht man links des Weges den Wackelstein.

29. DER HOHE FELS BEI CALW
(KREIS CALW)

Der Name Hoher Fels bezieht sich eher auf die exponierte Lage auf dem Kapellenberg hoch über Calw, als auf die auf- und nebeneinander liegenden Steinplatten, die sich wie Finger zum Nagoldtal hin nach Westen spreizen. Das Umfeld dieses Felsplateaus hat sich enorm verändert, umgeben von Wohnhäusern, nur wenige Meter vor einem Kriegerdenkmal aus dem zweiten Weltkrieg liegt der Hohe Fels in einem Birkenhain.

Die vorderste Spitze des Felsplateaus ist abgebrochen und liegt auf dem sich darunter befindlichen Stein. Die Anordnung der verschiedenen Steinplatten geschah nicht auf natürlichem Wege. Hierfür sprechen mehrere in Form einer Mauer übereinander errichtete Steinblöcke. Die vorderste Felsplatte wird von ihnen abgestützt. Scherben- und Keramikfunde belegen, dass die Anlage in keltischer Zeit geschaffen wurde. Wenige Meter vor der Felsengruppe befindet sich ein ebenmäßiger 3 Meter langer, 3 Meter breiter und 1,5 Meter hoher altarförmiger Steinblock.

Die Gegend um Calw war in keltischer Zeit bereits besiedelt. Dies beweist die nur wenige Kilometer vom Hohen Fels entfernte gut erhaltene Ringwallanlage auf dem von der Nagold umflossenen Rudersberg. Einerseits könnte die Anlage als Fliehburg gedient haben, verschiedene Werkzeugfunde weisen jedoch darauf hin, dass es sich hier auch um eine befestigte Siedlung handelte.

Künstlich unterlegt, der Hohe Fels

Etwa 100 m nach dem Calwer Krankenhaus hoch zum Kriegerdenkmal, vor dem der Hohe Fels liegt.
Den Rudersberg erreicht man über die äußere Brücke und die Eisenbahnunterführungen, die zum Parkplatz 'Walkmühleweg' führen, wo geparkt wird. Von hier aus wenige Meter zurück und links aufwärts entlang der blau-gelben Raute des Schwarzwaldvereins bis zum Sattel gehen. Dort trifft man auf die Wegtafel 'Kopfweg'. Nach weiteren 200 m steht man vor dem Rudersberg, geht nun weglos den Hang hinauf und erblickt schon kurz darauf die Ringwälle.

30. DIE ST. CANDIDUSKIRCHE VON KENTHEIM (KREIS CALW)

Im Kirchlein in der Nähe des weltberühmten Klosters Hirsau lehnen an der südlichen Außenwand fünf mittelalterliche Kreuzsteine: rechteckige Sandsteinplatten, wie sie auf anderen Kirchhöfen selten zu finden sind. Als ein gemeinsames Zeichen tragen sie die Pflugschar, ein Standessymbol des Bauerntums; hinzu kommen dreimal das Kreuz und einmal ein stilisierter (Welten-)Baum. In gewisser Weise erinnern ein paar der Abbildungen an die schwedischen Stabkreuze, die in einer dolchartigen Spitze auslaufen. In vorchristlicher Zeit hatte das Zeichen des Kreuzes geomantische Bedeutung, es war Ausdruck der Verbindung von Mensch und Kosmos.

Alte Grabsteine an der Kirche St. Candidus

Bestanden hat die kleine Kirche, die lange Zeit als das älteste Gotteshaus Baden-Württembergs bezeichnet wurde, bereits um das Jahr 1000; möglicherweise hatte sie eine hölzerne Vorgängerin. Ursprünglich bildeten der Ostteil des Kirchenschiffs und der heutige Chor den Bau in der Form eines simplen Rechtecks. Gemeint ist eine sogenannte 'Saalkirche' mit dem typischem Grundriss eines

Rechteck ohne Chorrundung und ohne innere Zweiteilung zwischen Sakralraum und Gemeinde. (Eines der ältesten Beispiele hierfür ist das berühmte, durch Kragsteine gestützte, ohne Mörtel errichtete 'Gallerus Oratory' auf der irischen Dingle Halbinsel, in dem sich die archaischen Wurzeln des keltischen Christentums manifestiert haben.) Der romanische Kentheimer Taufstein, der in Form eines großen Beckens aus einem mächtigen Sandsteinblock gemeißelt wurde, dürfte ebenfalls aus der Anfangszeit der Kirche stammen. Im Volksmund kennt man heute noch die Redensart: »Des isch a Schüssel, so grauß wia dr Keetamer Taufstei!«

Die alten Wandgemälde der Kentheimer Kirche verschwanden nach der Reformation bis zu Anfang des 19. Jahrhunderts unter der Tünche. Zu dieser Zeit kamen Farbspuren an den Wänden zum Vorschein, und es ist dem kunstbeflissenen Grafen Wilhelm von Württemberg zu danken, dass zunächst die Gemälde im Chor aus dem beginnenden 15. Jh. freigelegt wurden. Auch der Turm mit seinem Tonnengewölbe wird teils dem 14., teils dem 15. Jh. zugesprochen. Nicht nur einen 'Glockenstreit' hat die Kentheimer Kirche hinter sich, sondern gleich zwei. Dieser zweite Streit um eine Glocke hätte beinahe die ganze Kirche zu Fall gebracht. Der Bürgermeister des benachbarten Ortes Sommenhardt ließ 1808 eine der zwei Glocken gewaltsam aus dem Turm entfernen, um sie einem neuerbauten Schulhaus einzuverleiben. Einundzwanzig Jahre lang machten die Kentheimer bei allen möglichen Instanzen ihr Recht auf diese zweite Glocke geltend, wobei im Laufe der Verhandlungen tatsächlich die Frage diskutiert wurde, die uralte Kirche abzubrechen; damit wäre man nicht nur den Glockenstreit los, sondern auch jegliche Reparaturkosten für alle Zeiten. Die Königliche Kreisregierung Reutlingen konnte 1829 endlich den Streit schlichten. Die Gemeinde Sommenhardt musste die 'gestohlene' Glocke für 200 Gulden kaufen, eine ordentliche Summe, mit der die Kentheimer ihr Kirchlein 'auszubessern' hatten. Das langjährige Streitobjekt fand jedoch bei der 'Glockenablieferung' im Zweiten Weltkrieg ein ruhmloses Ende; es wurde eingeschmolzen und zu Kriegsmaterial weiter verarbeitet. Heute würde man diese Glocke als ein hochwertiges Altertum betrachten. Glücklicherweise ist uns aber die uralte Stätte selbst mit ihrer besonderen Ausstrahlung erhalten geblieben.

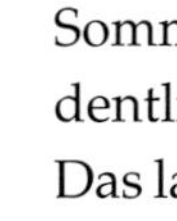

Von Calw kommend auf der B 463 in Richtung Nagold. Ca. 2,5 km nach Calw liegt Kentheim. Die St. Candiduskirche findet man auf der linken Strassenseite. Der Schlüssel zur Kirche kann im Nachbargebäude abgeholt werden.

31. DER BERG TEUFELSMÜHLE BEI LOFFENAU
(KREIS RASTATT)

Schalenstein auf der 'Teufelsmühle'

Unzählige Felder mit Sandsteinblöcken übersäen den Gipfelbereich, den das Volk als Reste einer vom Teufel errichteten Mühle deutete. So kam der Steinberg zum Namen 'Teufelsmühle', und - wie auch andernorts - scheint Wotan mit seinem wilden Heer in den finsteren Zwölf- oder Raunächten um die Wintersonnwende über den Berg zu geistern. Die Hexen treffen sich in der Walpurgisnacht zum Hexenritt und Hexensabbat. Dass der Steinberg schon in ganz früher Zeit mit dem Mythos der Vergötterung belegt war veranschaulichen zwei am Hang liegende Felsplatten auf der Westseite des Berges, nur wenige Meter vom Aussichtsturm entfernt, in denen insgesamt fünf Schalen verschiedener Größe enthalten sind.

Von Baden-Baden über Gernsbach nach Loffenau und von dort auf den Berg Teufelsmühle. Oben angekommen zum Aussichtsturm. Die Schalensteine befinden sich nur wenige Meter in westlicher Richtung von hier entfernt. Man begebe sich möglichst frühmorgens auf die Teufelsmühle, der wenigen Besucher wegen.

32. DER MAUZENSTEIN BEI BERNBACH
(KREIS CALW)

Zum Sternbild des 'Großen Bären' gehörende Näpfchen auf dem Mauzenstein

Beim Mauzenstein handelt es sich um ein Denkmal, das seit frühester Zeit über seine kultische Funktion hinaus auch als Markierung einer bedeutenden Grenze gedient hat - die alte Grenze zwischen Baden und Württemberg. Josef Naudascher, dem langjährigen Vorsitzenden der Fachgruppe Archäologie des Historischen Vereins für Mittelbaden, ist die Erforschung der Megalithkultur des Schwarzwaldes ganz besonders zu danken, zu deren Zeuge auch der Mauzenstein zählt. Der 759 Meter hohe Mauzenberg liegt zwischen Michelberg/Gaggenau und Bernbach. Der Bergrücken fällt nach Nordwesten um 55 Meter ab und endet mit einem Sporn; dort genau befindet sich der tonnenschwere Mauzenstein. 4,70 Meter lang ist der Block mit der Form eines unregelmäßigen Rechtecks und erinnert an einen 'Hexentanzplatz'. Nach Josef Naudascher dürfte der Block aus dem natürlichen Felsen herausgearbeitet worden sein. Hierbei spricht die Wissenschaft von einer 'Pseudomorphose' und meint damit die künstlich geschaffene Form.

Das Besondere an diesem Block sind die zahlreichen Zeichen und Felsbilder, darunter eine Ritzzeichnung, die an eine stilisierte menschliche Gestalt erinnert. Wulstige, kleine Ringe scheinen erhaben aus der planen Oberfläche des Steins herauszuwachsen. Die meisten der Ringe sind kugelig ausgehöhlt und haben die Form von Näpfchen. Ringe und Schälchen aus der Megalithkultur zählen zu den geheimnisvollsten Phänomenen. Selten treten sie einzeln auf. Im Falle des Mauzenstein besteht die Vermutung, dass mit dem Gebilde von Näpfchen, Ringen und natürlichen Kugeln im Buntsandstein das Sternbild des Großen Bären (auch Großer Wagen) nachgebildet wurde, so wie es am Winterhimmel um Mitternacht zu sehen ist. Ein weiteres Gebilde oberhalb des 'Großen Bären', ganz anders und verschnörkelt, ließ lange eine Darstellung des 'Kleinen Bären' vermuten. Dieser 'Kleine Bär' im Sternbild der Bernike dürfte sich jedoch aufgeklärt haben. Er ist das Zeichen einer studentischen Verbindung, die sich anfangs des letzten Jahrhunderts mit dem Stein beschäftigt hat. Dieses 'Kleine-Bär-Zeichen' entspricht einer Verbindung einmal in Königsberg und einmal in Karlsruhe.

Verschnörkelte Darstellung des 'Kleinen Bären', vermutlich von einer Studentenverbindung geschaffen

In einem eingearbeiteten Dreieck lässt sich die Nachahmung eines weiteren Gestirns erkennen, sofern man sich in den Eckpunkten je einen Stern denkt: Das Dreigestirn 'Haare der Bernike'. Präzise auf ihrem astronomischen Platz befinden sich die markierten Sternbilder nicht, auch im Verhältnis zueinander entsprechen sie nicht ganz der Wirklichkeit. Eine allzugroße astronomische Bedeutung hat der Mauzenstein demnach nicht gehabt. Sein kultische Bestimmung, dem Volk bis in die frühchristliche Zeit bekannt, überwog. Mit dem Bann- und Weihekreuzchen der Kirche auf der stark verwitterten Südwestwand sollte der Stein mit seiner langen, kultischen Vergangenheit 'unschädlich' gemacht werden. - In Felsen gravierte, steinzeitliche Sternbilder trifft man in Mitteleuropa vielfach an, insbesondere die des Großen Bären. Neben ihrer kultischen Aufgabe dienten sie vermutlich der groben Zeitbestimmung und Zeitzählung.

Der Name Mauzenstein leitet sich von 'Mutz' ab; Mutz ist der Bär (mittelniederdeutsch auch 'Tier mit gestutztem Schwanz). Mutz oder Mauz dürfte sich jedoch nicht auf die Bären beziehen, die in der Gegend einmal heimisch waren, sondern wohl eher auf die uralten Steinzeichen.

Aus Richtung Moosbrunn kommend auf Höhe des Friedhofes von Bernbach rechts abbiegen und bis zum Grillplatz fahren. Dort wird geparkt. Den linken der drei Wege die vom Grillplatz weg führen nehmen (Mauzensteige, grünes Schild Eckkopfquellen 1000 m). Nach zwei Kilometer den Berg hinauf kommt eine Wegkreuzung. Ein Stein am rechten Wegrand weist den Weg zum Bernstein/ Mauzenstein. Diesem folgen (scharfe Rechtskurve). Nach 200 m bei einer Weggabelung (Holländerweg) auf dem linken Weg bleiben. Nach ca. 800 m kommt der Wegweiser 'Zum Bernstein' und das Schild 'Bernstein – Bernbach – Metzlin – Schwanderhof – Marxzell'. Von hier aus führt ein Weg links ca. 150 m hoch zu dem am rechten Wegrand liegenden Mauzenstein.

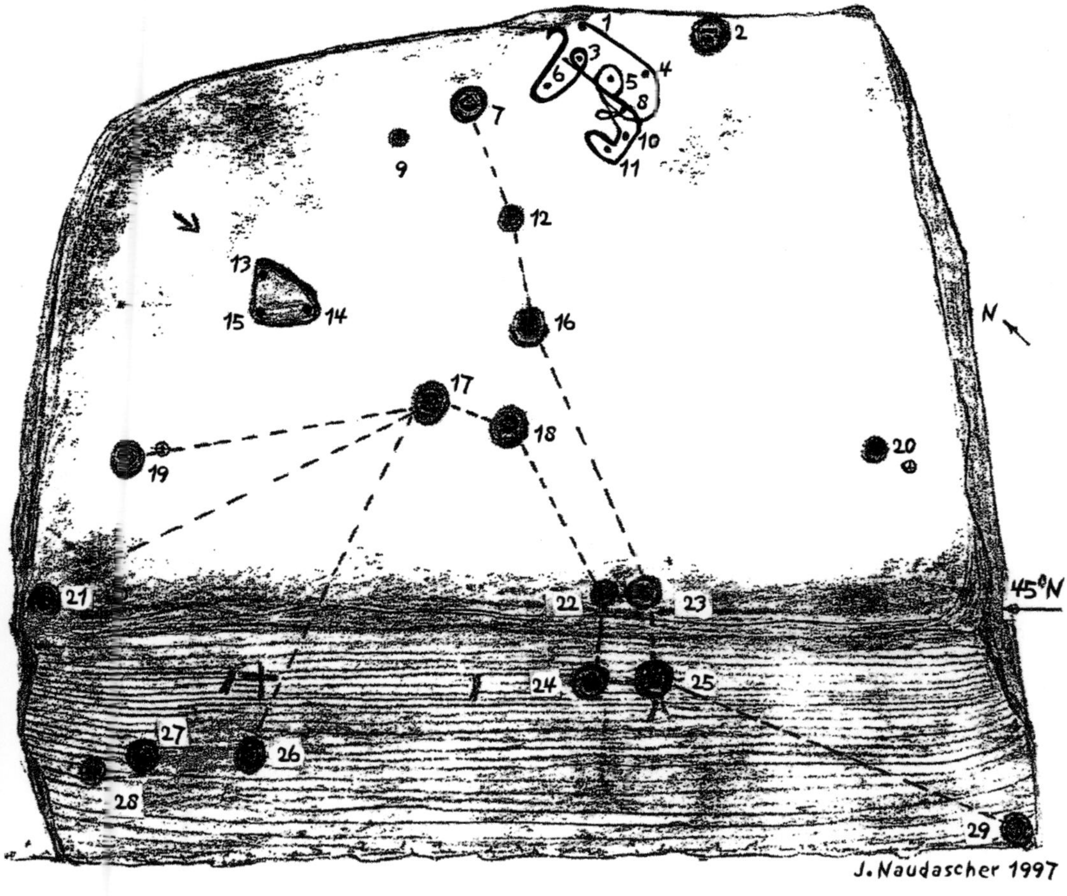

Zeichnung Mauzenstein:
Zeichen, Markierungen und Näpfchen von der vermuteten Astralkultanlage 'Mauzenstein' (704,8 m ü. d. M.). Die Südwestwand ist nach ~ 45 Grad Nord ausgerichtet. Sie verläuft zwischen Näpfchen 22, 23 und 24, 25 vom vermuteten Sternbild 'Großer Bär'. Das verschnörkelte Zeichen der studentischen Verbindung, in dem lange das Sternbild des 'Kleinen Bären' vermutet wurde, befindet sich oben rechts und die 'Haare der Bernike' links vom 'Großen Bär'. Alle Positionen sind astronomisch gesehen unpräzis.

VON SONNEN-, MOND- UND KALENDERBERGEN

In der Sonne offenbarte sich den früheren Völkern die Gottheit, welche Erde, Mensch und Kosmos verband. Diese Natur- und Sonnenverehrung lässt sich als ein zentrales Motiv in allen Kulturen ausmachen. Die Kelten sahen sowohl in Lug als auch in Belenus die menschengestaltige Sonne (Lug/Bel ='der Helle, Scheinende'), und für die Germanen war Baldur oder Balder die strahlendste Gestalt unter den altnordischen Göttern, den Asen.

Im heiligen Berg sah man den Altar der Götter, einen Ort des Lichts, an dem man der Sonne nahe war. Das Christentum hat manchen heidnischen Sonnenberg übernommen und dem heiligen Michael geweiht. Michael als Sonnenengel und Vertreter des Reiches von Licht und Feuer, kämpft gegen die Dämonen der Finsternis. Die berühmte Klosterstadt auf dem 'Mont-Saint-Michel' in der Normandie befindet sich auf einem heiligen Berg, den die Kelten der Sonne geweiht hatten.

Gewisse Berggipfel dienten den keltischen Druiden als astronomische Beobachtungs- oder Fixpunkte. Das Dreieck der Belchen-Berge beispielsweise stellt vermutlich ein solches System dar. In Verbindung mit den Gestirnen dürfte es als wichtige Orientierungshilfe bzw. als eine Art überdimensionales Kalendarium fungiert haben. Hierbei fällt der Schwarzwald-Belchen ins Auge. Im schweizerischen Jura hat er einen Namensvetter - die Belchenfluh. Im Elsass tragen gleich mehrere Berge den Namen 'Ballon' - zu deutsch 'Belchen'. Der Begriff Belchen könnte sich aus den keltischen Grundworten 'bel' für Sonne, 'che' für einen großen Stein, Felsen oder Berg und aus 'ne' für Himmel zusammensetzen.

Schon vor über 200 Jahren zogen diese Belchenberge den Ahnvater der alemannischen Dichtung, Johann Peter Hebel, in ihren Bann. Seine 'Belchomanie' ging sogar so weit, dass er einen seinerzeit eher belächelten Belchengeheimbund gründete. Dieser sogenannte 'Protheuserbund' verständigte sich in einer eigenen Sprache, Belchismus genannt. Hebel beschrieb den badischen Belchen als den 'goldenen Altar des Protheus'. Noch heute gilt der Glaube, dass Hebel damit zwar Protheus, den griechisch-antiken Gott der Verwandlung, angesprochen, in Wirklichkeit aber den römisch-heidnischen Sonnengott 'Apollon' gemeint hat. Diesem Namen durfte Hebel jedoch nicht huldigen: es hätte ihm sicherlich seine Laufbahn - er war derzeit Vikar - in der Kirche verbaut. 'Apollon' oder 'Apollo' war der römische Nachfolger des keltischen Sonnengottes 'Belenus' oder Belenos'. Durch Apollon blieben die Licht- und Heilerqualitäten des alten Belenus dem

Basel
Olten
Süd.

Volk auch nach der römischen Machtübernahme gesichert. Belenus und Apollon sind also im Grunde eins, ihr Erbe begleitet uns auch heute noch im Schutzpatron der Heilkunst: 'Asklepios' oder 'Äskulap' - Sohn des Apollon.

Am 1. August des Jahres feierten die Kelten eines ihrer wichtigsten Feste, 'Lugnasa', das Fest vor der Ernte, welches das Bündnis des Sonnengottes mit dem der uralten Erdmutter erneuern sollte, denn ein Ernteausfall würde unweigerlich Hungersnot und Tod mit sich bringen. Der Jahreskalender war für die Kelten von höchster Bedeutung. Nur durch ihn war es möglich, die Daten für Aussaat und Ernte zu bestimmen.

»Wie funktioniert das Belchendreieck« fragte sich Walter Eichin in den Siebziger Jahren. »Wie ist es möglich, durch Berge die verschiedenen Jahreszeiten und sogar einzelne Tage zu bestimmen?«

Schauen wir uns zunächst auf einer Karte die drei Hauptbelchen an, den 'Ballon d'Alsace' in den Vogesen, die schweizerische Belchenfluh und den Belchen im Schwarzwald. Sie stehen als riesige Zeiger einer ewigen Jahreszeitenuhr in der Landschaft. Verbindet man sie durch Linien, so entsteht ein genau rechtwinkliges Dreieck. In Verbindung mit der Sonne konnten die keltischen Druiden durch diese Berge Sommer- und Wintersonnwende sowie Tag- und Nachtgleichen - die sogenannten Äquinoktien (21. März und 21. September) - ganz genau bestimmen. Doch auch wir können diesen Kalender, zumindest teilweise, lesen.

Stehen wir z. B. jeweils am 21. März und am 21. September auf dem Gipfel des 'Ballon d'Alsace', so können wir sehen, wie die Sonne genau hinter dem Schwarzwaldbelchen aufgeht. Wer an einem dieser Tage abends auf dem Schwarzwaldbelchen steht, sieht die Sonne hinter dem elsässischen Belchen untergehen. Und auch die Belchenfluh hat ihren Beitrag an diesem Dreieck.

Vom 'Ballon d'Alsace' aus gesehen geht die Sonne am 21. Dezember hinter dem Schweizer Belchen auf. Von dort aus gesehen verschwindet sie am Abend des 21. Juni - Sommersonnwende - genau hinter dem 'Ballon d'Alsace'. Die Linie zwischen 'Ballon d'Alsace' und dem Schweizer Belchen, also die Hypotenuse des Belchendreiecks hat für Walter Eichin eine ganz besondere Bedeutung, die das Belchendreieck in viel größere, ungeahnte Zusammenhänge stellt. Wird diese Hypotenuse nach Nordwesten verlängert, trifft sie genau auf Stonehenge. Zufall? Und führt man diese Hypotenuse nach Südosten fort, so gelangt man über das albanische Apollonia und Ostkreta bis zu den Pyramiden von Gizeh (Kairo). Zufall? Auch der Schwarzwaldbelchen und die Belchenfluh im Schweizerjura stehen miteinander in Beziehung. Da sie auf einer Nord-Südlinie liegen, steht, vom Schwarzwaldbelchen aus gesehen, die Sonne zur Mittagsstunde logischerweise genau über der Belchenfluh. Das Belchensystem wird eigentlich von fünf Bergen gebildet. Erst durch den 'Petit Ballon', den kleinen Elsässer Belchen, werden die Sonnenaufgangs- und Sonnenuntergangslinien zwischen den Belchenbergen vervollständigt. Als letzter kommt schließlich noch der große Elsässer Belchen 'Grand Ballon' - der markanteste der fünf Sonnenberge - hinzu. Hinter diesem geht die Sonne am 1. August zu 'Lugnasa', vom 'Ballon d'Alsace' aus gesehen, unter.

Nach der Theorie müsste der 'Ballon d'Alsace' der Hauptbeobachtungspunkt der antiken Kalendermacher gewesen sein. Auch Mondaufgang und Monduntergang konnte vom Gipfel dieses Belchenberges aus bestimmt werden. Hierzu benutzte man den badischen Blauen und seinen Schweizer Namensvetter.

Für die Platzwahl eines Siedlungsbaues in keltischer Zeit wurden zwei bedeutsame Aspekte berücksichtigt: Einerseits die Lage eines Ortes unter topographischen Gesichtspunkten, andererseits die Abstimmung der topographischen Lage auf den Kosmos. Ein Beispiel ist die Ausgrabungsstätte 'Gasfabrik Basel'. Diese liegt genau an der Schnittstelle zwischen 'Petit Ballon' und Schweizer Belchen und der Mondlinie zwischen Schwarzwald- und Schweizer Blauen. Der Rhein ist an dieser Stelle leicht überquerbar und die Gegend fruchtbar. Ein weiteres Beispiel, Augusta Raurica, die Römerstadt bei Basel: In ihr richtet sich das Straßensystem einerseits nach den Sonnenaufgängen, also zur Sommersonnwende, andererseits zur Wintersonnwende sowie nach den Äquinoktiallinien.

Die Römer überließen beim Bauen nichts dem Zufall und handelten teilweise nach dem Wissen, das sie von den Kelten übernommen hatten. Denkbar also, dass die keltischen Siedlungen auf Verbindungslinien innerhalb des Belchensystems lagen. Die keltischen Traditionen und das Wissen der Druiden sind im Dunkel versunken. Deutungen und Theorien sind unterschiedlich.

Beschäftigen wir uns in diesem Zusammenhang mit einem Berg der Schwäbischen Alb. Schon die Menschen der Jungsteinzeit hatten ihn im Besitz, wie Grabungsfunde beweisen. Die Stätte auf dem Berg ist also älter als das Christentum und noch älter als das Keltentum: Der Dreifaltigkeitsberg bei Spaichingen, von dessen Höhe aus der Blick weit über das Primtal schweift. Neben Wohnhäusern und Viehweiden barg der Bergrücken wohl auch eine Opferstätte. Auch kann man sich das Abbrennen von Signalfeuern gut vorstellen, die von Höhe zu Höhe, sogenannten Wachtbühlen, empfangen und weitergegeben wurden, ähnlich den Rauchfeuern der Indianer. Auf dem äußersten Bergzipfel, der sich über die Felsen in Richtung Balgheim erhebt, befand sich die Wohnstatt des Keltenfürsten, geschützt durch einen Graben, der noch heute zu sehen ist. Die

Höhensiedlung dürfte etwa zur gleichen Zeit bestanden haben wie die Anlagen der Heuneburg bei Hundersingen und die des Münsterberges von Breisach (6. - 4. Jh. v. Chr.) Nach der Keltenzeit diente der Berg den germanischen Alemannen als Sonnenheiligtum.

Während der vergangenen Jahrhunderte ist unter der Bevölkerung einmal die Rede vom 'Sonnenberg' und zum anderen vom 'Baldenberg'. Und sieht man am Morgen die Sonne hinter dem mächtigen Klotz emporsteigen, so scheint die Verknüpfung mit dem nordischen Lichtgott Balder ganz und gar nicht abwegig zu sein. In 'Baldur', 'Balder' oder 'Baldr' stecken die keltischen Grundworte 'bal' oder 'bel', und so ist die Assoziation seiner französischen Entsprechung 'Ballon' wohl gegeben.

Die Sonne, der besondere Verehrung zuteil wurde, teilte das keltische Volk in zwei verschiedene Stadien, nämlich in 'jung' und 'alt'. Die 'Junge' (Morgen- oder auch Frühjahrssonne) erwärmt die erstarrte Erde, bekämpft Schnee und Eis und lockt Leben hervor. Die 'Alte' (Mittags- und Hochsommersonne) wurde wohl eher gefürchtet. Sie lässt zwar Früchte und Korn reifen, kann aber durch ihre Intensität die bäuerliche Arbeit eines ganzen Jahres im Handumdrehen zunichte machen. Ihre Energie entlädt sich auch in Unwettern und Gewittern.

»Kornblume blau, Mohn flammig rot,
im Mittag rauscht das heilige Brot,
die Linde schneit, die Wachtel schlägt,
der Bauer bang das Wetter wägt.«

So hat Josef Weinheber gedichtet, und man spürt aus diesen Zeilen die Gewitterstimmung und die drohende Gefahr. Vor diesem Hintergrund versteht man auch die Beschwörung der Sonne zu 'Lugnasa', dem Vor-Ernte-Fest am 1. August, um verderblichen Witterungseinflüssen zu entgehen.

Den Namenswechsel vom 'Baldenberg' zum 'Dreifaltigkeitsberg' erlebte das einstige Sonnenheiligtum urkundlich im Jahr 1665. Übrig geblieben aus seiner vorchristlichen Geschichte ist die 'Drei', jene Zahl, die Anfang, Mitte und Schluss beinhaltet; eine Zahl, die Gegensätze miteinander verbindet und dadurch Einheit schafft. Jugend, Reife und Alter z. B. finden in der Triade ihre Einheit; sie werden zu einem runden, sich rhythmisch drehenden Ganzen, in dem sich die Unsterblichkeit der Seele manifestiert.

In dieser Verdreifachung drückt sich auch die Verehrung der Gestirne aus. In der Rundung der einst heiligen Zahl 'Drei' sahen die Kelten die Sonne. Eine mit einem Dreieck und drei Kugeln kombinierte Sonne spricht ebenfalls von der Dreier-Symbolik des Sonnenkultes. Immer wieder begegnen uns in der keltischen Kunst die drei Kugeln und weisen auf einen solaren Charakter hin. Ganz gleich, ob es sich um keltische Darstellungen von Göttern, Tieren oder Bäumen handelt, durch das Symbol der Dreiheit in Form von drei Hörnern, drei Ästen, drei Fingern, drei Stäben, drei Lanzen usw. erhalten alle Varianten die solare Qualität.

Im uralten Symbol des Sonnenrades selbst, dem keltischen Triskele, liegt der Ursprung zu den Rosetten, die in die Kirchenarchitektur eingegangen sind. Schon die Menschen der Altsteinzeit haben vor ca. 25 000 Jahren Sonnenräder in Felsen geritzt. Diese kann man auch als die frühesten 'Mandalas' der Menschheitsgeschichte betrachten. 'Mandala' ist das Sanskritwort für 'Kreis'. Ebenfalls dienten die keltischen Sonnenräder als Grabbeigaben; sie lassen darauf schließen, dass Sonnenanbetung und Totenkult die hauptsächlichen Elemente der keltischen Religion darstellten. Die Sonne geleitet die Seelen der Toten in die 'Anderswelt'. In dieser Anderswelt wird der Geist neu belebt und wiedergeboren. Diese keltische Vorstellung von Wiedergeburt in Verbindung mit dem Prinzip der Dreiheit 'Erde, Sonne, Mond' orientiert sich am dynamischen Rhythmus der Natur.

Die Archäologin und Höhlenforscherin Marie König hat in ihrem Buch 'Vom Anfang der Kultur' nachgewiesen, dass Trinitäten in den am ältesten besiedelten Höhlen zu finden sind, und zwar in Form von drei Punkten, drei Strichen und später von Dreiecken. Dieses Denkmuster aus den frühen Tagen der Menschheit lebt immer noch in uns und in unserer Sprache. »Aller guten Dinge sind Drei« sagt ein Sprichwort, das uns allen geläufig ist. Die Abkürzungen der politischen Parteien bestehen häufig aus jeweils drei Buchstaben, ebenso jene vieler großer Konzerne. Dasselbe gilt auch für Produktnamen. Und es ist wohl kein Zufall, dass in der Liturgie das Amen, das Kyrie und das Halleluja jeweils dreimal gesungen wird.

Dem Gläubigen, der den steilen Kreuzweg zur Kirche hinaufpilgert, steht der Sinn eher nach dem christlichen Heilsmysterium, als nach heidnischer Sonnensymbolik. Die Ausläufer einer uralten Dreier-Symbolik empfangen ihn aber in den drei Eingangspforten im Turm der Kirche, über denen die lateinischen Namen der christlichen Dreifaltigkeit eingemeißelt sind. In der Kirchenkunst tritt diese Dreifaltigkeit auch im Symbol des Dreiecks auf.

Der Ursprung der Wallfahrt auf den ehemaligen Baldenberg, der dem Volk bis ins Spätmittelalter heilig war, hat nicht nur mit der Ursprungslegende zu tun. In dieser Legende verliert ein Hirte seine Herde, ruft daraufhin die Dreifaltigkeit an und findet seine Tiere wieder. In diesem 'Wiederfinden' liegt die Anbindung an die alten heidnischen Frühsommer-Bräuche, die im Laufe der Zeiten auf das Frühsommerfest 'Pfingsten' übertragen wurden. Der Name 'Pfingsten' geht auf das griechische Wort 'pentekoste' (= 50. Tag nach Ostern) zurück, und damit sind wir bei einer Zeitspanne, in der das wieder erwachte Leben mit Picknick und Tanz bis in die heutigen Tage gefeiert wird. Der aufgeputzte 'Pfingstochse' erinnert an das Stierhorn und das Rind selbst wird zum Aspekt des Frühlings, da ihm nach dem Wintertod erneut mondsichelförmige Gehörne wachsen.

Neben der Sonne, die alles Gedeihen steuert, beeinflusst der Mond durch sein wechselndes Licht und seinen Rhythmus das Pflanzenwachstum. Die Anziehungskraft des Mondes stabilisiert die Erdachse in ihrer Stellung und verhindert starke Schwankungen von achtzig bis neunzig Grad, die ohne den Mond durch die Kräfte der anderen Planeten auftreten würden. Das heißt, dass die ganze Nordhalbkugel der Erde entweder über Jahre der Sonne ausgesetzt wäre oder in völliger Dunkelheit versinken würde. Die vielfältigen Lebensvorgänge auf unserer Erde wären nicht möglich. Allein schon das Licht des Mondes, reflektiertes Sonnenlicht, steuert diese Lebensvorgänge ebenso mit, indem es die Keimung vieler Samen bewirkt. Mehr als 600 Lebewesen, so weiß man heute, weisen einen Mondphasenrhythmus auf.

Diese Zusammenhänge zwischen Wachstum und Mondlauf wurden in allen Hochkulturen beobachtet. Im Wachsen und Schwinden des Mondes sah man Werden und Vergehen, Leben, Tod und Wiederkehr. Von sogenannten 'Hochtempeln' oder 'Götterbergen' aus gelangten die babylonischen Astronomen zu staunenswerten Erkenntnissen. Auf der Basis der 30-tägigen Wiederkehr des Mondes errechneten sie einen Mondkalender und führten den 36- Grad-Tierkreis ein. In den frühgeschichtlichen Kulturen und Kulten war der erste Frühlingsvollmond von herausragender Bedeutung. Infolge begann der Jahresstart nicht wie heute, dem gregorianischen Kalender nach, am 1. Januar, sondern im März, zu einem Zeitpunkt, an dem die Sonne ins Sternbild des Widder rückte.

Schon steinzeitliche Kulturen ritzten Gestirnkonstellationen in Höhlenwände und statteten ihre üppigen Frauenstatuetten mit Mondsymbolen aus. Im Antlitz des Mondes, den man vielleicht besser als 'die Mondin' bezeichnen sollte, verehrte man die Göttin. Bei den Maya war es die Göttin Ixchel, Herrin des Mondes und des weiblichen Zyklus, gleichsam Regenbogenfrau, die für Fruchtbarkeit und Kindersegen zuständig war. Wie die abendländischen drei Beten, wurde auch sie mit langem Haar dargestellt. Im Aztekenreich warf der Sonnengott Huitzilopochtli den Kopf seiner Schwester, den er ihr abgeschlagen hatte, in seiner Verzweiflung an das Firmament, wo diese fortan als Mond wandelte. Das heutige Mexico-City steht auf den Ruinen der einstigen Azteken-Hauptstadt Technochtitlan, der 'Insel des Mondes'. - Mythen der Eskimo aus dem hohen Norden erzählen von einer Mondgöttin, die sogar vom Himmel herabsteigen und die Frauen befruchten konnte.

Die Kelten berücksichtigen bei vielen Steinsetzungen Mondrhythmen, bei denen nach einem vollen Mondknotenumlauf an einem bestimmten Visierpunkt der Mond zu sehen ist. Dies geschieht nur alle 18,6 Jahre gleichen Tages. (Unter Mondknoten versteht man die Schnittpunkte der Sonnen- und Mondumlaufbahnen.) Es ist nicht verwunderlich, dass auch die Bauernregeln der vorchristlichen Zeit entstammen, und alten Überlieferungen nach gelten bestimmte Tierkreiszeichen als besonders wachstumsfreudige Phasen.

Dies gilt für das Sternkreiszeichen des Zwillings, in dem alles doppelt gedeihen soll, und für das des Fisches, in dem alles saftig wird, so dem alten Glauben nach. Aber auch neuere Forschungen belegen den Einfluss der Sternbilder des Tierkreises sowohl auf das Pflanzenwachstum als auch auf die Bodenbearbeitung und sogar auf die Ausbringung von organischer Düngung.

Dr. Hartmut Spies vom Institut für biologisch-dynamische Forschung, Bad Vilbel konnte bestätigen, dass drei Hauptrhythmen des Mondes das Wachstum und Gedeihen von Kulturpflanzen beeinflussen. Diese Rhythmen sind der zunehmende Mond, der abnehmende Mond, die Stellung des Mondes zum Himmelsäquator, darüberhinaus seine Erdferne und Erdnähe. Die Keimfähigkeit von Getreidekörnern der ausgereiften Pflanze ist vor Vollmond höher, vor Neumond geringer. Samen von vor Vollmond gesäten Pflanzen zeigten sich keimfreudiger als von Pflanzen, die bei abnehmendem Mond ausgesät worden waren.

Die Kelten und andere Völker müssen die Wirkung der kosmischen Rhythmen wohl genauestens beobachtet haben. Sie wussten um die Kräfte, die dem Korn einen gesunden Keim entlocken würden. Hierin liegt wohl der Schlüssel zu den Lebenskräften, die sich durch die Nahrung nicht nur auf den physischen Menschen übertragen, sondern auch auf den psychisch-geistigen. Ein Brot beispielsweise, gebacken aus keimfähigen Körnern, ist ein echtes Lebensmittel; in ihm steckt die ganze Lebensleistung der Pflanze. Ein Brot hingegen, gebacken aus nicht mehr keimfähigem Getreide, ist lediglich ein Füllstoff für Magen und Darm ohne Vitalqualität.

Die Mondwirkung erfasst jedoch nicht nur Vegetation und Tierreich, sondern auch auf direktem Wege den Menschen. Viele Menschen schlafen schlecht bei

Vollmond oder werden von schweren Träumen heimgesucht. Die ganz sensiblen unter uns treiben die Mondkräfte sogar aus dem Bett und sie wandeln im Schlaf. (Hinter der Redewendung 'mit traumwandlerischer Sicherheit' stecken sie ebenfalls.) Wie gewaltig diese Anziehungskräfte sind, davon zeugen An- und Abschwellen der gewaltigen Wassermassen der Weltmeere im Rhythmus des Mondlaufs - der Mond als 'Herrscher der Gewässer'. Selbst an Seen lassen sich Gezeiten beobachten. Die logische Folgerung ist, dass die Mondkräfte auch die Flüssigkeiten der kleinsten Systeme beeinflussen wie zum Beispiel die menschliche Zelle mit ihrem Wasserhaushalt. Auch der weibliche Zyklus, die Menstruation, unterliegt der Mondabhängigkeit. Eine 'Drei-Blut-Phasen-Dynamik' läuft im Körper der Frau parallel zur Monddynamik. Menstruation bedeutet: Mondwechsel. 'Mens', 'Mensis' ist das Maß, der Mond und der Monat. In der dreigestaltigen Göttin vor-patriarchaler Kulturen wurde dieser Blut-Zyklus dem Mond und seiner Erneuerungskraft gleichgesetzt und als heilig verehrt. In unserem Kulturraum galt diese Verehrung den 'Drei Bethen', deren Ausläufer noch heute in den alten Kirchen zu finden sind.

Im südenglischen Dartmoor haben die Steinreihen von Merrivale aller Wahrscheinlichkeit nach zur Beobachtung des Monduntergangs gedient. Vom westlichen Ende einer Steinreihe aus sieht man den Mond alle 18,61 Jahre, also bei der großen Mondwende, hinter einem Felsen am Horizont untergehen. Der Forscher John Edwin Wood hat nachgewiesen, dass ein Teil solcher mehrreihiger Steinreihen oder 'Alignements' als astronomische Beobachtungshilfen gedient haben. Bis in unsere Tage zeugen sie von den äußerst hochstehenden Kenntnissen der keltischen Druiden, denen ein Extrapolationsverfahren bekannt gewesen sein muss, ein Verfahren, mit dem die wirkliche Mondwende auf die Stunde genau festgelegt werden kann. Im allgemeinen erreicht der Vollmond das Maximum nicht bei seinem Aufgang, sondern erst einige Stunden später oder auch früher.

So vielgestaltig die Steinsetzungen und ihre Deutungen auch sein mögen, ein Hauptmerkmal, das ihrer Errichtung zugrunde liegt, ist die Beziehung zum Kosmos. Ob nun Visiersteine, Ganggräber oder symbolische Markierungen in Form von langen Steinreihen, die den Gedanken des Weges symbolisieren, immer wird dieser Anschluss an das kosmische Geschehen von der Erde aus geschaffen. Der Tod als das Bild der Nacht ruft den Mond und zugleich auch die Erde hervor. Der Mond mit seinem Verschwinden und Wiedererscheinen beweist die ewig währende Wiederkehr von Geburt, Alter und Wiedergeburt. Die Gleichsetzung von Mond, Gewässer und Erde beruht nicht nur auf einem intuitiven Erfassen von Periodizität, sondern ist der Ursprung der Fruchtbarkeit. Auch heute noch, so wie vor Milliarden Jahren. Und immer sind es die Sphären von Mond und Sonne, durch die die Seele zu den Sternen aufsteigt...

BÄUME: ZEIT- UND RAUMESKRÄFTE

Sind Bäume mehr als Kunstwerke der Natur? Sind Bäume beseelte Wesen, die mit ihren Wurzeln tief in unser Leben greifen, gleich einem Geflecht, das Wald, Wiese, Feld, Flur, See, Teich, Moor und Meeresküste verbindet? Nirgendwo erleben wir den Kreislauf der Stoffe deutlicher als im Baum. Der Baum, der zu allem direkt oder indirekt in Beziehung steht. Der Baum als schaffende Natur im Wechselspiel der Jahreszeiten: Keimen, Blühen und Grünen, Vergehen. Regelmäßige Wiederkehr von Werden und Vergehen, Anschwellen und Ausklingen, im Baum werden diese Systembeziehungen besonders deutlich. Im Abwerfen der Blätter wird das Unbelebte gleichzeitig zum Belebten; das scheinbar tote Blatt wird zum neuen Nährboden. (»Tod ist Geburt« sagt Novalis.) Tod und Geburt als im Ganzen integrierte Bestandteile der uns umgebenden Welt.

Im Laubwald begegnen uns Leben und Freiheit, es atmet sich leichter. Seine hochragenden Stämme mit ihren belaubten Kronen lassen uns an gotische Kathedralen denken. Doch auch der Nadelwald mit seinem ernsteren, stillen Charakter wirkt auf uns befreiend und beschwichtigt die Unruhe unseres Herzens. Indem wir der Sprache des Baumes, des Waldes lauschen, klingt es wie Stimmen aus einer anderen, seligeren Welt, die uns etwas zu sagen hat und uns läutert.

Für unsere Urvorfahren war der Baum der Lebensnerv der Gemeinschaft. Im Baum sahen die Kelten die Unendlichkeit des Lebens und die Endlichkeit des Todes. So wundert es nicht, dass zahllose Mythen und Märchen von Bäumen handeln. Zum einen wird in ihnen der Tod ihres Besitzers angezeigt, zum anderen werden Kranke oder Kinder durch gespaltete Bäume hindurchgezogen, um geheilt zu werden. In der Schweiz holen die Hebammen die kleinen Kinder aus dem hohlen 'Kindbaum'. Obstbäume müssen geschüttelt werden, um nicht zu verdorren. Solches nicht aus rein pomologischen Gründen, sondern auch, um wieder einmal den Kontakt Mensch-Baum zu demonstrieren. Und wenn die Holzfäller einen Baum fällen wollten, mussten sie ihn zuvor um Verzeihung bitten.

Der vorchristliche Glaube, der die Abstammung des Menschen den Bäumen zuordnete, spiegelt sich nicht nur in der keltischen Sage von der Eberesche als der ersten Frau und der Erle als dem ersten Mann wider. Das alte Persien stellte das erste Menschenpaar sogar als einen einzigen Baum dar, dem zwei Seelen eingehaucht werden.

Nicht nur die Ahnen wurden in den Bäumen gesehen, sondern auch die Grundstruktur des Universums sowie das Archetypische des Wachsens über-

haupt. Buddhisten und Hindus, Griechen und Römer, sibirische Schamanen und heilige Männer aus Java, ihnen allen war die Vorstellung vom Lebensbaum als dem Inbegriff des Paradieses gemeinsam.

So dürften sich die frühesten Götterdarstellungen aus der Baumverehrung entwickelt haben. Vom lebenden, einem Gott geweihten Baum - der Behausung göttlicher Kräfte - zur Götterdarstellung war der Weg nicht allzu weit. Durch den Baum waren die Stammesangehörigen nicht nur untereinander verbunden, sondern über seine Wurzeln auch mit ihrem Territorium. Der 'Stammbaum' oder die Ahnentafel ist eine Folgeerscheinung dieser Baumverehrung. Das Umhauen eines solchen Stamm-Baumes kam dem Sieg über die Lebenskräfte des Gegners gleich. Als Lebensbaum zwischen Himmel und Erde stellte jener einen übersichtlichen Mikrokosmos dar, der den Menschen das Gefühl von Zusammenhalt und Schutz gab. Unter ihm wurde getanzt und gelacht, getrauert, gekrönt, geopfert, Recht gesprochen und auch hingerichtet. Der Baum gab einem Ort oder Platz seinen geistigen Halt. Er stand für das Gesamtbewusstsein eines Ortes.

Der tiefen Verbindung des früheren Menschen zum Baum begegnen wir natürlich auch in den antiken Mythen und Gestalten Europas. Es ist der Göttervater Zeus, der mit der Eiche verbunden ist und seine Frau Hera mit dem Granatapfel. Für Zeus' Sohn Apollon, einer der Hauptgötter der Griechen und Römer und auch Sonnengott und Gott des Heils, ist es der Lorbeer, und für dessen Zwillingsschwester Artemis, Göttin der Jagd, eine der zwölf großen olympischen Gottheiten, der Nussbaum. In der germanischen Mythologie ist es die Fruchtbarkeitsgöttin Freya, die sich mit der Linde identifiziert.

Wie schon angedeutet ist die Verbindung zum Baum auch in anderen Kulturkreisen, auf anderen Kontinenten, unübersehbar. Buddhas Baum ist der heilige Bo-Baum, ein Feigenbaum, unter dem er geboren und später erleuchtet wurde (Bo = Erleuchtung). In den Verbreitungsgebieten des Buddhismus trifft man an heiligen Orten auf gewaltige Exemplare von Bo-Bäumen, von denen es heißt, dass sie Ableger des ursprünglichen Baum Buddhas seien. Mitten in der Stadt können sie wie Könige thronen, im Zentrum eines Tempels, ummauert und von Plattformen umgeben, oder hoch oben an Felsenklöstern. Bei ihrem Anblick wundert man sich darüber, woher sie die Kraft nehmen, um so alt, mächtig und würdig zu werden; möglicherweise aus der wunderträchtigen Kraft der Verehrung, die ihnen zuteil wird und die sie gesund erhält.

Für die Kelten hatten die Bäume persönliche Seelen, den Menschen gleich. So wundert es nicht, dass jede alte Gottheit mit einer spezifischen Art von heiligem Baum belegt war. Im irischen Barden-Alphabet, dem Ogam-Alphabet mit magischem Charakter, tritt diese intensive Baumbeziehung besonders deutlich zutage. Jedem Buchstaben ist ein Baum zugeordnet. So stoßen wir im walisischen auf viele Begriffe, in denen das Wort 'wydd' steckt, das 'Wald' bedeutet. Und stets hat 'wydd' etwas mit Wissen bzw. Weisheit zu tun. Zum Beispiel ist 'gwyddon' der weise Mann und 'derwydd' bedeutet Druide. Es galt auch der Glaube, dass ein auf dem Grab gepflanzter Baum einen Teil der Seele des Verstorbenen aufnehme. Im Andenken an Zauberer und Barden pflanzte man Bäume auf ihre Gräber, sogenannte 'Geisterbäume'.

Auf Merlins Grab, das wohl bekannteste in der Bretagne, steht ein Eibisch-Strauch als lebendige Gedenkstätte. Starb ein wichtiger Baum, war es eine heilige Pflicht, einen neuen an seiner Stelle zu pflanzen; dies möglichst aus einem Zweig oder Samen des alten.

Der altrömische Geschichtsschreiber und Dichter Virgil berichtet von Wäldern, die einst »der Hort von Waldgöttern, Nymphen und Faunen und von weisen Männern waren, die aus den Stämmen der Bäume und den unbeugsamen Eichen entstanden waren«. Wehe dem, der die Geister des Waldes störte, sie vergaben es ihm nicht, sondern verfolgten ihn. Diese Art von Exterritorialität des Baumes lässt auch an die 'Bildbäume' denken. Große, mächtig herausragende Bäume, meist auf einer Wasserader oder einer Kreuzung von zwei Adern stehend, da täglich viele hundert Liter Wasser benötigend, wurden dann häufig zu 'Bildbäumen', an die man zunächst Heiligenbilder und danach Bildtafeln anbrachte; sie alle markieren strahlende Plätze, die mit der Rute leicht festgestellt werden können.

Die Frage nach dem wahren Wesen des christlichen Kreuzes tut sich hier auf, denn auch das Kreuz ist Symbol eines kultisch verehrten Baumes. »Bäume und Holz haben zweimal die ganze Welt errettet: das erste Mal in Form der Arche Noah, und dann in Form des Kreuzes«, heißt es bei John Evelyn. Einer Überlieferung östlicher Christen zufolge war das Kreuz aus dem Holz des Baumes der Erkenntnis gemacht worden. Als Adam im Sterben lag, schickte ihm Gott drei Samen, die mitbestattet wurden und aus denen drei Bäume wuchsen. Aus dem Holz dieser drei Bäume soll das Kreuz gezimmert worden sein. Einer anderen Theorie zufolge sei das wahre Kreuz aus dem Holz der Zeder, der Palme und der Olive gezimmert gewesen.

Aus der Vielzahl der den früheren Menschen umgebenden Baumarten nahm mit der Zeit die Eiche eine Sonderstellung ein. Wir werden uns später noch eingehend mit der Eiche beschäftigen. Sie war der Baum des Lebens und Symbol für Kontinuität, den nicht nur die Kelten, sondern später auch die Germanen verehrten. Eichenhaine galten als Kultzentren. Mit der Eiche verband sich die

Vorstellung, dass sie Landschaften und ihren Bewohnern ganz besonderen Schutz gewähre und dass sich an ihr der göttliche Wille ablesen ließ. Dies könnte möglicherweise mit dem Verzehr der Eichel zusammenhängen, der eine Bewusstseinsänderung zur Folge haben kann. Die heilende Wirkung der Eiche durch deren Gerbstoffe muss den Kelten schon bekannt gewesen sein. Ihre Lebenskräfte sollten auch den Verstorbenen über den Tod hinaus nutzbar gemacht werden. Die schweren Eichenbalken in den Fürstengräbern der Kelten zeugen heute noch davon. Beispiele sind die Großgrabhügel auf dem Magdalenenbergle bei Villingen im Schwarzwald und bei Eberdingen-Hochdorf nordwestlich von Stuttgart.

Ein Baum, der nicht nur unser geschichtliches Empfinden wachruft, sondern auch die Zeit besiegt hat ist der Ginkgo biloba. Während Millionen von Jahren hat diese Baumgattung die Umwälzungen auf der Erde insbesondere am Ende der Kreidezeit überdauert. Die ältesten Bäume stehen in China und sollen um 4000 Jahre alt sein. Der Ginkgo biloba überlebte nicht nur die Atombombe von Hiroshima: Am verbrannten Stamm inmitten einer verwüsteten, toten Stadt zeigte sich bald schon ein grüner Trieb, der längst zu einem mächtigen Baum herangewachsen ist, heute das Wahrzeichen und Symbol für Schönheit und langes Leben. - Ein wunderschönes Exemplar eines Ginkgo biloba steht auf der Insel Mainau neben der Schlosskirche.

Nicht nur der Baum als biologische Ganzheit erfreute sich menschlicher Zuwendung, Teile davon brachten es auch zu Ehren. Es gibt kaum eine andere Frucht, die so hoch gehalten wurde wie der Apfel. Äpfel und Unsterblichkeit sind Themen, die sich in der Mythologie vieler Völker finden. In der Edda-Sage verspeisen die Götter, wenn ihr Alter herannaht, einen Apfel und erhalten so ihre Jugend zurück. Und so war es für die Kelten der Apfelbaum, der die engste und stärkste Beziehung zur 'Anderswelt' symbolisierte; die 'Anderswelt' als ein unterirdisches Totenreich, das die religiösen Vorstellungen der Kelten wesentlich bestimmte. Somit ist 'Avalon' aus der Artussage die 'Apfelinsel' und wohl verwandt mit der Geschichte vom Paradies, die sich um den Apfelbaum rankt.

Könnte es sein, dass mit der verbotenen Frucht des Apfelbaumes als Symbol ein Geheimwissen angesprochen ist, ein Wissen, das nicht in unbefugte Hände geraten darf, auf dass die Schöpfung erhalten bleibe? Ein gewaltiges Wissen, vergleichbar heute mit dem um die Kernspaltung oder die Gentechnologie.

Dort, wo von Bäumen die Rede ist, darf ein Gewächs, das hoch droben in den Wipfeln von Kiefern, Tannen und Laubbäumen 'wohnt' und grünt nicht unerwähnt bleiben, der 'Zweig des Heils', die Mistel. Der Glaube, dass sie vom Himmel fiele, machte sie zum Mittler zwischen Himmel und Erde, zum Symbol des Friedens und der Versöhnung, die zum Zeichen der Freundschaft von Haus zu Haus weitergereicht wurde.

Entgegen dem Jahresrhythmus bildet die Mistel ihre Früchte im Winter. Sie schafft es auch noch unter dem dichtesten Blätterdach ohne Licht zu keimen und Kälte und Dunkelheit zu überwinden. Am üppigsten gedeiht die Mistel auf Wirtsbäumen, die in der Nähe von Wasser stehen, wobei merkwürdig ist, dass sie selbst nicht aufschwillt. Wundert es da, dass diese, den normalen Wachstumsbedingungen trotzende Pflanze seit undenklichen Zeiten Gegenstand abergläubischer Verehrung in Europa war und insbesondere für die Kelten die Welt des Übersinnlichen verkörperte? Die keltischen Druiden sahen in der Eichenmistel die Anwesenheit göttlicher Wesen. Für sie war die Eiche ein Symbol der Stärke und Kraft, und sie glaubten, dass die Götter selbst einen solchen Baum ausgewählt hatten, um die Mistel auf ihm wachsen zu lassen. Somit galt der ganze Baum und alles was mit ihm in Verbindung stand als ein Heiligtum.

Den Zeitpunkt, der mit einer feierlichen Zeremonie verbundenen Mistelernte, bestimmte der Stand des Mondes, an dem sich der keltische Kalender orientierte. Von Plinius dem Älteren wissen wir, dass die ganz in Weiß gekleideten Druiden die Pflanzen nicht mit einem gewöhnlichen Messer, sondern mit einer goldenen Sichel schnitten und in weißen Tüchern auffingen. Keinesfalls durfte die abgeschnittene Mistel den Boden berühren, sonst hätte sie ihre heilige Wirkung verloren. Gold war den Kelten ein heiliges Metall mit einem magisch-sakralen Charakter in Richtung 'Sonne' bzw. 'himmlisches Feuer'. So gehörte die Berührung der heiligen Pflanze mit dem Gold der Sichel ebenso zum Ritual wie die abschließende Opferung von zwei weißen Stieren. In der keltischen Vorstellung war der Stier die Verbindung der Lebens- und Todeskräfte. Im Silberkessel von Gundestrup, Dänemark, dem wohl bedeutendsten keltischen Fundstück, begegnet uns der keltische Gott Smertulus, der den Stier erstochen hat. Ein fünfstrahliges Sonnenrad, das durch einen Strahl mit der Mondsichel verbunden ist, ziert den Kopf des todesmattem Tieres. (Im Zusammenhang mit der Eichenmistel und der Anbetung ihres Wirtsbaumes leitet Plinius die Bezeichnung 'Druide' von 'drus' ab; 'drus' bedeutet griechisch 'Eiche'.)

Das stilisierte Mistelblatt tritt in der Götterdarstellung und im Totenkult als längliches bis bauchiges Ornament auf, auch Fischblase genannt. Dabei handelt es sich um einen doppelblätterigen Kopfschmuck, der das Haupt von Skulpturen und Reliefs von den Schultern oder Schläfen bis über den Scheitel wie Gehörne umgibt. Die Verbindung zu Esus, einem der drei gallischen Hauptgötter, wird hier ersichtlich. Esus ist der Gott mit den Mistelblättern. Neben Teutates und

Taranis opferte man auch ihm Menschen. Es verwundert nicht, dass der Mistel Zauber- und Heilkräfte nachgesagt werden. Ein Trank aus der Mistel sollte gegen alle Krankheit, Unfruchtbarkeit und Vergiftungen wirken. In Frankreich und Schweden wurden der Mistel, in der Nacht zur Sommersonnwende eingesammelt, ganz besondere Kräfte zugeschrieben.

Vergleichbares glaubte man in Wales: Ein in der Mittsommernacht (St. John's Eve) geschnittener und unter das Kopfkissen gelegter Mistelzweig würde im Traum einen Blick in die Zukunft gewähren. In unserer Zeit gewinnt die Mistel in der Krebstherapie an Bedeutung. Einen hohen Stellenwert nimmt sie in der anthroposophischen Medizin Rudolf Steiners ein. Der Grund, warum die Mistel von Steiner als Heilmittel erkannt wurde, war, dass diese Pflanze sich in räumlichen und zeitlichen Gesetzesmäßigkeiten von ihrer Umgebung abgekehrt hat, noch dazu als Halbschmarotzer. Ähnliches tut ja auch der Krebs, der sich als Schmarotzer gegen die Ordnung im Gesamtorganismus auflehnt und ein Eigenleben führt.

Dem Mistelzweig ähnlich wurde im alten keltischen Glauben dem Dornbusch Verehrung zuteil, wie auch Dornbüsche mit christlicher Marienverehrung in Verbindung stehen. Ein Beispiel dafür mag die Marienverehrung in Deggingen sein, einem süddeutschen Wallfahrtsort. Die Legende berichtet von einem Rosenbusch, der seit langem in der altheidnischen Tradition stand und auch während des 14. Jahrhundert noch immer vom Volk verehrt wurde. Doch sollte der Rosenbusch umgehauen werden. Auf einmal aber erschienen auf jedem einzelnen seiner Blätter die Worte 'Ave Maria'. Der wundersame Busch blieb verschont, und man sah jetzt einen christlich-heiligen Ort in ihm. Eine Wallfahrtskirche wurde errichtet, die heute Alt-Ave heißt. Somit übernahm die Kirche wieder einmal eine ehedem heidnische Stätte, da das Volk die alten Kraftplätze, an denen die Feen und Elfen und andere überirdische Wesen wohnten, weder vergessen noch aufgeben wollte. Die Assoziation zum Rosenkranz als dem weiblichen Aspekt in der Kirche ist hier gegeben.

Die alte keltische Sitte, Bäume zu bestimmten Festen aufzustellen und sie mit Bändern, Schnüren oder Stoffetzen zu bekränzen und zu ehren, hat sich bis heute in der Tradition unseres Maibaumes erhalten. Im Maibaum verkörpern sich Neubeginn, Fruchtbarkeit und Wachstum; ein Auftakt zum sorgloseren Leben.

Die Wortkunde begleitet unsere momentanen Überlegungen: Das gesamtkeltische Wort 'bile' für den heiligen Baum, das heute noch im neu-irischen Wörterbuch zu finden ist, steht in enger Verbindung mit 'Beltene' bzw. 'Beltine', dem Anfang der fruchtbaren Jahreszeit. Der erste Mai ist der Beltene-Tag. Hier ist wiederum die Assoziation zu 'Belenus' erkennbar. Die Silbe 'bel' steht für 'glänzend, hell' und 'tine' bedeutet 'Feuer'. Dass die Druiden zu Beltene das Vieh zwischen zwei Feuern hindurch trieben, um Krankheiten abzuwehren, war nur einer von vielen Feuerbräuchen. Dem freudvollen Beltene-Tag jedoch ging eine Nacht voraus, die den Umtrieben der Geister und Hexen gehörte. Gegen solches schützte man sich mit Hügelfeuern und den Zweigen der Eberesche. Im Harz ist diese Tradition immer noch in der Walpurgisnacht lebendig. Die Assoziation zum heute noch vielerorts praktizierten 'Maienstecken' drängt sich auf. Freilich sind es nicht mehr die Geister und Hexen, sondern es ist die Jugend, die in der Nacht zum ersten Mai mit ihren oftmals gewagten 'Späßen' über das Ziel hinausschießt. Begonnen hatte der Brauch ja vor etwa hundert Jahren damit, dass die jungen Burschen vor allem auf dem Land ihrer Angebeteten einen Zweig Maiengrün ans Fenster steckten. Auch hierin lässt sich unschwer eine Verknüpfung zu den Ursprüngen einer uralten Baumverehrung herstellen.

Spannen wir den Bogen noch einmal zu Baldur, dem Heldensohn des Odin. Balders Heimat sind die skandinavischen Länder, wo in Schweden bis heute Freudenfeuer zum Mittsommerfest abgebrannt werden, sogenannte Beltane-Feuer. In der nordischen Mythologie stiftet der verschlagene Loki, der Gott des Feuers, den blinden Hödur dazu an, mit einem Mistelzweig auf seinen Bruder zu schießen. Hödur, im Glauben an die Unverletzbarkeit Balders, trifft den strahlenden jungen Gott des Lichts tödlich. Frigg, Balders Mutter, hatte allen Geschöpfen auf Erden den Schwur abgenommen, ihrem Sohn niemals ein Leid zuzufügen, da sich sonst die Sonne verdunkle. Nur die unbedeutende Mistel hatte sie nicht schwören lassen.

Der Mythos von Balders tragischem Tod muss wohl mehr als eine bloße Geschichte gewesen sein, die sich das Volk erzählte, da sich sein physisches Erscheinen Jahr für Jahr in der Opferung eines Menschen, nämlich seines Vertreters, manifestierte. Hier, wie auch anderswo, stand der Natur-Mythos in Beziehung zu einer praktizierten Theorie. Balders Geschichte war das Drehbuch zu dem geheiligten Weihe-Schauspiel, ein magisches Ritual, mit dem die Kraft der Sonne, das Wachstum der Bäume, das Gedeihen der Feldfrucht und der Schutz von Mensch und Tier vor Trollen, Hexen und bösem Zauber beschworen wurde.

Im zu Opfernden sahen die Feiernden kein menschliches Wesen mehr, sondern interpretierten das Wesen eines Baum-Geistes oder Vegetations-Gottes hinein. Balder, als Gott von Sonne, Licht und Frühling ist das Beispiel. Später mögen es auch nur Bildnisse gewesen sein, die man im Feuer verbrannte. Die Ausläufer dieses vorchristlichen Balder-Kultes sind auch anderswo in Europa unter der Landbevölkerung anzutreffen und stehen indirekt im Zusammenhang mit der Baumverehrung. Bei den Westslawen und Slowenen treten wilde Waldwesen mit Tierfell oder Moos bewachsen auf, mit Farnkraut auf dem Kopf; sie erinnern an Faune oder auch an den Schneemann Yeti aus dem Himalaja. In der Normandie war es der 'Grüne Wolf', mit Kopfputz und Kleidung aus grünem Blattwerk, der nach jeweils einjähriger symbolischer Vertretung des Baumgeistes den Gang ins Feuer antreten musste. Sein erwählter Nachfolger, ein junger Bursche, hatte die Ehre, das Opferfeuer auszutreten. Dadurch wurde er zum neuen Grünen Wolf erkoren. Ein Jahr später war auch ihm der Feuertod bestimmt. In der englischen Mythologie ist 'The Green Man' seine Entsprechung. Auch in Kirchen hat er sich in Form von Masken und Figuren im stilisierten Blattwerk behauptet, ganz markant dargestellt beispielsweise in der englischen Norwich Kathedrale, aus dem späten 14. Jahrhundert stammend.

Der 'Grüne Mann' als keltischer Baumgeist sollte bösen Zauber abwehren. Und doch können wir ziemlich sicher sein, dass es sich bei dem Opfer - ob im Frühling oder zu Mittsommer - um keinen Repräsentanten der Vegetation im allgemeinen handelte. Höchstwahrscheinlich repräsentierte das Opfer eine ganz bestimmte Art von heiligem Baum.

Die Verlockung liegt nahe, anzunehmen, dass Balder selbst die Eiche verkörperte. Die Mistel wäre dann etwa als Sitz seines Lebens in der Eiche anzusehen, dem, so lange sie unversehrt blieb, nichts und niemand etwas anhaben konnte - Die Eiche hält Winterruhe, indem sie ihr Blätterkleid verliert. Die Mistel hingegen ist immer grün, schläft nie, vergleichbar mit dem Herz eines Menschen, das weiterschlägt, auch wenn er selbst schläft. Hieraus dürfte die Anbetung von Eiche und Mistel abzuleiten sein. Die Mistel galt also als das heilige Herz der Eiche. Der Eichengeist - im Opferritual vertreten durch einen lebendigen Menschen - wurde so lange als unverwundbar angesehen, wie die Mistel mit dem Baum in direkter Verbindung stand. Das Entfernen der Mistel aus dem Baum war das Signal und die Ursache seines Todes.

Virgil beschreibt die Mistel als 'Goldenen Zweig' und auf einer Stieleiche wachsend. Vielleicht kann der Name von dem goldenen Gelb abgeleitet werden, den ein Mistelzweig annimmt, nachdem er geschnitten und für einige Zeit aufbewahrt wird. Im Gold der getrockneten Pflanze sah man die ans Licht gebrachten Schätze der Erde und auch das Strahlen der Sonne. Darüberhinaus wurde angenommen, dass die Mistel, in der ja gleichzeitig das Leben der Eiche steckte, den Samen oder Keim des Feuers enthielt; durch das Reiben von Eichenholz wurde es entfacht.

In der griechischen Mythologie ist es Aeneas, der in den Wäldern den Goldenen Zweig findet; er wird ihm auf seinem Weg durch die düstere Unterwelt leuchten. In seinen Händen wird der Goldene Zweig zu einer Art 'Sesam-Öffne-Dich' zu den Pforten des Todes.

Vor diesen Hintergründen lassen sich die enge Verbindung von Feuerzeremonie und Sonnenzauber am besten verstehen und darüberhinaus, warum beim Opferritual auch das Holz der Eiche, aus der die Mistel zuvor entfernt wurde, verbrannt werden musste. Ja, musste, denn in der Eiche sahen unsere Urvorfahren die Vorratskammer für das Feuer. Die Eiche war sozusagen der Ofen für die Sonne und die Mistel ihre Glut. Von Zeit zu Zeit musste dieses Feuer herausgeholt werden, um der Sonne, von der man es entliehen hatte, wieder neue Nahrung an Licht und Wärme zu spenden. So würde die Sonne mit dem Feuer, das in der heiligen Eiche wohnte, periodisch gestärkt werden. In den alten vedischen Hymnen Indiens wird 'Agni' als der im Holz geborene Feuergott besungen.

In einem Baum, den der Blitz getroffen hatte, sah man ein doppeltes oder dreifaches Feuer. Da alte, einzeln stehende Eichen aufgrund ihrer Höhe, der Tiefe ihrer Wurzeln und ihrer rauen Rinde den Blitz stärker in ihre holzigen Teile leiten als andere Baumarten, z. B. mit glatter Rinde, wundert es nicht, dass ihnen Kelten und Germanen vor dem Hintergrund des Balder-Mythos huldigten. Im Blitzschlag stecke der Funke, den der Himmelsgott mit einem eichenen Reibholz entfacht habe, so glaubte man. In ihm nahm der Himmelsgott Verbindung mit der Erde auf und entsandte dabei auch die Mistel in die Bäume.

In diesem Zusammenhang mag es interessant sein, dass bei den sächsischen Wenden jegliches vom Blitz getroffenes Holz für ihr Herdfeuer tabu war. Sie fürchteten, ihr Haus könne in Brand geraten. Entsprechendes ist von den Ureinwohnern British Columbias überliefert: Um die Unterkünfte ihrer Feinde in Brand zu schießen, verwendeten sie Pfeile aus vom Blitz getroffenem Holz. Auch Griechen und Römer identifizierten ihren großen Himmelsgott und ihren Eichengott mit dem Blitzstrahl. Der Platz, an dem der Blitz einschlug, galt als heilig. In allen Kulturen der Welt lassen sich somit Parallelen ausfindig machen.

Lasst keine mörderischen Äxte sie erdulden
noch schändet die Haine durch unbarmherzigen Stahl;
lasst ab von groben Taten und entweihender Gewalt,
denn Wohnstatt rachsüchtiger Götter ist der Wald.

(R. Rapin, De Hortorum 1665)

VON DEN BETEN ZUM BETEN: DIE HEILIGEN DREI DAMEN

Im Walde ist heute ein Wunder geschehn,
Wer hat nicht die alten drei Weiblein gesehn?
Sie kamen vom Brünnlein weit hinter dem Tann,
Ein schneeweißer Reiter ritt ihnen voran.

Die erste, die wiegte ein Kindlein so hold,
Die zweite, die drehte die Spindel von Gold,
Die dritte, sie hegte vom Hasel ein Reis,
Und alle frohlockten dem Kindlein zu Preis.

Da fingen die Blumen zu blühen jäh an,
Die Vögelein sangen gar lieblich im Tann.
In allen vier Winden, da wurde es hell.
Wer hat es vernommen, des Schimmels Geschell?

Text: Heinz Grunow -
Musik: Hermann Erdlen

Wer sind sie, diese drei Weiblein, die in einem Weihnachtslied besungen werden? Sie dokumentieren die Nähe zu einem Mythos, der viel älter ist als jedes Kirchenbauwerk. Wer sind also die 'Beten' oder 'Bethen? Vermutlich bis zur Völkerwanderung (2. und 1. Jahrtausend vor Christus) hatte eine Dreiergruppe von Göttinnen ihren festen Platz in der Glaubensvorstellung der damaligen Menschen, so weist es der Heidelberger Bibliothekar Schöll nach. Neben vielen anderen Belegen findet er in einem Halbrelief im Dom zu Worms (Baubeginn war das Jahr 996) die alten Namen der christianisierten ehemals heidnischen Göttinnen: 'Sa. Ambede', 'Sa. Willebede', 'Sa. Worbede'. Sie lächeln von einem Scheingrab herab. Von Südtirol über Bayern bis ins Rheinland und nach Luxemburg gibt es etwa dreißig Kirchen mit solchen Scheingräbern oder Altären dreier heiliger Frauen. Bemerkenswert ist, dass Ambede, Willebede und Worbede trotz ihrer Titel 'Sancta' in keinem katholischen Heiligenkalender zu finden sind.

Lautverschiebungen und Abschleifungen haben Schreibweisen ergeben wie die von 'Ainbeth', 'Einbeth', 'Annabeth' usw.; sie alle gehen jedoch auf ursprünglich 'Ambeth' zurück. 'Worbeth' ist auch als 'Borbet' überliefert; ihr Name steckt in 'Borbetomagus', dem späteren 'Worms'. Während der Römerzeit hieß die Gegend um Worms 'pagus Ambitivius' (Ambeth-Gau).

Nicht nur in Worms kann man auf den Spuren der drei Damen wandeln, auch bei uns, in nächster Nähe, lassen sich Türen finden, hinter denen die scheinbar längst versunkene, vergessene Tradition der Großen Göttinnen auf Entdeckung wartet. Die Schlüssel zu solchen Verliesen finden sich in Volksmärchen, Sagen und Brauchtum und oftmals auch in alten Kirchen und Kapellen.

Da gibt es zum Beispiel ein 'Bettelbrunnenweg'. Eine Leserin schreibt: »Zwischen Königsfeld und Burgberg im Schwarzwald, auf der Höhe gelegen, ist der ‚Bettelbrunnen' - ganz eingewachsen, man sieht nicht mehr viel - Bethenbrunn, die 'gute Beth'? In Burgberg gibt es eine Frauengruppe 'Die Bettelwieber', die an der Fasnet und auch das Jahr über aktiv sind...« Dass es in der Nähe auch noch einen 'Michaelsweiler' gibt, mag erst recht die Erinnerung an eine alte Stätte wachrufen, und zwar im doppelten Sinne. Einmal ist es der streitbare heilige Michael, der die vorchristlichen Heiligtümer im frühen Mittelalter in Besitz nahm - ein kluger Schachzug der Kirche -, zum anderen ist es der 'Weiler', dessen übliche Erklärung sich in 'römische Villa' erschöpft. Kein Mensch im alemannischen Sprachraum sagt jedoch 'Weiler', vielmehr sagt man 'Wil'.

Besonders in der Schweiz gibt es viele 'Wil'-Orte, auch in Oberschwaben. Markante Beispiele sind Abetsweiler, Bettenweiler, Betzenweiler, Götzenweiler. Die Frage, ob so mancher dieser Orte seinen Namen von den drei Bethen hat, nämlich der Wilbeth, aus der die christianisierte Willebede wurde, ist berechtigt. Es ergibt sich auch ein etymologischer Zusammenhang mit dem Hegau-Berg 'Hohentwiel'. In Scheffels 'Ekkehard' begegnet er uns als 'hoher Twiel'. Im ersten Kapitel schreibt Scheffel: »Als Denkstein stürmischer Vorgeschichte unserer alten Mutter Erde sehen jene schroffen malerischen Bergkegel in die Niederung...«

Versuchen wir nun, dem Geheimnis der 'Guten Beth' auf die Spur zu kommen. Dazu machen wir einen Abstecher zur Wallfahrtskirche nach Betenbrunn im Linzgau/Bodenseekreis, wo uns gleich mehrere Überraschungen erwarten. Eine davon ist ein eingemauerter Stein in der Wand der Wallfahrtskapelle innerhalb der Kirche, der stark an einen keltischen Menhir erinnert. Im Kirchenführer von 1983 heißt es: »Der Name wird auf einen Brunnen der drei Beten zurückgeführt, die als Betreuerinnen der Toten von den Kelten verehrt wurden, oder auf einen Mann namens Betto oder auf einen heilkräftigen Brunnen.«

Vermutlich ist diese heidnische Mutterkultstätte schon früh von christlichen Missionaren in einen Ort der Muttergottesverehrung umgewandelt worden. 1275 wird 'Bettenbrunnen' erstmals urkundlich im 'Liber decimationis', dem Abgabenbuch der Diözese Konstanz, erwähnt.

In der äußerlich schlichten Kirche überrascht die Festlichkeit des Innenraumes mit dem Gnadenbild der Madonna im Strahlenkranz, eine stilisierte Form der ursprünglichen Madonna im Ährenkranz. Diese Form kommt in der Kunstgeschichte nur im 15. Jh. vor und wurde dann verboten. »Die Verwandtschaft mit der alten Erdmutter Ambeth war offenbar doch zu deutlich und gefährlich«, erläutert der Religionsforscher und ehemalige Kirchenrat Theo Odenwald, bei dem es dann weiter heißt: »Deshalb hat man aus den Ähren Sonnenstrahlen gemacht. Der linke Fuß steht auf einer Erdkugel. Ist es zu phantasievoll zu vermuten, dass auch dies ein Hinweis auf die alte Erdmutter Ambeth ist? Und die hatte nicht nur mit dem Tod, sondern sehr viel mit dem Leben zu tun. Wundert es da, dass noch heute Wallfahrten am Samstag, dem Tag der Ambeth stattfinden, und zwar Frauenwallfahrten um Kindersegen?« Warum 'Tag der Ambeth?' 'ALTARE PRIVILEGIATUM DIE SABBATI' steht über dem Altar geschrieben. Zu deutsch heißt dies: Dieser Altar ist für den Sabbat privilegiert.

»Auffallend ist, dass der Wochentag 'Samstag' nur in Süddeutschland vorkommt«, erläutert Odenwald. »In Norddeutschland heißt er 'Sonnabend'. Im Wort 'S-ams-tag ist der Wortstamm 'AM' klar erkennbar. Im alemannischen ist der Artikel vor Namen ein 's'. Setzen wir diesen Artikel vor den Namen 'Ambeth', dann lautet es: S'ambeth's-Tag. Ist es so völlig undenkbar, dass daraus im Laufe der Zeit der 'Samstag' wurde, wobei das 'b' zwar nicht geschrieben, aber beim Aussprechen des Wortes unweigerlich mitgesprochen wird: Sam-b-stag.«

Ganz gleich aus welcher Region wir kommen, überall begegnen wir den Sagen von der Herkunft Neugeborener aus quellendem oder strömendem Wasser. Viele der alten Bräuche um das Wasser sind kaum anders als aus heidnischen Sitten zu erklären. Quelle und Brunnen sind Symbol des Lebendigen, Ort der Reinigung und Erneuerung; Ursubstanz, deren Lebensstrom - der 'spiritus mundi - immerwährend auf alles Lebendige wirkt und darüberhinaus seine Fortentwicklung bewirkt. In Betenbrunn ist diese Verbindung zum fließenden Wasser auf der Altartafel des Gnadenbildes in einem Medaillon dargestellt: Es zeigt den Brunnen vor der Kirche, um den Pilger knien. Ein Platz, zu dem schon in vorchristlicher Zeit gewallfahrtet wurde.

Die drei Bethen können als Verkörperung des Zyklischen gesehen werden, aus dem sich das Leben ständig erneuert. Sie sind Mond-, Sonnen- und Erdmutter, die in der Tradition der Großen Göttinnen vorchristlicher Kulturen stehen. Diese Verehrung ist uralt. Insbesondere die Verehrung der Erdmutter, der Gaia, die man auch als 'Schutzgeist' unseres Planeten verstehen kann. Ausgerechnet dort, wo anlässlich eines Konzils im Jahr 431 n. Chr. das Dogma von der Gottesmutterschaft Mariens verkündet wurde, nämlich in Ephesus auf altem heiligem Boden, wurde noch zu Zeiten des Apostel Paulus die 'Große Mutter' verehrt. Die 'Große Mutter' oder 'Erdmutter', in Maria lebt sie weiter, obwohl der heutige Mensch seine Daseinserfahrungen längst nicht mehr allein durch die Natur macht.

In Südtirol ist die Erinnerung an die drei Frauen, die man als dreigestaltige zyklische Göttin verstehen kann, ganz besonders lebendig geblieben, und zwar in Klerant. Es sind Ampet, Gewer und Bruen, mit großen kronenartigen Heiligenscheinen versehen und in weite Mäntel gekleidet, einmal in schwarz, rot und weiß. In der Hand hält jede von ihnen eine goldene Kugel. Im Rheinischen Landesmuseum Bonn befindet sich ein Weihestein aus dem 2. Jh., auf dem leider nur noch eine der drei keltischen Matronen zu sehen ist. Die frappierende Ähnlichkeit zwischen ihrem Kopfputz und jenen der Jungfrauen von Klerant ist nicht zu übersehen. Die goldenen Kugeln in den Händen der Jungfrauen, die aber auch Äpfel sein könnten, stellen uralte Symbole dar: Ewiger Kosmos, Kreislauf von Werden und Vergehen, ebenso Fruchtbarkeit. In ihrem Buch 'Der Kult der drei Jungfrauen' schreibt Erni Kutter: »...auch der Apfel ist ein uraltes Zeichen weiblicher Wandlungsmacht, Weisheit und Erkenntniskraft. Er gehört in vielen Mythen zur Unter- bzw. Anderswelt, in der die Göttin das Mysterium der Wiedergeburt hütet. Im paradiesischen Garten Eden, auf der keltischen Jenseitsinsel Avalon und auch bei Frau Holle, immer ist es der Apfelbaum, dessen Früchte zyklische Erneuerung, Wissen und ein erfülltes Leben versprechen.«

In Meransen in Südtirol förderten archäologische Grabungen Funde aus der keltischen Hallstattzeit zutage. Somit ist es mehr als wahrscheinlich, dass sich auch hier in vorchristlicher Zeit, wie in Betenbrunn, ein Zentrum heidnischer Göttinnen-Verehrung befand. In Sagen und Legenden um Quellen- und Baumkulte begegnen sie uns als Wetterheilige und Regenmacherinnen. In der Kirche von Meransen besitzen die Drei ihren eigenen Altar. Den Bezug zur alten Namensform der Bethen liefert ein Visitationsprotokoll aus dem Jahr 1603 (Pfarrarchiv Lüsen), in dem die Drei noch 'Anbete', 'Wilpete' und 'Gwerbette' heißen. Selbst das sprachwissenschaftlich ungeübte Auge erkennt unschwer den Zusammenhang mit 'Ambeth', 'Wilbeth' und 'Worbeth' oder auch mit 'Ambede', 'Willebede' und 'Worbede'. Ihre heutigen Namen lauten: 'St. Aubet', 'St. Cubet' und 'St. Guerre'.

An diesen zuletzt genannten Namen, die über ihre Vorgängerinnen eine enge Verwandtschaft mit den alten Bethen erkennen lassen, haben die Meransener bis zum heutigen Tag standhaft festgehalten, obwohl die Drei anderswo, wie beispielsweise in Bayern und der einstmals keltisch besiedelten Eifel, von der Kirche in 'Spes', 'Fides' und 'Caritas' umbenannt wurden, man könnte auch sagen, 'domestiziert' wurden. Auch hat die christliche Legendenbildung tief im Volksglauben verwurzeltes heidnisches Brauchtum umgedeutet und neu interpretiert und seine altbewährten Bezugsgestalten zu christlichen Jungfrauen, Königstöchtern, alten Weiblein, Äbtissinnen, Märtyrerinnen und Nonnen umfunktioniert. Die ganze Kirchengeschichte hindurch lassen sich die Bemühungen männlicher Dominanz erkennen, den alten 'Weiberglauben' auszurotten.

Die heiligen Tage der Bethen gehören in die Zeit vor Christi Himmelfahrt. Die alte Bezeichnung 'Bedeltage' spricht für sich. Flur-Umgänge während dieser Zeit, mit denen die 'Wiedergeburt der Natur' gefeiert und um Segen gebeten wurde, verbunden mit sogenannten 'Beteltänzen', gehörten zum Ritual zu Ehren der Drei. Die Kirche hat diese Bittgänge in Form von Prozessionen übernommen. Die kultischen Tänze hat sie jedoch verboten. Auch als 'Betteltäg' tauchen die Tage, die einst den Bethen gehört haben, noch bis ins 17. Jahrhundert und darüber hinaus auf. Im Jahr 1652 verbot der Herzog von Württemberg sowohl das Begehen der 'Betteltäg' als auch der 'Kirchweihmontage'.

Dennoch konnte uraltes Brauchtum zäh seine Ausläufer bewahren, beispielsweise im badischen Randegg und in Gottmadingen, wo bis heute zu Silvester, Neujahr und am Dreikönigstag 'gebetelet' wird. Im Volksmund wurde dies zum 'Bettelgang'. Dieser Brauch findet sich noch viele Male im übrigen Verbreitungsgebiet der Bethen, die sich vor allem im Süden und Westen Deutschlands und in Frankreich nachweisen lassen. Auch das 'Gebildbrot', das in Durlach, Karlsruhe und weiter nördlich bis Bruchsaal zum Nikolaustag gebacken wird, erinnert an die gute alte Beth. Es handelt sich dabei um den 'Dambedei', ein Brot in Form eines Menschen ('dei' bedeutet auf mittelhochdeutsch 'Teig'). Im alemannischen Sprachraum werden die Geschlechtswörter mehr oder weniger verschluckt und das hört sich dann so an: Der Karl wird 'de Karle' und die Marie oder Maria ist 'd'Marie'.

Theo Odenwald sieht den Ursprung dieses Gebildbrotes im 'd'ambeth's-dei', dem Teig der Ambeth. Ein weiteres Gebildbrot führt uns ebenso eindeutig auf die Spuren der Bethen: Das mit drei Mandeln bestückte 'Beth-Männchen', von dem schon Frau Rat Goethe in einem ihrer Briefe berichtet hat. In Norddeutschland gibt es kaum Spuren eines Bethen-Kultes; sie fehlen überall dort, wo eine frühe

Besiedelung während der Eiszeiten nicht möglich war. Wenn man die Zeitläufte in der Menschheitsentwicklung seit der jüngeren Altsteinzeit vor etwa 100 000 Jahren bis in die heutigen Tage bedenkt, wird einem die Mächtigkeit der nie ganz vergessenen Muttergottheiten erst bewusst. Die meisten großen, sie betreffenden Mythen, die uns auch heute noch im Unbewussten berühren, entstanden wohl zu Zeiten, in denen unsere Zivilisation im Begriff war, sich langsam herauszubilden.

Doch nicht nur mit Verboten wurde gegen den Mythos gekämpft. War es da nicht klüger die drei Frauen zu taufen, wie wir schon wissen? Aus ihnen wurde neben anderen auch die Heiligengruppe von Catharina, Margarethe und Barbara. Und da stellt sich für Theo Odenwald schon die Frage: »Könnte es ein weiterer Versuch gewesen sein, die drei Bethen in der Verehrung der drei Könige durch männliche Personen zu ersetzen?« C - M - B - Stehen diese Buchstaben von alters her für Catharina, Margarethe, Barbara, und sind Caspar, Melchior, Balthasar nur ihre Stellvertreter? - Theologisch sind diese letzteren Namen höchst bedeutsam, sie entstammen den drei Sprachen, in denen auch die Kreuzinschrift Jesu abgefasst war: Hebräisch, Griechisch, Lateinisch. Ende des letzten Jahrhunderts wurden in Altötting die drei Buchstaben über den Haustüren als 'Christus mansionem benedicat' - 'Christus segne dieses Haus' einigermaßen sinnvoll interpretiert. In einigen Gegenden Süddeutschlands hat sie das Volk als »Cathel machs Bett!« gedeutet; für uns heute eine erheiternde Sinngebung, die aber den 'drei alten Damen' durchaus nahe kommt. -

Im Schwäbischen Wörterbuch von Hermann Fischer, Band I, 1909, Tübingen, heißt es unter 'Bet': »...Sinen Toechtern Nesen, Beningnen, Annen und Beten... Der Gutebethentag ist der 14. November, in seiner Nacht gibt es Hexenumzüge...«

Theo Odenwald berichtet von einer ursprünglich der 'Einbeth' geweihten Kapelle in Gengenbach in der Ortenau (es handelt sich um die 'Bergle-Kapelle), die in den zwanziger Jahren des vergangenen Jahrhunderts umgewidmet wurde; Patronin ist seitdem die 'Perpetua' mit der Bedeutung von 'Die Ewige'. Auch hier bringt sich die uralte 'Beth' in Erinnerung. Ganz besonders aber in einem Fürbitte-Gebet in der Kapelle, wobei es offensichtlich nicht gelungen ist, die alte Einbeth ganz zu verdrängen. - Gleiches geschah in Adelhausen bei Freiburg mit der alten 'Wiehre'-Kirche am St. Anna-Platz, von der es im Kirchenführer heißt: »Das erste Patrozinium der ehemaligen Lütkilchen zu dem alten Adelhusen, dem man spricht 'Sant Einbetten Kilch'«. Bemerkenswert ist vor allem, dass diese Kapelle der St. Einbeth auf dem St. Anna-Platz und in der Nähe der Dreisam ('drei-sam') liegt. Ist dies bloßer Zufall oder steckt auch hier die Göttinnen-Dreiheit dahinter, so wie im württembergischen Plüderhausen? Dort befindet sich im Chorgewölbe der Kirche ein gotischer Schlußstein: Drei nackte Frauen halten sich an Haaren und Füßen und bilden einen Reigen. Dieser Dreifrauenstein befindet sich an einer vorchristlichen Kultstätte.

Die Frage, woher der Name 'Beth' kommt, mag interessieren. Schöll leitet aus keltischen und irischen Wortstämmen den Begriff 'Die Ewigen' ab. Theo Odenwald vermutet aufgrund dieser keltisch-irischen Namensgebung, dass es sich nicht um germanische, sondern um ältere Traditionen handeln muss. Er platziert den Ursprung weit in die Vorgeschichte, und zwar in die Zeit, in der die hebräische und die indo-europäische Sprachgruppe sich noch nicht getrennt hatten. Im hebräischen heißt 'Beth' Haus. Hierbei fällt uns die Geschichte von Jakob ein, der nach einer Gottesoffenbarung im Traum einen Stein aufrichtet und den Ort 'Beth-El' nennt, was 'Haus Gottes' bedeutet. Auch der Name Bethlehem steht in Bezug zum Haus. Richard Fester weist in seinem Buch 'Protokolle der Steinzeit' darauf hin, dass die Worte für Haus und Frau sprachgeschichtlich sehr eng verwandt sind. Tiefenpsychologisch nach C. G. Jung gesehen war das Haus schon sehr früh in der Menschheitsgeschichte ein Symbol für die Frau als Schutz des Lebens. In einem alten schwäbischen Kinderreim leben die Drei mit ihren unterschiedlichen Attributen weiter:

Hotte, hotte, Rößle,
in Schtuegert schtoht e Schlößle,
in Schtuegert schtoht e Dockehaus,
gucked drei alte Jungf're raus:
Die eine schpinnt Seide,
die andre dreht Weide,
die dritte näht en' rote Rock
für onsern liabe Herre Gott.

In der hessischen Version treten sie noch deutlicher hervor:

Sonnche, Sonnche, scheine,
Maria Kathareine,
zu Frankfurt in 'em Boppehaus,
gucke' drei Marien raus:
Die an' spinnt Seire,
die anner' dreht Weire,
die dritte schließt s'Himmelche auf.

Auch in Bayern begegnen uns die Drei:
Die mit dem Turm,
die mit dem Wurm,
und die mit dem Radel,
das sind die heiligen drei Madel.

Gemeint sind hier die Erdmutter Ambeth mit dem Wurm und die Worbeth mit dem Sonnenrad. Den Wurm kann man auch mit der sich jährlich häutenden Schlange gleichsetzen. Sie steht für weibliche Wandlungsmacht und war von alters her ein heiliges Tier. 'Die mit dem Radel' verkörpert sowohl das Schicksalsrad wie auch das Sonnen- oder Jahreszeitenrad. Die Gestalt des 'Madel mit dem Turm', hinter der sich die Mondgöttin Wilbeth vermuten lässt, ist nicht so leicht durchschaubar. Die Zahl 'Drei' verweist auf die alte Mond-Symbolik, den Vollmond, den aufgehenden und untergehenden Halbmond. Wilbeth ist die Mondmutter, von der Geburt und Wachstum abhängen.

Kulthandlungen im Zusammenhang mit der Mondverehrung haben sich bis heute im sogenannten 'Scheibenschlagen' am ersten Fastensonntag (Funkensonntag) erhalten. Auf dem Neulindenberg bei Elzach wird das Scheibenschlagen mit einem Marienlied eingeleitet. Die ersten drei Scheiben werden nicht brennend, sondern 'kalt' geschlagen und sind dort der Muttergottes gewidmet; die dann folgenden, brennenden Scheiben stehen unter einem anderen Orakel. Am Ende des nächtlichen Feuerrituals, wenn die letzte der rot glühenden Scheiben mittels Schwingrute durch die Luft schwirrt, heißt der Spruch:
Schiibe, Schiibe, über de Rai ab,
D'Küechlipfanne het e Bei ab,
De Ankehafe het de Bode duß -
Und jetzt isch die alt' Fasnet us!

Der uralte Brauch kann ein Beweis für die frühere Verehrung der dreigestaltigen Mondwechselgöttin sein. Die brennenden Scheiben stellen vielleicht nicht Sonnenräder dar, sondern sind ein Symbol des vollen Mondes. Den Brauch ordnet man Wilbeth zu. Wil-beth wird von 'wiel-well-waal-wal' oder 'wheel' für 'runde Scheibe' abgeleitet. Im Niederdeutschen bedeutet 'wal' die runde Scheibe des Vollmonds. Das skandinavische Julfest lässt sich sprachlich aus 'jul' gleich 'wheel' oder 'wil' ableiten; es bedeutet nicht, wie von Jakob Grimm (Begründer der deutschen Sprach- und Altertumsforschung) angenommen, die Wintersonnwende, sondern vielmehr den Mittwintervollmond, der Zeitpunkt, an dem das Mond- oder Totenfest begangen wurde. Die alte Wilbeth steckt im Zusammenhang mit der Zeitmessung nach dem Mond bis heute in Begriffen wie 'Weile' (mittelhochdeutsch: wile), 'Langeweile', 'Kurzweil', 'verweilen', 'weiland' (mittelhochdeutsch: wilent).

In seinem 'De mensibus Anglorum' berichtet der Angelsachse Beda um das Jahr 700 von einer 'modranicht' oder einer 'matrum noctem', einer Nacht also, die den Müttern gehört, acht Tage vor dem 1. Januar. Nach Beda wurde dieses Mondfest unter der Leitung der Mondmutter und Totenführerin gefeiert. Die zwölf Raunächte, in denen ein 'wildes Heer' durch die Lüfte tobt (Wil's oder Wilbeth's Heer) und mit Gesang und Musik durch Wald und Flur zieht, umfassen die Zeitspanne vom 25. Dezember bis 6. Januar.

Zu dieser Zeit lagen am heimischen Herd, dessen Feuer nach altem Brauch nicht erlöschen durfte, die Opfergaben für die einkehrenden Ahnen bereit. Mit dem Herdfeuer, seiner Wärme und seinem Licht, wurden sie festlich empfangen, damit sie dem irdischen Geschehen auch weiterhin ihren Segen schenken sollten: Fruchtbarkeit und Weiterleben für das kommende Jahr.

Diese zwölf Nächte, die heute als heilige Nächte gelten - es sind die Tage der Sternsinger und der Drei Könige - waren früher gefürchtete Nächte der Finsternis, in denen nicht nur die Wilbeth mit ihrer Schar unterwegs war, sondern auch jene mächtigen Götter, die durch das Land ritten und das Jahresschicksal mitbestimmten. Wotan oder Wodan selbst, der höchste germanische Gott, führt während dieser zwölf Nächte sein wildes Heer an, wobei er den klobigen Stecken oder einen herausgerissenen Tannenbaum schwingt.

Auf windschnellen Rossen glaubten die Alemannen, den einäugigen Wotan mit seinem wilden Heer durch Wolkenfetzen und tobende Winterstürme jagen zu sehen. Dunkelheit in den endlosen Wäldern war allgegenwärtig. Nächtliches Heulen und Pfeifen war Strafe aus übermächtiger, göttlicher Hand und jagte den Menschen Angstschauer über den Rücken. In der heutigen aufgeklärten Welt, mit meist oberflächlich lebenden Menschen, ist dieses wilde Heer kaum mehr vorstellbar. Und dennoch spiegelt sich die einstige Wotan- und Wilbeth-Verehrung wider in Conrad-Ferdinand Meyers Gedicht 'Chor der Toten':

Wir Toten, wir Toten sind größere Heere
als ihr auf der Erde, als ihr auf dem Meere!
Wir suchen noch immer die menschlichen Ziele -
drum ehret und opfert! Denn unser sind viele!

Im schweizerischen Berner Land hat sich bis ins vergangene Jahrhundert hinein ein Brauchtum erhalten, in dem Bauern während der 'Zwölfnächte' dem wilden Heer die Scheunentore offenhielten, damit es nicht das Dach abhebe. Und wer nach solchen Gespensternächten gar ein Hufeisen fand, nagelte es mit mancherlei Glücksempfindung als ein Götterzeichen von Wotans Schimmel über die Tür, damit es fortan die bösen Mächte bannen sollte, also Glück bringe. Begegnet uns womöglich im schneeweißen Reiter aus dem anfänglichen Liedtext Wotan auf seinem Schimmel?

Um den Kult der Winter-Sonnwendfeiern und den des Mond- oder Totenfestes der dreigestaltigen Mondwechselgöttin zu unterbinden, änderte die Kirche Roms im 4. Jahrhundert ihr größtes Fest um, nämlich die Taufe Jesu am 6. Januar in das Fest der Geburt Christi am 25. Dezember. (In der orthodoxen Kirche hingegen ist der 6. Januar der Feiertag der Geburt Christi geblieben.) Diese Verdrängung drückt sich aus in der Heilsverkündigung der Weihnachtsbotschaft: »Fürchtet Euch nicht!« Gemeint war damit die Zeit der 'Zwölften'. Das Weltgericht der finsteren 'Zwölften' sollte sich zum freudvollen und fröhlichen Weihnachtsfest wandeln. Mit der Inbesitznahme des 25. Dezember, jenes altrömischen Sonnwend-Festtages, versuchte die Kirche die alten Mittwinter- und Mutterkulte abzulösen. Verboten und Strafen zum Trotz ließen sich die Kulte jedoch nicht unterdrücken.

Zur Verehrung der drei Jungfrauen oder mütterlichen Gottheiten ließe sich noch Vielfältiges anfügen, insbesondere ihre Bindung an spezifische Orte wie Quellen, Flussschleifen und 'heilige Berge'. Auch Erdställe und Höhlensysteme spielen hierbei eine Rolle. Im Hegau ist es der Mägdeberg, dessen Name die einstige Anwesenheit der drei Jungfrauen verrät, insbesondere im Zusammenhang mit zwei Grashügeln, von denen einer - der 'Offerenbühl' = Opferhügel - vermutlich künstlich aufgeschüttet worden ist. Wie Frauenbrüste stehen die Hügel in der Landschaft, die nährende Brust der alten Erdmutter 'Ambeth' symbolisierend.

In dieser alten Erdmutter, ob nun in den 'Bethen', den keltischen 'Matronen', den alpenländischen 'Saligen', 'Vivanes', 'wilden Frauen' bis hin zu den 'Nornen', immer ist sie Herrin und Hüterin des ökologischen Gleichgewichts. Mit den 'drei Nornen' hält sie die Schicksalsfäden in der Hand - Fäden, die sich im 'Bindezauber' ritualisieren. Die magische Handlung des Gebundenseins an den Baum, in der sich der Mensch mit den Kräften des Baumes durch Seile verband, ist keineswegs nur vorchristlich, sondern ein Motiv im christlichen Kult der Frau am Kreuz, der in ganz Südtirol verbreitet war. Beispiel hierfür ist ein Votivbild von 1730, auf dem die drei heiligen Damen Aubet, Cubet und Guerre abgebildet sind (im Keller des Diözesanmuseums Brixen). Auf den ersten Blick scheint es, als würde Guerre, festgebunden an den Handgelenken, zwischen Bäumen in der Luft hängen. Bei genauerem Hinsehen lässt sich jedoch ein Baumstumpf erkennen, auf dem sie steht, und auch ihre Füße sind mit kunstvoll gedrehten Schnüren, wie die Arme, gefesselt. Die Darstellung lässt an die Tradition der alten Baumgöttinnen mit ihren Wandlungsenergien denken, wie sie die amazonische Diana oder Artemis verkörpern. Ihre Bilder wurden einst in Bäume und Sträucher gehängt und dort verehrt.

Bei uns geistern in zahlreichen Ortssagen noch immer die drei (Jung)frauen durch die Wälder. Als 'waldschenkende', 'wohltätige' Fräulein treten sie auf, als 'wilde' Frauen oder 'heidnische' Fräulein. Eine andere Überlieferungsgruppe ist in den drei Königstöchtern erhalten. Die drei 'saligen' Fräulein sind einfach Schwestern, Helferinnen oder Heilrätinnen. 'Salig' oder 'salic' bedeutet soviel wie 'heil, ganz, gesund' und kommt aus dem Althochdeutschen. Das keltische 'solanos' und das lateinische 'salus' weisen im Sinne von 'unzerstört' und 'ganz' auf dasselbe hin. In den Sagen jedoch spiegelt sich meist keine heile Welt wider.

Hanna-Barbara Gerl-Falkowitz schreibt in ihrem Text 'Mutter Natur - Materie - Schöpfung': »*So sind die vorgestellten mütterlichen Gestalten Archetypen: Erde, Sonne, Mond in weiblicher Form. Warum gerade drei Frauen? Wieder sind wir in jener 'verlorenen Zeit', in der Welt der tiefsten Vitalbeziehung: derjenigen von Mutter und Kind. Wieder sind wir in der Frühzeit der Ichferne und des sippenhaften Wir-Gefühls, der Seelenwanderung, der Zeit- und Raumlosigkeit, der ewigen Wiedergeburt mit dem Frühling, des ewigen Absterbens im Herbst - ein Leben und Sterben, das die Mutter gleichgültig verwaltet, selbst Vertreterin der Lebens- und Todesgöttin und aller lebendigen und tötenden Kräfte des Kosmos. Es ist die Zeit des Lebens in der Höhle, nächtlichdunkel, im bergenden Mutterschoß der Erde; die Zeit der Nachtfeste, der Mondmonate, nach denen ein ewig gleicher Ablauf gemessen wird; dazu gesellt sich ergänzend, aber durchaus nicht bestimmend die Sonne als Erwärmerin des kosmischen Eies. Allgegenwärtig, allmächtig bergen die drei Frauen Leben und Tod in ihrer Hut, mütterlich in bedrängender, dichter Gegenwart und zugleich fruchtbar.*«

33. DER MONT ST. MICHEL BEI SAVERNE
(REGION SAVERNE)

Am Ende des Aufstiegs steht auf der Kuppe des Berges die Kapelle 'St. Michel'. Von der Kapelle führt ein schmaler Pfad zu einem Felsen mit einer Schale von nahezu fünf Metern Durchmesser. Hier dürften keltische Priester weiße Stiere und Pferde geopfert haben, um die Götter milde zu stimmen. Weit schweift der Blick von hier über das Rheintal bis zum 'Mont Sébastien', von wo aus der Sage nach Hexen durch die Lüfte ritten. Der Schalenstein war für den druidischen Schüler wahrscheinlich das Zentrum seiner Einweihungsfeier. Hier wurde er für eine symbolische Grablegung oder geistige Reise in die Anderswelt, das Jenseits, vorbereitet. Ob nun mit Blut des Opfertieres bespritzt, wodurch dem Schüler besondere Kräfte zuteil werden sollten, oder ob gereinigt und gestärkt durch ein Bad in heiligem Wasser, vermutlich Tauwasser, dies werden wir nie erfahren. Ob auch Eichen, wie sie heute den Felssporn umstehen, beim Ritual eine Rolle gespielt haben, ist unbestimmt.

Riesige Opferschale mit einem Durchmesser von 4,70 Meter

Bei unserem Besuch huschten unzählige Eidechsen über den sonnenwarmen Rotsandstein und lenkten den Blick auf eine Spalte im Fels und auf eine darunterliegende Höhle. Die Kulthöhle ist für Uneingeweihte kaum erkennbar und liegt in der Felswand unterhalb der Schale. Auf welchem Wege war man früher vom Felssporn aus in die Höhle gelangt? Man kann sich vorstellen, dass der druidische Hohepriester seinen Schüler vom Sporn aus an einem Seil in die Tiefe auf einen Felsvorsprung hinabließ, von dem aus sich der Eingang zur Kulthöhle öffnete.

Rituelles Grab in der Kulthöhle – im Hintergrund das Fensterloch

Über eine verwunschene, später angelegte Steintreppe gelangt man heute von der Kapelle aus in die Höhle. Beim Betreten der Höhle fällt eine Vertiefung im Boden auf, welche die Umrisse eines Menschen nachzeichnet. Ein Grab, in dem jemand mit dem Kopf höhleneinwärts bestattet war? Kaum, da die Grablege eine zu geringe Tiefe aufweist und eine Grabplatte nicht zulässt. Es kann sich demnach nur um ein rituelles Grab an einem geweihten, heiligen Platz handeln. Zwei in die Felswand gehauene Sessel wie auch der Boden mit seinem Muster an feinen Rinnen, zeugen von künstlicher Bearbeitung. Den gesamten Eingangsbereich der Höhle müssen einst starke Palisaden abgeriegelt haben. Die Vertiefungen, in denen die Stämme verankert waren, sind noch deutlich zu erkennen.

Diese Stätte muss in keltischer Zeit ein streng geschützter Ort gewesen sein. Ein fensterartiges Loch neben dem Höhleneingang, durch das der zu empfangende Gast den Kopf stecken musste und zu erkennen gab, ob es sich um Freund oder Feind handelte, zeugt davon. Nur an einem solchen geheimen Ort konnte sich der Einweihungsschüler unter Aufsicht der Druiden in das rituelle Grab legen. Hier vollzog sich das Sterben des erdgebundenen Menschen und seine Wiedergeburt. Zwei Tage und zwei Nächte verblieb der Körper des Schülers im verschlossenen Steintrog, während sein Geist den Körper verließ und sich auf weite Reisen begab.

Auch Drogen mögen angewendet worden sein, um andere Bewusstseinszustände einzuleiten. Jede Störung des sich in tiefer Trance befindlichen Schülers musste von vornherein ausgeschaltet werden, um seiner Seele die Rückkehr zu ermöglichen. Am dritten Morgen hatte der Schüler den Sieg über die Materie errungen, seine Lehrer führten ihn ins Diesseits zurück, sein Einweihungsweg war beendet, und er wurde in die Bruderschaft aufgenommen.

Ein anderer Grund für die druidischen Geheimstätten, wie sie der 'Mont St. Michel' darstellte, war die Bedrohung der Druiden durch die Römer. Das druidische Wort und Wissen waren Maßstab und Macht zugleich, und der römische Kaiser Cäsar war sich dessen bewusst. Ein ganzes Kapitel schrieb er in seinem Buch 'Der gallische Krieg' über die Druiden, in dem zum Ausdruck kommt, wie sehr er sie gefürchtet hat. Für ihn waren die gallischen Kelten unbesiegbar, so lange die Druiden nicht ausgerottet waren. Und dass das Druidentum für die spätere christliche Kirche die Erzkonkurrenz bedeutete, versteht sich von selbst.

Über Straßburg nach Saverne. Nun durch den Ort hoch zum 'Mont St. Michel', welcher schon in Saverne ausgeschildert ist. Vom Wanderparkplatz (Auto abstellen) sind es nur noch ca. 5 Minuten bis zum Druidenheiligtum und der Kapelle.

34. DER WUSTENBERG BEI REINHARDSMUNSTER
(REGION SAVERNE)

Das Antlitz der Erde überrascht immer wieder mit neuen Zügen und anderem Ausdruck. Wenn Winde erwachen, anschwellen und als Stürme über das Land toben, dann sind es die Berggipfel, auf denen das Antlitz der Erde in Bewegung gerät, denn nichts hat ewig Bestand. Ein Wechselspiel von Abtragung und Auffüllung schafft bizarre Formen, die uns im Fels entgegentreten. Zerstörerische Kräfte von Verwitterung, Wasser und Eis haben auch die Landschaft des Wustenberges mitbestimmt und unzählige Steine und Felsbrocken in seinem heutigen Wald zurückgelassen; ein Wald, urwüchsig, mit knorrigen Eichen und ausladenden Buchen. Im Sommer wogt ein Meer von mannshohen Farnen über den Berg, das im Sonnenlicht zu einem grünen Farbenwunder aufglüht.

Der 'Pierre des Druides' auf dem Wustenberg

Der Wustenberg ist ein Ort mit alter Geschichte, wie gallo-römische Funde beweisen. Neben zahlreichen Schalensteinen beherbergt er neben einer 'Heidenmauer' auch den 'Pierre des Druides'. Hierbei handelt es sich um einen mächtigen, tischartigen Block, auf dessen Oberseite eine kreisrunde Schale von ca. 60 cm Durchmesser und 30 cm Tiefe eingemeißelt ist. Beide Einrichtungen zusammen, der Druidenstein und die Mauerüberreste, stellen eine regelkonforme keltische Kultstätte dar. Die Archäologie vertritt die Meinung, dass es sich bei der in Trockenbauweise ausgeführten Heidenmauer des Wustenbergs um den 'kleinen Bruder' der großen Heidenmauer auf dem elsässischen Odilienberg handelt.

Nach der Übernahme keltischer Siedlungsgebiete durch die Germanen blieben die alten Kultstätten erhalten, während die keltischen Gottheiten verdrängt wurden, und neue, germanische Götter Einzug hielten. Ob der Name 'Wustenberg' aus 'Wotansberg' resultiert ist nicht bewiesen, aber auch nicht von der Hand zu weisen. In der Mythologie begleiten zwei Rabenvögel den altgermanischen Kriegs- und Siegesgott Wotan, Herrn von Walhall. In der Gegend um den Wustenberg gibt es zwei 'Krappenfelsen' und einen 'Rabenfelsen' nicht weit vom

Druidenstein entfernt. Ein 'Krapp' oder 'Krab' ist im Volksmund eine Krähe oder ein Rabe. Die Nähe des Geissfelsens mit der 'Walhall'-Höhle und die Spill, ein natürlicher, neun Meter hoher Monolith und 'Menhir der Frigg', springen nun erst recht ins Auge und lassen Vermutungen zu, nach denen der Wustenberg auch in nachkeltischer Zeit, zu Ehren Wotans, als heilig gegolten haben dürfte.

Auf der N4 von Strasbourg in Richtung Saverne. In Wasselonne auf die D 224 in Richtung Dabo abbiegen. Nach ca. 10 km, bei der Kreuzung, an der es auch nach Dabo und nach Wangenburg geht, rechts in Richtung Reinhardsmünster abbiegen. Nach ca. 4 km zweigt in einer scharfen Rechtskurve links die Forststraße in Richtung Stambach - Reinhardsmünster zum Forsthaus Haberacker ab. Kurz vor Erreichen des Forsthauses kommen wir am Parkplatz 'Carrefour du Bildbaum' vorbei. Achtung: Dieser Parkplatz ist der Ausgangspunkt für die Wanderung zur im weiteren beschriebenen Spill. Jetzt geht es aber erst einmal zum Forsthaus Haberacker. Dort parken und den Weg zum 'Col de Krappenfels' (Rabenfelspaß) einschlagen. Dieser Weg ist mit einem blauen Kreis auf weißem Grund markiert. Auf dem 485 m hohen Pass angekommen, folge man dem Weg mit der blauen Vierecksmarkierung, welcher uns zur Heidenmauer und zum Pierre des Druides führt.

35. DIE SPILL UND DER GEISSFELS BEI REINHARDSMUNSTER

(REGION SAVERNE)

'La Spille' heißt die gigantische Felsnadel von neun Meter Höhe an der Flanke des Geissfelsens nur unweit des Wustenbergs; ein mächtiger natürlicher Monolith aus Sandsteinkonglomerat, an dem die Elemente sich Millionen Jahre ausgetobt haben und ihm seine bizarre Form gaben. Als Zeuge einer längst entschwundenen Welt versteht er es auch heute noch, einen Hauch von Zauber und Geheimnis zu verbreiten, denn es geht die Sage um, dass es Feen waren, die ihn aufstellten. Trotz seiner enormen Höhe ist er schwer zu finden, taucht er dann aber unerwartet aus der Abgeschiedenheit des Waldes auf, sind Überraschung und Staunen groß. Er wird als 'Menhir der Frigg' bezeichnet. Auf Althochdeutsch ist dies Frija oder Freija, die nordische Göttin der Fruchtbarkeit, Schönheit und Liebe, auch Gattin Odins (Wodan, Wotan) und Schwester von Freyr, Gott der Fruchtbarkeit und Spender von Sonne und Regen. Um die Spill verstreut liegen mehrere umgestürzte kleinere Monolithen, darunter auch einige in der klassischen Menhirform; wie ausgestreckte Zeigefinger wirken sie und geben natürlich Anlass zu Spekulationen. Ob sie einst zu einem keltischen oder vorkeltischen Steinkreis gehörten, der die Spill umgab? Es wäre denkbar. Jedenfalls sind hier Kultfeiern zu Ehren der Göttin gut vorstellbar.

Auf dem Gipfel des Spillberges befindet sich neben einem großen runden Felsen ein Schalenstein. Wandert man weiter den Berggrat entlang, trifft man auf einen weiteren Schalenfelsen. Beide Schalenfelsen liegen mit der Spill auf einer Linie. Es gibt Interpretationen, welche die Anlage mit einem Kriegskult in Verbindung bringen. Germanische Krieger, von Westen nach Osten ziehend, vollzogen hier eine rituelle Reinigung, bevor sie zur Spill weiterzogen. Dieses Ritual - sie zogen wohl von der Spill aus direkt in die Schlacht - sollte ihnen bei ihrem Tod den Eintritt nach Walhall sichern; Walhall ist jenes Paradies der nordischen Mythologie, in das die gefallenen Helden eingehen.

Gewitterstimmung auf dem Geissfels

In einer Höhle am Geissfels sahen sie 'ihr' Walhall, so erzählen alte Geschichten. Dort, in der Walhall des Geissfelsens wird ihnen die heilige Geiß Heidrun ihre Milch der Unsterblichkeit spenden. Die Krieger tragen Heidrun auf einem Schild, unter dem sie selbst Unterstand finden. Die Geissfelshöhle dürfte im Weltbild der

Die Spill – 'Menhir der Frigg'

damaligen Menschen diesen Schutz und Unterstand symbolisiert haben, ein heiliger Platz für sie und gleichzusetzen mit dem Paradies der Unsterblichkeit. Der Sage nach steht die Höhle auf den Speeren der Kämpfer.

Warum ist es ausgerechnet eine Ziege, die sozusagen dem Tor zur Walhall, dem paradiesischen Leben, vorsteht? In den Tieren sah der Mensch seit Urzeiten Vegetationsgeister. Diese Sensibilität hat sich fortgesetzt bis in unsere Tage, und es war ganz besonders die Ziege, die häufig als 'Korngeist' auftrat. Korn war das Brot; Korn sicherte das sesshafte Leben; Korn war die Gabe der Götter. In vielen Variationen trat dieser Korngeist als Ziege neben anderen Tiergestalten auf. Im schwäbischen Gablingen war es Brauch, nach dem letzten Kornschnitt eine Ziege aus Holz zu schnitzen, die mit Getreidebüscheln und Blumengirlanden geschmückt wurde. Die Kinder hielt man davon ab, die blauen Kornblumen aus den Feldern zu pflücken, indem man ihnen mit dem Korngeist drohte. Im bayrischen hieß es beim Binden der letzten Garbe: »Das Feld muss die Ziege gebären.« Und in der Schweiz und auch anderswo erhielt der, welcher die letzte Garbe schnitt oder den letzten Erntewagen heimführte, für ein Jahr den Titel der 'Kornziege' oder 'Haferziege'.

(Siehe zuerst Wegbeschreibung Wustenberg.) Nach dem Besuch beim 'Pierre des Druides' geht es zurück zum Parkplatz beim Forsthaus Haberacker. Der Weg zum Geissfels ist hier ausgeschildert. Man erreicht ihn nach einem ca. 15-minütigen Aufstieg. Um zur Spill zu gelangen, zum unter 'Wustenberg' erwähnten Parkplatz 'Carrefour du Bildbaum' fahren. Hier parken. Der Forstweg 'Chemin Forestier de la Spill' siehe Schild) ist für Autos durch eine Schranke abgesperrt. Auf dieser Forststraße ca. 1,3 km in den Wald hineingehen, bis links oben im Wald die Spill erscheint. Um den 9 m hohen Felsen zu erreichen, geradewegs den Hang hinaufsteigen. Wustenberg, Geissfels und die Spill können auch über einen Rundweg erwandert werden. Ausgangspunkt hierfür ist der Parkplatz beim Forsthaus Haberacker. Von hier aus folgt man stets den blauen Vierecken.

36. DER DOMPETER VON AVOLSHEIM
(REGION MOLSHEIM)

Idyllische Lage in einer sonnigen Wiesenlandschaft am Ortsrand, alte Grabsteine, die beeindrucken und auf die deutsche Vergangenheit des Elsass' hinweisen und eine tausendjährige Linde: Das ist der Platz, an dem der 'Dompeter' oder 'Domus Petri' (Haus des Petrus) auf den Fundamenten (7. Jh.) der ältesten Kirche des Elsass' steht - ein Ort, an dem sich nicht nur galloromische und christliche Elemente einträchtig nebeneinander behauptet haben, sondern auch orientalische. Zum Vorschein kamen die Grundmauern einer dreischiffigen Basilika nach typisch syrischem Vorbild erst viele Jahrhunderte später (1914). Der jetzige, in weiteren Bauphasen um zwei Seitenschiffe und eine Vorhalle erweiterte Bau, stammt aus der Zeit zwischen dem 9. bis 10. Jahrhundert, der ursprüngliche Turm wurde im 11. Jahrhundert errichtet und musste nach einem Blitzschlag im Jahr 1746 erneuert werden.

Keltische Gesichter am Hauptportal des Dompeters

Über dem zweigeteilten Hauptportal der Eingangshalle begegnet uns die Figur des Petrus, begleitet von 'keltischen' Gesichtern im oberen Abschluss der Portalsäulen, den sogenannten Kapitellen. Merkwürdig sind hierbei die verschiedenen

Säulenformen; die linke ist rund, die rechte pentagonal. Der mittlere Torpfeiler trägt das Zeichen der Maurerzunft. Am Südportal ist es eine rote Sandsteintafel mit vorchristlicher Symbolik, die ins Auge fällt: Sonnenkreuz und Mondmotiv. Das Nordportal weist das gleiche Motiv in abgeschwächter Form auf.

Ein weiteres Juwel vorromanischer Kirchenbaukunst befindet sich mitten in Avolsheim: die 'Chapelle St. Ulrich', ein Zentralbau auf einem kleeblattförmigen Grundriss aus der Zeit um die erste Jahrtausendwende, mit Kuppelfresken aus dem 12. Jahrhundert. In der Nähe von Avolsheim, in Dorlisheim, befindet sich an der Apsis der Kirche 'St. Laurent' ein romanisches, naiv gestaltetes Relief, das ebenfalls Fragen aufgibt. Dargestellt sind ein Löwe mit einem Buch, ein Widder und ein Mann mit einem Horn.

Beliebig nach Molsheim im Elsass, und von dort nach Avolsheim. Die Kirche ist im Ort ausgeschildert.

37. DER ODILIENBERG BEI OBERNAI
(REGION OBERNAI)

Selbst die beiden überdimensionalen Parkplätze, von denen die Menschenscharen aus ihren Reisebussen zum Kloster auf dem Odilienberg strömen, schaffen es nicht, die besondere Atmosphäre, die über diesem Ort liegt, zu zerstören. Zu mächtig wirkt das bedeutendste frühgeschichtliche Denkmal Westeuropas, die Heidenmauer. Dieser gigantische Wall, der aus großen, sorgfältig bearbeiteten Steinblöcken besteht, zieht sich in drei Schleifen auf einer Gesamtlänge von zehn Kilometern über den Rücken des Odilienberges. Sechs bis acht Steinschichten mit einer Dicke von ungefähr 1,80 Metern wurden zu einer Höhe von 4 bis 5 Metern übereinandergelegt. Die Dimension der Mauer wird noch deutlicher, hält man sich die Zahl der benötigten Steinblöcke vor Augen: 300 000. Ein einzelner Stein wiegt ca. 150 Kilogramm. Zusammengehalten wurden die einzelnen Blöcke mit Hilfe von in Kerben eingelegten Holzpfropfen, die an ihren Enden schwalbenschwanzförmig zugeschnitten waren. Die Technik des Schwalbenschwanzes kam während des ersten Jahrtausends v. Chr. vom östlichen Mittelmeerraum nach Mitteleuropa und ermöglichte eine besonders hohe Stabilität des Bauwerks. Nördlich der Alpen ist sie außer auf dem Odilienberg nur noch bei der Mauer der Frankenburg, in der Nähe von La Vancelle, angewendet worden. Warum nur diese beiden Bauwerke die gleichen Konstruktionsmerkmale aufweisen, konnte bis heute nicht geklärt werden.

Ein archäologisches Rätsel - die Heidenmauer

Eine andere und die zugleich rätselhafteste Frage ist die nach den Erbauern der Heidenmauer. Wer waren sie? Schätzungen zufolge dürften gut zweitausend Arbeiter etwa fünf Jahre lang mit der Errichtung des Walls beschäftigt gewesen sein. Der hervorstehende 'Puddingstein' am Rande des Mauerverlaufs diente dabei als Baumaterial. Dies ersparte den Leuten einen langen Transportweg. Wich der Wall zu sehr von der Baustelle ab, wurde einfach ein nahegelegener Felsblock als Rohstoffquelle genutzt. Dies erklärt die Steinbrüche, die zahlreich über den Berg verteilt zu finden sind. Mit dem Pickel oder Meißel schlug man Rinnen in den Fels. In diese wurden Holzkeile eingesetzt und mit Wasser begossen. Durch die Kraft der aufquellenden Hölzer sprengte man den Stein gradlinig ab und konnte nun die Blöcke mit Hilfe von Rundhölzern oder Hanfseilen zur Mauer transportieren. Einige Steinblöcke weisen mit ihren Rinnen noch auf diese Technik des Absprengens hin.

Nach Meinung der meisten Archäologen geht der Ursprung der Heidenmauer auf das Ende des zweiten Jahrhunderts v. Chr. zurück. Es soll sich um eine bewohnte oder verlassene Fliehburg gehandelt haben, vielleicht sogar um eine befestigte Siedlung, ein Oppidum. Der Wassermangel auf dem Odilienberg dürfte allerdings ein großes Problem bei einer längeren Belagerung dargestellt haben.

Anderen Theorien zufolge diente die Mauer als riesiger Viehpark während des sechsten Jahrhunderts v. Chr. Die Bedeutung des Odilienbergs als Wohnstätte geht jedoch in weit ältere Zeiten zurück. Mehrere archäologische Funde aus der Jungsteinzeit sprechen für eine Besiedlung schon vor über sechstausend Jahren. Die Lößböden des Elsass waren für die aus dem Donaubecken stammenden ersten Bevölkerungsgruppen eine günstige landwirtschaftliche Grundlage. Neben der Heidenmauer stößt man auf dem Odilienberg auf zahlreiche weitere geheimnisvolle Orte, die ebenfalls auf seine kultische Vergangenheit hinweisen. Orte, wie der beeindruckende 'Beckenfels', der durch eine tiefe Schale ausgehöhlt ist, zeugen davon. Auf den imposanten Felsformationen des 'Maennelsteins' finden sich gleich mehrere Schalen. Der Sage nach soll dieser Felsen seinen Namen aus der Verehrung der keltischen Götter 'Men' (Mond) und 'El' (Sonne) erhalten haben. Die große, sowie auch die kleine Druidengrotte üben einen besonderen Reiz auf den Besucher aus, auch wenn es sich bei ihnen um natürlich entstandene Dolmen handelt. Viele weitere Stätten mit vermutlich einstmals kultischer Bedeutung, wie der Nikolausfelsen, der Merowingerfriedhof, die Feenplatte usw., lassen sich rund um den Odilienberg finden, die man am besten selbst vor Ort entdecken sollte. Ihre Existenzberechtigung als vorgeschichtlicher Befestigungswall verlor die Heidenmauer mit dem Einzug Caesars in Gallien und dessen Aktion, den Frieden in der Region wiederherzustellen. Erst als im dritten Jahrhundert n. Chr. die barbarischen Volkstämme auf der anderen Seite des Rheins eine immer größere Gefahr für die Römer darstellten, entdeckten sie die strategische Bedeutung des Walls wieder. Zahlreiche Restaurations- und Umbauarbeiten an der Heidenmauer zeugen hiervon. Durch den Bau von Toren konnte man über gepflasterte Straßen schnell ins Innere des von der Mauer geschützten Areals gelangen.

Das Kloster auf dem Odilienberg, die Abtei von Hohenburg, wurde erst im 18. Jahrhundert wieder aufgebaut, nachdem es 1546 einem Großfeuer zum Opfer gefallen war. Laut der historischen Überlieferung wird angenommen, dass die Klostergründung zu Beginn des 8. Jahrhunderts durch Odilia, Schutzpatronin des Elsass', erfolgte. Genau belegende Dokumente fehlen jedoch. Infolge der Bedrohung durch ungarische Angreifer wurde ein Teil der Heidenmauer im 10. Jahrhundert ein letztes Mal restauriert. Es mutet merkwürdig an, dass sich die christliche Abtei ausgerechnet durch einen Wall heidnischen Ursprungs gegen die Zerstörungen durch die Magyaren gesichert hat. Zu dieser Zeit waren die Spuren des Keltentums, mit dem die Heidenmauer in enger Verbindung stand, längst in Vergessenheit geraten. Spätestens mit der Errichtung des Frankenreiches um das

Jahr 500 n. Chr. und der Evangelisierung des Elsass' durch Chlodwig, nahm das keltische Heidentum sein Ende. Zu Beginn der Karolingischen Dynastie dürfte es dann wohl völlig verschwunden gewesen sein. Der Heidenmauer ähnlich haben sich Anklänge an die heidnisch-keltische Weltanschauung durch die Jahrhunderte in Form von Festen, Bräuchen, Traditionen bis in unsere Tage erhalten.

Über Strasbourg nach Obernai im Elsass. Der Odilienberg ist von hier aus sehr gut ausgeschildert und leicht zu finden. Man sollte sich auf jeden Fall einen Wanderführer beschaffen, um nicht allzu ahnungs- und orientierungslos zwischen den vielen Kultstätten umher zu irren.

38. DIE KAPELLE STE. MARGUERITE VON EPFIG (REGION OBERNAI)

Der düstere Innenraum der Kirche 'Ste. Marguerite'

Enge Gassen, eingerahmt von alten, malerischen Häusern, ringsum üppiges Gedeihen und in den Gärten exotische Gewächse wie Bananenstauden und Canna. Neben seiner zeitlosen idyllischen Ausstrahlung beherbergt das Weindorf Epfig die außergewöhnliche Kapelle 'Ste. Marguerite'. An einer ihrer Außenwände sind Totenköpfe und Gebeine fein säuberlich aufgestapelt. Hier wird bewusst, was der Begriff 'Urkirche' bedeuten kann: dicke, wellige, weißgetünchte Wände, winzige romanische Fenster aus altem Glas, und im farbigen Chorfenster die heiligen Frauen Margarethe und Barbara mit ihren Attributen, dem Lindwurm und dem Turm. (Siehe Kapitel 'Von den Beten zum Beten...') Leider sind die Fresken an der Chorwand, in der sich die Türe zur früheren, jetzt zugemauerten Sakristei befindet, in schlechtem Zustand und nicht mehr genau zu interpretieren. Es sind drei Gestalten in weiten Mänteln mit einem haubenartigen Heiligenschein, sie erinnern an die drei Beten. Die andere Darstellung zeigt entweder einen stilisierten Baum oder Kelch. Davon ausgehend, dass es sich vielleicht um einen Baum handelt, fällt die Scheibe auf, auf welcher er steht. Etwa die Erdscheibe (oder Wasser), die im Zusammenhang mit dem oberirdischen Baum und seinen unterirdischen Wurzeln einstmals dem alten heidnischen Weltbild entsprach? Dieser Eindruck wird verstärkt von den kleinen Engeln mit grünen Flügeln, in denen auch hier, wie in der Zeilenkapelle in Emmingen ab Eck, ein Bezug zur einstigen 'Kulttradition um die alte Göttin' gesehen werden könnte, die in Stein, Baum und Quelle verehrt und fortgesetzt wurde. Im Falle der Sankt-Margarethen-Kapelle ist dies natürlich nur Spekulation und entbehrt jeder kunsthistorischen Grundlage. Sollten sich kundige Leser finden, welche die alten Spuren besser deuten können, so wären die Autoren dankbar für Hinweise.

An der Umfassungsmauer des Kirchhofes liegt ein Findling, in den eine schalenartige Vertiefung eingearbeitet ist. Ein zweiter Stein befindet sich hinter der Kapelle. Es handelt sich vermutlich um alte Tauf- oder Weihwassersteine. Durch den roh belassenen Zustand der Steine wird die Verwandtschaft zu den vorchristlichen Schalensteinen besonders deutlich. Die Kapelle stammt aus dem ersten Viertel des 11. Jahrhunderts. Fischgrätenmuster an den Türstürzen erlauben diese Datierung. Eine in ganz Frankreich einzigartige Vorhalle, die im 12. Jahrhundert hinzukam, kennzeichnet den Bau in seiner Mischform zwischen Zentralbau und Basilika. Besonders abends, bei Sonnenuntergang, spielt das Licht mit den Arkadenschatten und verleiht dem Platz einen besonderen Zauber, daran ändert auch die Schädelsammlung im Karner nichts.

Der Begriff 'Karner' kommt vom lateinischen Wort 'caro' und bedeutet 'Fleisch' oder 'Leichnam'. Früher ließ man die Toten zunächst für eine Weile auf dem Kirchhof in der Erde ruhen. Danach wurden ihre Knochen ausgegraben, um den nächsten Verstorbenen Platz zu machen. Die Knochen sammelte man und errichtete ein Gotteshaus über ihnen. Der Umgang mit den Toten und ihren Resten dürfte sehr unbefangen gewesen sein, und doch war es den Lebenden wichtig, dass diese am richtigen Ort zu liegen kamen. Den Platz um die Kirche oder Kapelle, der zuvor sorgfältig ausgesucht worden war, empfand man als heilig; durch den Totenkult sollte seine Heiligkeit noch gesteigert werden. Karner stehen auch mit der Krypta, der sogenannten Unterkirche, in enger Verbindung. In der frühchristlichen Zeit wurde der Grabraum eines Märtyrers in den Katakomben 'Krypta' genannt. Im Mittelalter waren es halbunterirdische Räume unter dem Ostchor der Kirche, die zur Aufbewahrung von Reliquien oder als Grabstätte geistlicher und weltlicher Würdenträger dienten. Fast alle großen Kathedralen haben eine Krypta. Aber auch in manchen kleinen, alten Kirchen ist sie erhalten geblieben. (Am schweizerischen Bodensee beispielsweise ist es die Kapelle St. Otmar im Werd/Eschenz (ahd. Ward = Insel) aus dem 9./10. Jahrhundert.)

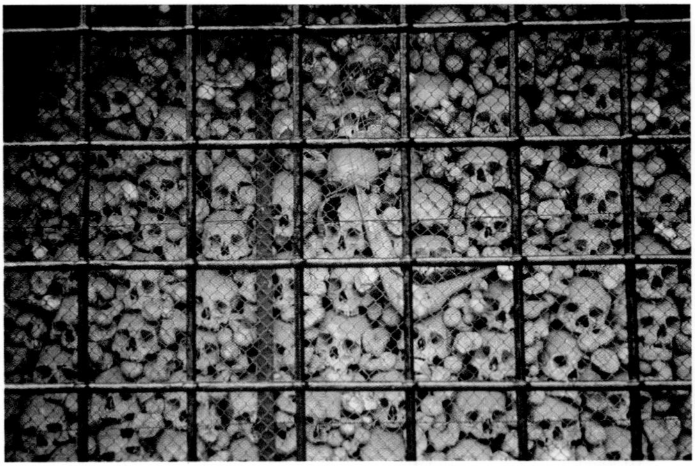

Ein schauriger Anblick - der Karner mit den Totenschädeln

Schädel und Gebeine in Epfig stammen von Toten aus dem 16. Jh. Eine Untersuchung im Jahr 1977 ergab, dass es sich um junge Leute handelt, die an schweres Arbeiten gewohnt waren. Die Art ihrer Verletzungen deutet auf Schläge von Eisenwaffen hin, wie z. B. Schwert und Hammer. Wahrscheinlich zählen die Toten zu den Opfern, die im Jahr 1525 gegen die blutige Niederschlagung der Bauernaufstände im Elsass aufbegehrten. So sind die menschlichen Überreste im Beinhaus von Epfig, wer immer sie einmal gewesen sein mögen, gleichzeitig ein Mahnmal gegen Knechtschaft und daraus folgendem Krieg; noch immer sichtbar richten sie stellvertretend für tausend andere Aufständische ihren stummen Schrei gegen die Gewalt der Mächtigen und stimmen nachdenklich.

Über Colmar oder Straßburg nach Epfig im Elsass Die Kapelle ist im Ort ausgeschildert. Jeden dritten Mittwoch im Monat wird eine Abendmesse gelesen. Ein Festamt findet zum Fest der Kirchenpatronin sowie zu Allerseelen statt.

39. Das Keltenlager de la Bure bei St. Dié
(Region St. Dié)

Stelenartige Ornamentsteine am Keltenlager der 'Bure'

Knorrige, alte Kiefern und mannshohe Farne, umgeben von dichtem, schilfartigem Gras: Wir befinden uns im sogenannten 'Camp Celtique de la Bure', welches auf einem schmalen Bergrücken in 668 Metern Höhe liegt, nahe der elsässischen Stadt St. Dié. Die Ursprünge des Keltenlagers reichen zurück bis in die Jungsteinzeit, während der es von 3500 v. Chr. für den Zeitraum von etwa 1500 Jahren bewohnt worden war. Danach wurde es des öfteren verlassen und immer wieder neu besiedelt. Eine letzte dauerhafte Wohnphase fand wohl zwischen 70 v. Chr bis 357 n. Chr. statt, bevor ihr durch den Einmarsch der Alemannen ein jähes Ende gesetzt wurde. So verwundert es nicht, dass die Archäologen bei ihren Ausgrabungen auf zahlreiche Funde der unterschiedlichen Siedlungsepochen stießen - und sie haben erstklassige Arbeit geleistet. An kaum einem anderen Ort kann sich der Besucher ein besseres Bild über das kultische Wirken unserer heidnischen Vorfahren machen, als beim Keltenlager 'de la Bure'.

Alles ist hier vertreten, vom Näpfchen bis zum mehrere Meter großen Wasserspeicherbecken, und auf fast jedem Quadratmeter findet sich Sehenswürdiges. Die vielen Schalen, die stelenförmigen Ornamentsteine mit Götternachbildungen sowie ein großes Steinplateau künden vom starken kultischen Einfluss auf das profane Leben der Kelten. Menhire, stehende und umgestürzte, sind natürlich auch vorhanden. Sogar ein vermutlicher Steinkreis lässt sich im hinteren Teil der Anlage ausmachen. Umgeben war die Siedlung von einem mächtigen, mit Eichenstämmen verstärkten Steinwall, der teilweise wieder restauriert wurde, aber nicht mehr ganz seine ursprünglich Höhe erreicht. Neben den hundert geschätzten Bewohnern der Anlage bot diese Mauer in Kriegszeiten zusätzlich ebenso vielen Soldaten Schutz. - Man sollte sich für diesen Ort mehrere Stunden Zeit nehmen.

Beliebig nach St. Dié und von dort nach Marzelay. In Marzelay führt eine geteerte Forststraße zum 'Col de la Crenée'. Auf dem Pass angekommen, kann man nun am Wanderrastplatz das Auto stehen lassen. Von hier aus führen mehrere ausgeschilderte Wege zum Keltenlager.

40. DER TAENNCHEL BEI RIBEAUVILLÉ
(REGION RIBEAUVILLÉ)

Nur einer von vielen Schalensteinen auf dem Taennchel

Seltsame Namen geistern auf dem Taennchel herum: 'die drei Tische, Schusterstein, Fels der Riesen, Krokodilfels, Fels der kleinen Fee, Rabenfels, Fels der Titanen, Geisterquelle etc'., alles Bezeichnungen für Gesteinsformationen, die über den ganzen Bergrücken verteilt liegen. Wie die Belchenberge, so war auch der Taennchel in vorchristlicher Zeit ein heiliger Berg. Nach dem Glauben heidnischer Völker bildeten erhöhte Orte Altäre der Götter. Wohl kein anderer Ort verkörpert diese Ansicht besser, als der Taennchel, wirkt doch jeder Felsen hier wie ein Altar. Auf fast allen Felsen findet man Schalen in den verschiedensten Größen und Formen, die wohl natürlichen Ursprungs sind. Viele darunter erwecken allerdings den Anschein einer künstlichen Nachbearbeitung. Einige Schalenausläufe sind in eine bestimmte Himmelsrichtung ausgerichtet.

Was und wie auf dem Taennchel zelebriert wurde, wissen wir nicht genau, wir können es nur vermuten. So manche Schale dürfte profanen Zwecken gedient haben, wie zum Beispiel dem Mörsern von Getreide und dem Speichern von Wasser. Andere deuten auf eine Verwendung bei Sonnen- und Kalenderkulten, Heilungsritualen und Licht- und Totenopfern hin. Die Opferung von Blumen oder Nahrungsmitteln in Schalen war Teil der Agrarmagie zur Beeinflussung der Naturkräfte. - Naturkräfte, wie sie heute noch auf dem Taennchel an den zahllosen Felsformationen mit ihren natürlichen Dolmen wirken. Die schönste Zeit, den Taennchel zu erleben, ist wohl frühmorgens bei Sonnenaufgang. Die in rotes Licht getauchten Sandsteinfelsen geben dann mit ihren leuchtend gelben Flechten ein phantastisches Farbenspiel ab, das den Besucher für den steilen Anstieg mehr als entschädigt.

Beliebig nach Ribeauvillé. Nun über Bergheim nach Thannenkirch. Von hier aus führt ein steiler ausgeschilderter Weg auf den Taennchel. Der Aufstieg zum Gipfelplateau dauert ca. 1 bis 1,5 Stunden. Die verschiedenen heiligen Felsen sind auf dem Gipfel ausgeschildert, eine lokale Wanderkarte ist jedoch von Vorteil.

41. DER GRAND HOHNACK BEI ORBEY (REGION MUNSTER)

Das Feenbecken auf dem 'Grand Hohnack'

Der Glaube an die Existenz der Feen ist wahrscheinlich so alt wie die Menschheit. Noch bis weit ins 19. Jh. hinein begegnete die Landbevölkerung den Naturgeistern mit Respekt. Ein Stein, der in seiner Namensgebung an die Feen erinnert, befindet sich auf dem Gipfel des 'Grand Hohnack', inmitten eines exotisch anmutenden Kiefernwaldes: Das 'Feenbecken', auch 'Feenzuber' oder 'Hexenzuber' genannt. Dieses Feenbecken oder 'Cuve de Fées' präsentiert sich zunächst einmal als eine Speicheranlage für Regen- und Tauwasser und lässt im ersten Augenblick auf Wasserkulte schließen. Warum Feenbecken? War es etwa den Frauen vorbehalten? Suchten sie dort die Nähe der Fee und hofften auf deren Zauberkraft? Die Fee als Zauberin, lateinisch 'fatum' = Schicksalsgöttin. Im keltischen Irland betrachtete man die Feen nicht nur als Territorial- und Stammesgöttinnen, sondern sprach ihnen gleichzeitig die Macht über die Lebenskräfte zu (ihre männlichen Kollegen sind die Elfen). Wehe, sie wurden beleidigt, dann konnten sie Mensch und Vieh schaden und auch zu Tode bringen. Ganz besonders deutlich wird diese Macht im Märchen von 'Dornröschen', wo eine von dreizehn weisen Frauen nicht zum Fest geladen wird, da man nur zwölf goldene Teller besitzt. So wird aus der 'guten Fee' ganz schnell eine böse und sie spricht einen Fluch über Dornröschen aus.

Die Geschehnisse um Dornröschen lassen sich durchaus auf Zeiten übertragen, in denen Geburt und Tod sehr eng beieinander lagen. Um sich die Schutzmacht der Feen zu erhalten, musste ihnen geopfert werden. In einer Veröffentlichung mit dem Titel 'Über Schalensteine' berichtet 1920 L. Rütimeyer, daß bei Niederbronn in den Vogesen die Frauen, die Mütter werden wollten, nachts Wasser zu den Schalensteinen in den Bergen trugen, daraufhin die Steine besprengten und Opfergaben in die Schalen legten. Das Feenbecken könnte also durchaus in einem solchen kultischen Zusammenhang betrachtet werden. Dazu bedarf es eines kleinen Rundganges um das bis drei Meter breite und drei Meter lange Felsgebilde, das den Eindruck vermittelt, künstlich unterlegt zu sein.

Die Seite mit den den vier, im Halbkreis angeordneten Schalen, interessiert besonders, denn in ihrer Mitte, vor den Becken, rahmen sie eine sitzartige Vertiefung ein. Beim Anlehnen schaut man direkt auf eine unterhalb stehende Steinpyramide. Die Nähe vom weiblichen Schalenstein zum männlichen Phallusstein ist damit nicht zu übersehen. Sowohl der Taennchel, Berg der Götter, und der keltisch besetzte Odilienberg sind für den Sitzenden bzw. die Sitzende sichtbar. Der Bergrücken selbst ist ein Felsengarten aus abgeflachten, altarförmigen Blöcken, die teilweise mit Schalen versehen sind, jedoch nicht in der Ausprägung wie am Feenbecken.

In der Opferung für die Feen ist die tiefe (Ehr)Furcht vor den Naturkräften zu sehen; in den Feen haben sich diese Naturkräfte oder -geister für den Menschen manifestiert. Verhielt er sich ihnen gegenüber respektvoll, so waren sie gütig und hilfreich und konnten heilen. In der keltischen Mythologie gab es für die Feen keine Grenzen zwischen der realen Menschenwelt und der Anderswelt, dem Reich der Abgeschiedenen. Dies erklärt den Wandlungscharakter der Feen im Geben und Nehmen von Leben. Die christliche Überlieferung sah in ihnen gefallene Engel.

Über Colmar nach Turkheim und von dort nach Trois Epis. Auf der D 11 geht es nun in Richtung Hohrod auf den 'Col du Linge'. Auf der Straße gelangt man zum 'Kreuz von Wihr' (Steinkreuz an der linken Straßenseite), einer Kriegergedenkstätte. Am 'Croix de Wihr' parken. Rechts der Straße führt ein augeschilderter Weg auf den Grand Hohnack. Stets der Markierung mit dem blauen Kreuz folgen. Nach 15 bis 20 min. Aufstieg ist der Gipfel des Hohnack erreicht. Auf dem Kamm liegt der 'Feenzuber' auf der linken Seite des Wegs.

42. DER STEINBERG BEI SONDERNACH
(REGION MUNSTER)

Natürliche Menhire auf dem Steinberg

Die feste Materie, das Erdenelement, repräsentierten für den früheren Menschen die Geister der Berge, des Steins. Auch für Anhöhen dürfte dies gegolten haben. Ob die Verehrung der Höhe selbst oder den auf ihnen gelegenen Merkmalen galt, ist nicht immer eindeutig. Beim Anblick der Granitriesen auf dem Steinberg, einem Bergrücken unterhalb des 'Petit Ballon', glaubt man echten Wesen zu begegnen, soeben erst zu Stein erstarrt, eine ganze Völkerwanderung von unterschiedlichsten Gruppen, die über den Gipfelgrat zieht: hoch aufgerichtet, schief und krumm, rund und bucklig, aneinander gelehnt, als würden sie sich gegenseitig stützen. Der Ort ist eine Ansammlung von Figuren, auch wenn diese 'nur' die Natur geschaffen hat - ein Labyrinth von natürlichen, mehrere Meter hohen Menhiren. Kein megalithischer Baumeister hätte sie besser formen können, so glatt und ebenmäßig ist ihre Gestalt.

Einen archäologischen Beweis für einen Kult auf dem Steinberg gibt es nicht, und doch kann man ihn sich hier gut vorstellen, befindet sich doch der Gipfel des 'Petit Ballon', einem der einst heiligen Belchenberge, zu dem man aufschaut, nur hundert Höhenmeter oberhalb vom Steinberg; man sieht zum Bollenberg mit seiner Hexenkapelle. Im Land der Sonnen- und Kalenderverehrung hätte sich der Baumeister 'Natur' wohl keinen besseren Standort aussuchen können, um solch einen 'Megalithentempel' zu schaffen. Dass der frühe Mensch in solchen Steinen Vorbilder für seine später künstlich errichteten Menhire gesehen hat, dürfte unumstritten sein. Hier aber trifft man auf von Sturm und Wasser gemeißelte Kultfiguren. Bei stürmischem Wetter braust es über die kahle, baumlose Hochfläche; wer auf zwei Beinen steht, tut sich schwer, aufrecht zu bleiben. Vor solchem Hintergrund kann man sich gut in den Menschen von damals hineinversetzen, der Salz, Mehl oder Brotstücke für die Besänftigung der Windgeister in der Tasche hatte. Vor bösen Luftwesen schützten ihn aber auch Klänge und Schellen; er trug sie an Halsketten oder im Pferdegeschirr. - Die imaginative Kraft des früheren Menschen war im Erleben der unberührten Natur ganz anders gefordert, als dies heute für uns gilt. In der Wildnis, besonders auf den Höhen der Berge, war er ein Spielball der Geisterwesen, und wehe ihm, er kannte die Spielregeln nicht, oder missachtete sie. Dann stürzten Steinblöcke herab, oder der Weg riss plötzlich ab und der Fall in die Tiefe war unabänderlich.

Über Colmar auf der N 417 nach Munster. Von dort aus auf der D14 über Luttenbach, Breitenbach, Muhlbach, Metzeral bis nach Sondernach, das am Fuße des Petit Ballons liegt. Den Ort durchfahren. Kurz nach dem Ortsausgangsschild zweigt links der mit einem grünen Schild gekennzeichnete Weg zum Petit Ballon ab. Von nun an den grünen Schildern 'Petit Ballon, Rohenbrunnen, Landersen, Hundeskrit' folgen. Am Berggasthof Landersen geht es rechts in Richtung Petit Ballon. Die holprige Straße führt nach ca. 5 km in Richtung Kahlenwasen bis zum Wanderparkplatz des Petit Ballon (markiert mit grünem Schild 'Petit Ballon'). Dort parken. Um zum Steinberg zu gelangen, dem Wegweiser 'Steinberg' mit dem gelben Kreuz folgen. Schon nach wenigen Gehminuten auf dem langen schmalen Berggrat erscheinen die ersten markanten Steinformationen.

43. DER DRUIDENALTAR BEI ROUFFACH
(REGION ROUFFACH)

Beim Anblick der unzähligen Steinblöcke, die um die bewaldeten Hänge des Schauenbergs liegen, entsteht der Eindruck, es habe ein mächtiges Urwesen jeden Monolithen einzeln gegen den Berghang geschleudert und für Chaos gesorgt. Eine Gesteinsformation sticht besonders hervor. Die

Bewohner Rouffachs nennen sie 'Autel des Druides', den Druidenaltar, eine passende Bezeichnung für den 3 x 2 x 1 Meter großen quaderförmigen Steinblock, der von zwei darunterliegenden Felsblöcken getragen wird und so einen natürlichen Dolmen bildet. Der Baumeister Natur hat hier sein ganzes Können aufgeboten, denn die Dolmenöffnung verläuft genau in ost-westlicher Richtung. Bezieht sich der Name 'Druidenaltar' nur auf das rein Visuelle oder spiegelt sich hier die kultische Vergangenheit des Ortes wider? Darauf hin deutet eine flache, kleinere Steinplatte, die sich auf der Oberfläche des quaderförmigen Blocks befindet und zur aufgehenden Sonne ausgerichtet ist. Wurde die Platte von Menschenhand dorthin gelegt? Vermutungen dürfen erlaubt sein.

Der 'Druidenaltar'

Es ist wahrscheinlich, dass die megalithischen Völker nicht nur künstlich errichtete Dolmen zur Beobachtung der Himmelskörper nutzten. Vielleicht brachte sie das Spiel der Natur mit den Steinen erst auf den Gedanken, es ihr gleich zu tun und überdimensionale Steine aufeinanderzutürmen.

Von Rouffach auf der Bundesstraße (Route Nationale) nach Pfaffenheim, von hier aus zum Schauenberg bis zum Wanderparkplatz. Nun geht es links zu Fuß in Richtung Schauenbergkapelle. Kurz vor der Kapelle führt rechts ein Pfad hoch in den Wald zum 'Druidenaltar'.

44. DIE HEXENKAPELLE AUF DEM BOLLENBERG BEI ORSCHWIHR
(REGION SOULTZMATT)

Zwischen Bergholtz, Westhalten und Orschwihr liegt gegenüber dem Kleinen Belchen ein alter Kultplatz: Der Bollenberg mit seiner schlichten Kapelle, die im Volksmund 'Hexenkapelle' genannt wird. Diesen unchristlichen Namen verdankt sie - der Sage nach - einigen besorgten Frauen, die mit lautem Geschrei und wildem Hin- und Hergerenne auf dem Bollenberg nach ihren verschwundenen Ehemännern suchten. Die Bewohner von Orschwihr deuteten dieses Treiben der Frauen aus der Ferne gesehen als 'Hexensabbat', also eine Zusammenkunft von Hexen. Auch heute noch wird der Platz seinem einstigen Ruf gerecht, indem die Jugend Orschwihrs in der Nacht vom 14. zum 15. August ihr 'Haxafir' entzündet. Nicht nur der Scheiterhaufen, sondern auch eine Strohpuppe wird bei diesem 'Hexenfeuer' verbrannt.

Die Hexenkapelle auf dem Bollenberg

Vieles deutet darauf hin, dass es sich bei den noch heute ausgeübten Feuerbräuchen um die Ausläufer von altheidnischen Fruchtbarkeitsfeiern handelt, die von den Frauen abgehalten wurden. Im Mittelalter wurden Frauen, in denen die Wurzeln des Urwüchsigen und die Kräfte der alten Traditionen noch wirkten, dämonische Zauberkräfte unterstellt. Vor allem Hebammen und Heilkundige waren verdächtig. Allen Schaden an Mensch, Tier und Feldern lastete man ihnen an. Hagelschlag, Sturm, Dürre und Feuer waren das Werk dieser 'Hexen'. Opfer wurden gesucht und gefunden. Unbarmherzig mahlten die Räder der Justiz, und mit grausamen Foltermethoden presste man den Frauen ihr Bündnis mit dem Teufel ab. Staat und Kirche gingen dabei eine unheilvolle Allianz ein. Im Jahre 1487 wurde der 'Hexenhammer' (Malleus Maleficarum) veröffentlicht. Diese lateinischen Schriften über das Hexenwesen erläutern die den Hexen angelasteten Vergehen wie Wetterzauber, Ritt auf dem Besen, Geschlechtsverkehr mit dem Teufel und vieles mehr. Auch werden Anweisungen zur Führung von Hexenprozessen, sogenannten 'Malefiz-Prozessen', erteilt.

Dem Besucher des Bollenberges steht der Sinn jedoch längst nicht mehr nach Hexentum und Teufelsaustreibung, sondern wohl eher nach den Reben, die an den Hängen des Bollenberges gedeihen und zu Wein werden. Zahlreiche seltene Pflanzen haben sich auf dem Berg erhalten, und die Heidevegetation erinnert an die der Schwäbischen Alb. - Die Vermutung liegt nahe, dass der Name 'Bollenberg', ebenso wie der des Belchen, auf den keltischen Sonnengott Balder, Belenus oder Belen hinweist.

Über Colmar und Soultzmatt nach Orschwihr. Von der Kirche in Orschwihr aus führt eine Straße durch die Weinberge auf den Bollenberg zur Kapelle.

45. DER BELACKERKOPF, THANNER HUBEL UND ROSSBERG BEI THANN
(REGION THANN)

Wie bei den Belchenbergen weist die Wortsilbe 'bel' auch beim Belackerkopf auf seine sonnenkultische Verehrung in vorgeschichtlicher Zeit hin. Doch nicht nur der Belackerkopf, auch die weite grasbewachsene Hochfläche, an die er sich nahtlos anfügt, hat auf die früheren Menschen einen besonderen Reiz ausgeübt. Neben den Felsformationen der sogenannten 'Vogelsteine' stößt man immer wieder auf vereinzelt stehende Steingruppen und knorrige, gespenstisch aussehende Bäume. Dominiert wird diese Hochebene vom 1191 Meter hohen Rossberg im Süden und vom Thanner Hubel im Osten. Von ihnen schweift der Blick nach Westen über den Belackerkopf zum Ballon d' Alsace, nach Nordosten zum Grand Ballon und nach Osten über die Rheinebene zum Schwarzwälder Belchen. Beim Blick nach Süden tauchen die Eisriesen des Berner Oberlandes aus dem Dunst auf. Für die alten Völker, die hier ihre Kulte zelebrierten waren sie der Sitz der Götter, wie wir es heute noch aus dem Himalaja kennen. - Berge mit bizarren Formen, wie beispielweise Eiger, Mönch und Jungfrau, oder das spitz in den Himmel ragende Finsteraarhorn; mit 4274 Metern einer der höchsten Alpengipfel, sie alle sind Teil eines Gebirges, welches in alter Zeit die Grenze zwischen der keltisch-germanischen Welt im Norden und dem Römischen Reich im Süden darstellte.

Blick vom Rossberg zum Belackerkopf

Beliebig nach Thann im Elsass. Von dort über Bitschwiller auf den Hundsrückpass. Nach dem Schild 'Col du Hundsruck - Altitude 740 m' wird das Auto auf dem Parkplatz am Fuße des Thanner Hubel abgestellt. Von hier aus führt ein mit einem roten Rechteck markierter Weg hoch zum Thanner Hubel, dem Rossberg, den Vogelsteinen und dem Belackerkopf. Der Aufstieg dauert ca. 1 1/2 Stunden.

In die Berge sehnst du dich,
an das Meer, -
und der Berg des Himmels
mit seinen steilblauen Wänden:
Ragt er nicht ewig auf?

In die Berge sehnst du dich,
an das Meer, -
und das Meer des Himmels
mit seinem tiefblauen Spiegel:
Wogt es nicht ewig
vor dir hin?

Wie ein Knabe
träumst du von Bergen,
träumst du von Meeren...
So wirf den Nacken doch zurück
und habe mehr denn Berg und Meer -
Hab - Ewigkeit!

Christian Morgenstern aus 'Briefe'

PILGERPFADE: VON ALTEUROPAS STERNENWEGEN BIS ZUM KAILAS

Warum zieht es die Menschen schon seit vielen Tausend Jahren zu bestimmten Plätzen? Ist es die Anziehungskraft des Ortes selbst, die im Menschen ein Gefühl von göttlich wegweisender Kraft hervorruft, mit der er die raue Wirklichkeit besser bewältigen kann? Sind es die Erdstrahlungen, die unseren Ur-Vorfahren religiöses Heil bescherten? Ist es Glaube oder Aberglauben, durch den sich der Mensch den unsichtbaren Welten zwischen Himmel und Erde näherbringt und der sich seit frühester Zeit in magischen Symbolen ausdrückt?

Einwände gegen die heiligen Plätze kommen manchmal (aber immer seltener) von den Verwaltern der Hochreligionen, die befürchten, dass ihre Gläubigen in das sogenannte Heidnische zurückfallen könnten, und natürlich von den Rationalisten unserer Zeit. Doch sind die großen Religionen selbst von magischen Vorstellungen erfüllt, von denen sie sich nicht losmachen können, ohne ihre Wurzeln zu verlieren. Die Verehrung des heiligen Steines in Mekka stammt aus der vormohammedanischen Zeit, die christlichen Sakramente sind schwer aus der Lehre Jesu, aber leicht aus den alten Mysterienfeiern zu erklären. Ist abergläubisches Brauchtum nur ein Rest aus erstarrten, uralten Entwicklungsstufen des Menschen, der mit der Urangst zusammenhängt, oder ist es nicht ohnehin ein tief verankerter Teil im menschlichen Wesenskern, der bisher unerklärbar blieb, fragt man sich. Goethe sagte: »Der Aberglaube gehört zum Wesen des Menschen und flüchtet sich, wenn man ihn zu verdrängen denkt, in die wunderlichsten Ecken und Winkel, von wo er auf einmal wieder hervortritt.« Was tatsächlich Aberglaube oder was Wahrheit ist, die wir nur noch nicht zu erkennen vermögen, blieb auch ihm verborgen.

Wallfahrtsorte wie Lourdes, Fatima und Medjugorie sind gegen den Widerstand der Amtskirche entstanden. Die Theologie konnte kein rechtes Verhältnis zur Volksreligion finden, vor allem deswegen, weil darin zu viele vorchristliche Elemente enthalten sind. Ein Ort zum Beispiel, wo Wege sich kreuzen und auseinandergehen, wurde von den früheren Menschen als gefährlich empfunden. So stand Ödipus, der thebanische Sagenkönig, am Scheideweg, und Merkursäulen säumten die Wege der alten Griechen. Noch heute steht in Griechenland fast an jeder Weggabelung ein Bildstock, in dem häufig ein Licht brennt.

Bereits vor dem 4. Jahrhundert n. Chr. wurden an Plätzen, an denen sich römische Tempel befanden, Bischofskirchen errichtet. Lange über dieses Jahrhundert

hinaus geisterten die früheren dämonischen Götter noch durch die neue Religion. Heidnische Götterbilder behaupteten sich in geweihten Kirchen neben christlicher Symbolik. In dieser Zeit des religiösen Umbruchs riefen die nun getauften Christen zur Sicherheit auch den alten Gott Wotan an und brachten ihm Metopfer dar. Rom und Jerusalem zogen lange vor dem Christentum die Menschen an. Gleiches gilt für das Mekka der Moslems oder den Ganges der Hindus. Auch der Wallfahrtsort Chartres in der Nähe von Paris ist älter als das Christentum, vermutlich älter als das Keltentum. Seine Geschichte um die Schwarze Jungfrau reicht weit zurück. So ist sie weit älter als die frühen Christen, die sie entdeckten. Als diese Christen die Inschrift 'virgini pariturae' auf dem Sockel der Statue lasen, muss die Verwunderung groß gewesen sein. 'Geweiht der Jungfrau, die gebären wird', bedeuten die lateinischen Worte. Die Statue aus Birnbaumholz war schon damals vom Alter geschwärzt und offensichtlich lange vor der Geburt Christi von heidnischer Hand geschnitzt worden.

Jahrtausend auf Jahrtausend, Jahrhundert auf Jahrhundert trotzten Pilger den Gefahren in unwegsamen Wäldern mit Rudeln von Wölfen, in Sümpfen, in denen giftige Reptilien lauerten, ganz zu schweigen von erbarmungsloser Hitze, klirrender Kälte und schier unüberwindbaren Gewässern, um einmal am Wohnsitz einer Gottheit, wie es Chartres darstellte, verweilen zu dürfen. Unter all den heiligen Stätten, welche Steine, Dolmen oder Tempel trugen, übertraf im Abendland dieses Chartres im 'früheren Lande der Carnuten', den Ruf aller anderen. Der Historiker und Domherr Bulteau schreibt über Chartres: »Dort, im Herzen Galliens (Frankreich), befand sich das höchste Heiligtum der Druiden, war ihre oberste Gerichtsstätte, der große Eichenhain-Tempel. Kurz: hier war ein Mittelpunkt des Druidentums.«

Bei den alten Griechen war es Eleusis, das etwa 20 Kilometer von Athen entfernt liegt. Dort wurden die berühmtesten Mysterienfeiern oder Geheimkulte durch beinahe Tausend Jahre gefeiert und erst durch die christlich-römischen Kaiser verboten. Das Heiligtum wurde zum Teil zerstört, aber eindrucksvolle Reste sind noch erhalten. Der zugrunde gelegte Mythos ist Demeter, die Mutter Erde, die ihre Tochter Persephone an Hades, den Herrscher der Unterwelt, verliert. Den Winter muss Persephone im Schattenreich des Hades verbringen. Von Frühjahr bis Herbst darf sie aber auf die Erde zurückkehren, damit das Getreide im Boden keimen kann und die Erde fruchtbar bleibt. Zu diesen Mysterienfeiern kamen Tausende herbei. Die Feiern begannen mit einer Prozession, die von Athen nach Eleusis in der Nähe des Meeres über mehrere Stationen führte, bevor man in das Heiligtum einzog, um der Erscheinung der Gottheit durch die in die

Mysterien eingeweihten Priester zu erleben. Diese Mysterienfeiern waren ein heiliges Geschehen zur Reinigung, Erleuchtung und Einigung mit der Gottheit. Ihre Symbolik bezog sich auf Sterben und Auferstehen der Gottheit, die sich im Leben der Natur widerspiegelte.

Die Pilgerreise nach Santiago de Compostela mit dem Apostelgrab des heiligen Jakobus und der größten romanischen Kirche der Christenheit im nördlichen Spanien ist besonders verknüpft mit der Entstehung des mittelalterlich-christlichen Abendlandes, einer Zeit, in der sich spätantike Hochkultur und germanisch-keltische Primitivkultur durchmischten. 'Vita est peregrinatio' oder 'Das Leben ist eine Pilgerfahrt' war das Motiv für den gläubigen Christen, der sein irdisches Leben nur als Zwischenstation, ohne eigentliche Heimat, auf seinem Weg zu einem außerirdischen Gott sah. In seiner Pilgerschaft konkretisierte er die Nachfolge Christus auf den Stationen seines Leidensweges. Auch die Kreuzfahrer ins Heilige Land standen in dieser Tradition. Sie nahmen das 'Kreuz des Herrn' auf sich, indem sie ihm zu den Stätten seines irdischen Wirkens folgten, im Glauben, das Leben für sich zu gewinnen, wenn sie es um seinetwillen verlören.

Bereits um 900 n. Chr. begann der Jakobus-Kult überregionalen Bekanntheitsgrad zu erlangen. Bis an die Ostsee und hoch hinauf in den Norden Europas reichten seine kulturellen Einflüsse. Unter den ersten fremden Besuchern waren es die skandinavischen Wikinger, die zunächst eher als Plünderer in Galizien auftraten, denn als fromme Pilger. Erst jene Wikinger (Normannen), die sich auf den britischen Inseln niedergelassen und dem christlichen Glauben zugewendet hatten, besuchten Santiago de Compostela aus religiösen Gründen. Zu Beginn des 11. Jahrhunderts machte sich kein geringerer als König Olaf von Norwegen, oberster Anführer der Wikinger, mit seiner Flotte in friedlicher Absicht auf den Weg zum Jakobusgrab. Nach seinem Tod wurde er sogar heilig gesprochen.

Ebenfalls unter den ersten auswärtigen Pilgern Santiagos, der 'villa Beati Jacobi', soll sich ein behinderter Kirchenmann aus Süddeutschland befunden haben. Was mag ihn wohl bewogen haben, seiner Behinderung zum Trotz, die harte und schmutzige Wirklichkeit der 'Straßen', soweit man diese so nennen durfte, auf sich zu nehmen. Brachte ihm der mühevolle Pilgerpfad einen Hauch des göttlichen Erdenwandels Christi und seinem heiligen Geschehen nahe - Gralswirkung, die im eigenen Blut erfahren werden konnte?

Doch nicht immer bedeutete der Pilgerpfad eine Läuterung und Annäherung an das Göttliche. Der Sachsenherzog Heinrich, den man später den Frommen nannte, war von allem anderen als von religiösem Bedürfnis beseelt. Für ihn war die Pilgerfahrt mit seiner adligen Reisegesellschaft ein höfisches Abenteuer, ein

Zeitvertreib. Dabei wurde nach Herzenslust geschlemmt und so manche Jungfrau verließ den Pfad christlicher Tugend. In seinem Reisebericht teilt sogar Heinrich mit, was »schoin junfrau, kumpt bij mich slaeffen«, ins Baskische übersetzt, heißen würde. Vom 14. Jh. an sind es die wohlhabenden Patrizier aus oberdeutschen Städten, die im Rahmen einer Bildungs- oder gar Geschäftsreise zum Jakobus-Grab pilgern. Auch der stellvertretenden oder bezahlten Wallfahrten bediente sich die reiche Oberschicht.

Vor allem aber waren es die Strafpilgerfahrten, die eine ausgesprochene Blütezeit erlebten. Von weltlichen Gerichten zur Bußfahrt verurteilt, bevölkerten Tausende von kleinen und großen Halunken, darunter auch Schwerverbrecher und Mörder, die Pilgerstraßen Europas, aber auch ganz harmlose Bürger wandelten unter ihnen, denn mancherorts genügte schon nächtliches Randalieren nach dem Wirtshausbesuch, um den Störenfried auf Pflichtwallfahrt zu schicken. Scharen von Landstreichern und Bettlern trugen zur Pilgerkriminalität bei. Mit Stadtverordnungen in ganz Europa sollten die »Lands-, Kriegs- und Jacobsbettler, Husierer, Heiden und derglychen Leut« abgewiesen werden. »...sie nit behusen, beherbergen noch Unterschlouf geben« bestimmte 1523 der Rat von Bern, wo der Weg von Einsiedeln nach Frankreich vorbei führte.

Auf derlei Missstände gehen Wortbildungen wie 'Jakobsbrüder' als Synonym für Herumtreiber zurück. Und der 'Jakobswirt' ist der schurkische Wirt armer Leute, laut Hans Sachs (1494-1576) ein 'Bettelwirt', dessen Bier und Wein verwässert sind. Die 'Jakobswörter', die sich noch weiter ergänzen ließen, sind ein Beleg für die Bedeutung des Jakobuskultes in Deutschland. Im Titel der satirischen Zeitschrift 'Der wahre Jakob' der deutschen Sozialdemokraten zwischen 1884 und 1933 schlug er sich sogar nieder. Wegweiser in die Ferne und damit ins Ungewisse, nannte man auch 'Jakobswegweiser' und der Begriff 'Jakobsstraße' galt nicht nur für den Weg nach Compostela sondern auch für die 'Milchstraße' am Sternenhimmel.

Ob Jakobus im damaligen Galicien wirklich missioniert hat? Nach dem Neuen Testament hat Jakobus der Ältere in Judäa missioniert und wurde auf Befehl des Herodes in Jerusalem hingerichtet und enthauptet. Seit der angeblichen Auffindung seines Grabes in Compostela durch Bischof Theodemir um 829 wurden von kirchlicher Seite aus, und zwar von bibelkundigen Pilgern, immer wieder Zweifel an der Echtheit des Heiligengrabes wach.

Also musste eine Überführungslegende von der sogenannten 'translatio' des Leichnams vom Heiligen Land nach Galicien herhalten. Um jedoch alle Zweifler mundtot zu machen, ließ ein späterer, außerordentlich tatkräftiger Bischof namens

Diego Gelmirez die Krypta mit den angeblichen Gebeinen kurzerhand für immer verschließen. Auch arbeitete er darauf hin, dass Compostela die Würde eines Erzbistums verliehen wurde, was 1120/24 geschah. Mit allen Mitteln förderte er das Pilgerwesen, organisierte und kontrollierte den entsprechenden Handel. Außerdem ließ sich mit der Durchsetzung des Apostelkultes das Volk gegen die maurische Machtausbreitung auf der iberischen Halbinsel motivieren, glaubte es doch an Jakobus' Schutz.

Im Widerspruch zur Echtheit dieses Apostelgrabes befanden sich allerdings die Kanoniker von St. Sernin, einem weiteren großen Wallfahrtszentrum. Sie trotzten Gelmirez mit der Behauptung, Karl der Große habe ihnen persönlich sechs Apostelleichname geschenkt, darunter auch den des Jakobus des Älteren. Die Pilger, deren Weg über Toulouse nach Compostela führte, stießen also schon auf halbem Wege auf ein Jakobusgrab. Die Redensart »Das kann doch nicht der wahre Jakob sein!« resultiert aus dieser zwiespältigen Situation bis heute.

Inzwischen hat sich die Wissenschaft der Sache angenommen. Bis auf den blanken Fels unter der Krypta von Compostela stießen die Archäologen vor, um festzustellen, dass es keinerlei Anzeichen für ein antikes Grab gibt. Und doch hat der heilige Jakobus, eine gezielt aufgebaute Kunstfigur, die größte Massenbewegung des späten Mittelalters bewirkt. Die Auswirkungen dieser Wallfahrt beeinflussten Politik, Technik, Wirtschaft, Kunst, Architektur, Verkehrs- und Transportwesen, Geldverkehr und Zollwesen. In der Reliquienverehrung und dem damit verbundenen Pilgerwesen setzte sich heidnisches Brauchtum fort, wobei das Mittel der Verbreitung die Legenden waren. In der Heiligenvita mit ihren Idealfiguren entstand eine neue, christliche Literaturgattung, die meist keine realhistorische Darstellung zum Ziel hatte.

Beispielsweise wurde in der Antoniusvita der historische Antonius, ein berühmter Einsiedler der ägyptischen Wüste mit seinem Kreuz in Gestalt eines 'T' (251-356 n. Chr.), zum christlichen 'Vater der Mönche' umgemodelt und damit zur meistgelesenen Schrift neben den Evangelien. Tausende von Heiligenlegenden entstanden unter gleichem Aspekt, so das Leben des Martin von Tours oder von Gregor dem Großen.

Im gleichen Maß, in dem derlei Legenden erblühten, mussten, wie schon erwähnt, die alt-heidnischen Heiligtümer Zug um Zug der Christianisierung weichen. Im direkten Umfeld von Compostela befanden sich drei hochrangige heidnische Heiligtümer. Neun Kilometer Luftlinie südöstlich von Compostela entfernt lag auf dem Pico Sacro ein Sonnenheiligtum, mit dem ursprünglichen Namen 'Berg der Steineichen'. Und an der Küste bei Iria Flavia, der damaligen

Bischofsstadt, befand sich seit undenklichen Zeiten ein Quellheiligtum. Ein drittes Heiligtum war ein Palast mit vielen Götzenbildern, wahrscheinlich ein 'Lupa'-Heiligtum und der vorkeltischen Muttergöttin Luporium oder Königin Lupa geweiht. Dieses Heiligtum lag just an der Stelle, an der später der heilige Jakobus sein Scheingrab erhielt. Der Tempel der Göttin wurde zerstört, die heidnische Göttin bekehrt und ihr Palast in eine Kirche umgewandelt.

Die Häufungen von solch herausragenden altheidnischen Heiligtümern in Nordspanien innerhalb eines kleinen Gebietes sind nicht zufällig, liegen sie doch alle auf oder sehr nahe dem 42. Breitengrad an einer sogenannten 'Sternenstraße'. Welches Geheimnis verbirgt sich dahinter? War diese südlichste Sternenstraße mehr als nur Transportweg? Über Tausend Kilometer lang verbindet sie das Mittelmeer mit der Atlantikküste. Als einzige unter Europas Sternenstraßen wurde sie doppelt angelegt, um zahllose vorchristliche Kultstätten miteinander zu verbinden. Darüber hinaus deutet alles darauf hin, dass sie schon während der Jungsteinzeit den Status einer Ritualstraße innehatte.

Die Archäologie geht von insgesamt vier solcher frühgeschichtlicher Straßen aus, die Europa in Ost-West-Richtung durchzogen. Die südlichste ist erst seit 1980 nachgewiesen und führt von der Bretagne über Chartres und die Vogesen bis zum Donauübergang zwischen Osterhofen und Niederaltaich. Ihr Alter beträgt nicht weniger als 7300 Jahre.

Bis heute hat sich dieses megalithische Straßenerbe in christianisierter Form erhalten, zumindest die Strecke vom Grenzpass Somport bis nach Compostela. Vom englischen Wales bis Breslau, von der Bretagne bis nach Böhmen, von der Saintonge bei Bordeaux bis nach Pannonien - ehemals römische Provinz zwischen Donau, Save und dem eisenreichen Gebirge von Noricum an der Nordostküste des adriatischen Meeres - von Galicien bis Südfrankreich durchzogen diese neolithischen Straßensysteme den europäischen Kontinent und dürften für ihr Funktionieren gemeinsame religiöse Weltanschauungen vorausgesetzt haben. Die alten Straßen belegen den regen kulturellen Kontakt zwischen Europas Völkern und sind für uns Heutige ein Vermächtnis. Sie belegen eine vor der römisch-christlichen Geschichtsschreibung längst versunkene Zeit, in der Alt-Europa ein homogener Kulturraum gewesen sein muss, wie jüngste Forschungen ergeben. Die Megalithiker der Atlantikküste und die binnenländischen Bandkeramiker verband vielleicht viel mehr als nur die Straßen.

Der Astroarchäologe Kaminsiki sagt hierzu: »Diese megalithischen Kultstätten lassen sich noch heute als bedeutende christliche Zentren in Orten mit einer überragenden Marine- oder Michaelsverehrung, Bischofssitzen und in deren Weiterentwicklung bis hin zu den heutigen Großstädten wiederfinden. Die heutige Ordnung West- und Mitteleuropas gründet sich auf diese megalithischen Vordenker.« Die Auszeichnung des nordspanischen Jakobsweges als 'Erste Kulturstraße Europas' weist die Richtung für mehr als nur eine politisch-wirtschaftliche Einheit. Dass alte Zeichen wie die 'Jakobsmuschel', welche die Pilgerschaft nach Compostela kennzeichnen, auch heute noch ihre Aktualität haben, könnte man wiederum als eine neue europäische Dimension ansehen. Egal, ob arm oder reich, ob alt oder jung, ob Mann oder Frau, ob christliche Heilssuche oder weltlicher Sports- oder Modegeist, es gibt viele Chiffren für ein Phänomen, das Urgeist und 'Neugeist' im Mythos um einen Ort verbindet. Auch durch den süddeutschen Raum bahnte sich ein Jakobsweg: die sogenannte 'Obere Straße', die von einem der beiden deutschen Hauptzubringer aus dem Osten über Berlin und Nürnberg nach Konstanz führte, und von da aus weiter über Einsiedeln, Bern, Genf bis zur Einmündung in den 'Le-Puy-Weg', der durch das französische Zentralmassiv verläuft. Eine 'Niedere Straße' führte vom Rheinland aus über Paris nach Compostela.

Die mittelalterliche Bischofsstadt Konstanz selbst war Wallfahrtszentrum und Sammel- und Ausgangsort für Pilger. In der Mauritius-Kapelle des Konstanzer Münsters befindet sich unter den zwölf Apostelfiguren auch die des hl. Jakobus. Der Heilige hält gleich mehrere Pilgerstäbe in einer Hand und in der anderen etliche muschelbesetzte Pilgertaschen. Die Ausstattung der Figur deutet wohl auf eine Stätte hin, wo der Pilgersegen besonders häufig erteilt wurde. Diese Darstellung und eine ganz ähnliche im Bischöflichen Dom- und Diözesanmuseum in Mainz sind die beiden einzigen in Deutschland. Sie lassen auf die große Bedeutung dieser beiden Pilgerzentren schließen. Auch die maßstabsgetreue Nachbildung der Jerusalemer Grabeskirche mit dem 'Heiligen Grab', und die Tatsache, dass sich Konstanz als 'zweites Rom' verstand, zogen die Jakobspilger besonders an. An der Südseite des Münsters neben der Mariensäule befindet sich ein Wegweiser: Santiago de Compostela 1950 km.

In den Mirakelerzählungen um den hl. Jakobus tut sich das sogenannte 'Hühnerwunder' besonders hervor, sichtbar dargestellt in Holzschnitten, Fresken und auf Altartafeln wie z.B. auf dem Zwölfbotenaltar in Rothenburg ob der Tauber. Dort zieht der Leichnam des Apostels in Compostela auf einem Wagen ein, der von den zahm gewordenen Stieren der Königin Lupa gezogen wird. Auch die 'Galgengeschichte', ein vom Apostel gewirktes Wunder, ist zu sehen. Dasselbe gilt für die Schloßkirche in Winnenden bei Stuttgart. In der weit verbreiteten Hühnerlegende erfuhr das Motiv zahlreiche Ausgestaltungen. Eine der bekanntesten Fassungen sei hier dargeboten: Eltern und Sohn befinden sich auf dem Pilgerpfad. In Santo Domingo kehren sie in einem Wirtshaus ein, um zu übernachten. Die Wirtstochter begehrt den jungen Mann, der weist aber ihre Werbung ab. Aus Rache und auf Betreiben des Vaters, einem wahren 'Jacobswirt', versteckt die Verschmähte einen goldenen Becher im Gepäck des jungen Pilgers und sorgt dafür, dass dieser gefunden wird. Daraufhin wird der Jüngling als Dieb zum Tod durch den Strang verurteilt. Traurig pilgern Vater und Mutter weiter nach Compostela. In einer Vision teilt ihnen der Apostel mit, dass ihr Sohn lebe. Was war geschehen? Kaum, dass der Jüngling am Galgen hing, hat sich wohl der hl. Jakobus eingemischt. Der Unschuldige überlebte. Ein paar Leute rannten zum Richter und berichteten. Da spottete der Richter, der gerade zwei Hühner am Spieß briet: »Der Gehenkte lebt ebensowenig wie meine zwei Brathühner!« Plötzlich flatterten beide Hühner vom Spieß. Da nahm man den jungen Pilger vom Galgen, und oh Wunder, er lebte tatsächlich. Die Wirtstochter aber überführte man der bösen Tat, ihr Schicksal ward besiegelt und zwar durch denselben Galgen.

In der Kirche von Santo Domingo de la Calzada in Spanien werden aber heute noch Hühner in einem Käfig gehalten. Es heißt, sie wären direkt vom Bratspieß in die Kirche geflogen! Zu sehen ist eine sehr ähnliche Version des 'Hühnerwunders' in der Jodokus-Kapelle in Überlingen am Bodensee. Dort wurden im Jahr 1903 Fresken entdeckt, die man auf den Anfang des 15. Jahrhunderts datiert hat.

Wenden wir uns noch den modernen Jakobspilgern zu, die, oftmals stilecht ausgerüstet mit einem Begleitbrief und einem Pilgerpass des Pfarrers, sich auf den langen Fußweg machen. Dies sicherlich in den wenigsten Fällen auf einmal, sondern in Etappen, deren erste manchmal quasi vor der eigenen Haustür beginnt. Für den einen mag das religiöse Erlebnis entscheidend sein, für den anderen bedeutet der Weg eine körperliche Herausforderung. Eines aber verbindet sie beide: Das Erleben der Natur und Landschaften. Die Nähe zur Erde, zum Boden, zum Brot, das uns immer noch ernährt.

Das alles erfährt und erfühlt der Pilger durch das langsame Reisetempo ganz anders als jener, der vielleicht am Ende der Welt aus dem Flugzeug spaziert und einfach 'da' ist. Und mag er auch noch so weit weg von zu Hause sein, er ist doch nicht wirklich gereist. Für den Wanderer aber wird die Welt innerhalb seiner Tagesstrecke in dem Maße groß, bunt und vielgestaltig, wie sich seine Sinne schärfen. Auch das Wasser erhält für ihn eine neue Lebendigkeit, während er sich an einem plätschernden Bach erfrischt. Es wachsen ihm innere Kräfte zu, mit denen er ganz neue Dimensionen schauen kann. Um wieviel härter aber mag der Weg der Pilger sein, der sie zum heiligen Berg Kailas oder zu den funkelnden Wassern des heiligen Manasarovar-Sees im Transhimalaja führt; manche unter ihnen sind Jahre unterwegs. Für die Anhänger der großen Religionen Asiens - abgesehen vom Islam - ist der 6714 Meter hohe Kailas der heiligste der vielen heiligen Berge auf dem 'Dach der Welt'; er ist Thron der Götter und Manifestation Buddhas; er ist Zentrum der Welt und des Kosmos' und verkörpert die Weltenachse, die mehrere Ebenen der Existenz miteinander verbindet, vergleichbar mit dem immergrünenden Weltenbaum 'Yggdrasil' der nordischen Mythologie, an dem die Götter Recht sprechen. Sämtliche größeren Flüsse des Himalaja und Transhimalaja entspringen dem Schoß des Kailas und fließen in alle Himmelsrichtungen, wie zum Beispiel der Indus, Ganges und Yarlung Tsangpo (Brahmaputra). Die Hindus nennen ihn den heiligen Berg 'Meru' und für die Tibeter selbst ist er der 'Khang Ripoche'.

In der Forschungsgeschichte des Kailas stoßen wir unweigerlich auf Sven Hedin, der den Berg im Jahr 1907 hoch zu Ross umrundet hat, mit Sicherheit zum Entsetzen der Pilger, die durch diese Entweihung die göttliche Rache heraufbeschworen sahen. Nicht genug, auch den heiligen See Manasarovar überquerte Sven Hedin mit dem Faltboot und kam dabei im Sturm der 'erzürnten Götter' beinahe um. Und doch war der Schwede Sven Hedin tief bewegt von der heiligen Aura des Berges. Die Lage der Klöster, die den Berg umgeben, beschreibt er »wie kostbare Edelsteine in einem Armreif«; den Berg selbst als »Finger, der auf die mächtigen, wie Sterne im unendlichen Raum thronenden Götter deutet«. Tausende Quadratkilometer tibetischen Territoriums hat Hedin kartographiert.

Neunundzwanzig Jahre später verkleiden sich zwei Wiener Geologen als Pilger und wandern unabhängig voneinander um den Kailas. Seine Eindrücke hat Augusto Gansser, einer der beiden, in seinem Buch 'Thron der Götter' wie folgt niedergeschrieben: »Als am nächsten Tage zum ersten Male die ganze Größe des mächtigen Kailas vor uns steht, da kniet mein Begleiter Paldin nieder und berührt mit der Stirne den Boden. Über tausend Meter hohe, senkrechte Wände säumen unseren Weg. Es handelt sich hier wirklich um einen Weg, beidseitig von kleinen Steinmännchen begleitet. Zur Hauptsache stehen jedoch diese Gebilde auf der rechten Seite; denn an jedem Heiligtum muss links vorbeigegeangen werden, so wie auch der gesamte Kailas im Uhrzeigersinn umpilgert wird. Einzig die Bön-Po, die Träger der vorbuddhistischen, ursprünglich animistischen Religion (Glaube an eine beseelte Natur) Tibets, treten ihre Umwandlung in entgegengesetzter Richtung an.« - Ein anderer Wallfahrer des 20. Jahrhunderts ist der Deutsch-

Bolivianer Lama Anagirika Govinda, der 1928 zum Buddhismus konvertierte. In seinem Buch ' Der Weg der weißen Wolken' beschreibt er die Mühsal der Wanderung zum 'kostbaren Schneeberg' und lässt die Landschaft Tibets in tief beeindruckenden Formen und Farben vor dem inneren Auge erstehen.

Der Pilger, der den höchsten Grad der Seelenreinigung zum Ziel hat, misst den gesamten Weg mit seiner Körperlänge ab, wobei er sich mit ausgestreckten Armen flach auf den Bauch wirft, dann aufsteht und wiederum hinwirft. Die Stelle, an der seine Hände die Erde berühren, ist der Ausgangspunkt für die nächste Niederwerfung; Lederschürze und Fäustlinge, unterlegt mit altem Reifengummi, schützen dabei Körper und Hände. Seinen Weg zu den heiligen Stätten des Himalaja säumen dabei unzählige 'Manisteine'. In großen Haufen sind diese Steinplatten aufgestapelt, in die das Gebet »Om ma ni pad me hum« eingemeißelt ist, Worte, die für den Gläubigen die 'heiligen Ursilben der Lebewesen der sechs Welten' verkörpern.

Über fünfzig Kilometer lang ist dieser steinige Weg rings um den Kailas inmitten einer extrem rauen Gegend, über die eisige Winde fegen. In rituellen Rundgängen, dem 'Parikrama', umkreisen ihn die Gläubigen; eine mühevolle Wegstrecke, die über steile Hänge bis auf eine Paßhöhe von 5500 Metern führt und die nur von wenigen Pilgern mit Niederwerfungen allein bewältigt wird. Ein solch beschwerlicher 'Rundgang' auf dem Bauch kann bis zu einem Monat dauern. Hierbei sühnt der Pilger für die Sünden eines ganzen Lebens. Nach 108 Umrundungen, der heiligen Zahl des tibetischen Buddhismus, entsprechend den 108 Bänden von Buddhas Lehre, geht er in das 'Nirvana' ein: Erleuchtung, die ihm Erhabenheit und die ewige Ruhe verspricht.

Ob nun Kailas oder der Berg Dschebel Musa auf der Halbinsel Sinai, welcher Juden, Christen und Moslems gleichermaßen heilig ist, es muss den Menschen zu allen Zeiten und in allen Kulturen ein inneres Verlangen nach der Aura des Göttlichen beseelt haben. Wie anders ließe es sich erklären, dass sich kranke Hindu-Pilger zum Sterben nach Benares (Varanasi), der heiligsten Hindustadt Indiens und seinem Ganges schleppen, im Glauben, vom Kreislauf von Geburt, Tod und Wiedergeburt erlöst zu werden. Ein Schluck Wasser aus 'Mutter Gangas' allein genügt schon, um den Gläubigen von den Sünden eines ganzen Lebens reinzuwaschen.

Im Aztekenreich Mittelamerikas war es der letzte Herrscher, Montezuma II., der mehrere Male zu Fuß zu den heiligen Ruinen Teotihuacans pilgerte, dem 'Ort der Götter' mit seiner Sonnen- und Mondpyramide. Ganz besonders mag er wohl dem großen Quetzalcoatl, dem Gott der Kultur, Erfinder des Buches und des Kalenders, gehuldigt haben; vielleicht in der Hoffnung, dass Quetzalcoatl die drohende Eroberung durch Cortez verhindern könne. Die Macht und die Listen der spanischen Inquistadores aber waren stärker als der gefiederte Schlangengott, denn im Jahr 1521 wurde Montenzuma II. von Cortez gefangen genommen: das Ende einer alteingesessenen Kultur war damit in erschütternder Weise gekommen.

In Australien sind es neben anderen Naturwundern die 'Olgas', eine Gruppe von dreißig Felskuppeln, die den Ureinwohnern heilig sind. 'Traumlegenden' weben sich um diesen 'Ort der vielen Köpfe'; Legenden, die vom Ursprung der Schöpfung berichten und von Dimensionen, die Vergangenheit und Gegenwart vereinen, die 'Traumzeit'. In Gestalt von Menschen und Totemtieren, entsandt aus dem dunklen Schoß der Erde, hinterließen die Ahnen während ihrer Wanderungen über die 'Traumpfade' ihre Spuren in Form der Landschaft; im täglichen Tun, beim Jagen, Fischen und Singen, ließen sie Berge, Höhlen und Schluchten, Täler und Hügel, Seen und Gewässer entstehen. Im 'Mount Olga' sehen die Aborigines den Wohnsitz der Schlange Wanambi. Zur Regenzeit liegt sie dort in einem Wasserloch auf dem Berggipfel, doch zu Beginn der Trockenzeit sucht sie eine Schlucht auf. Während der Nacht zieht sich die Schlange in die Höhlen des Olga-Berges zurück.

Wanambis Atem ist der Wind, doch wehe, wenn sie erzürnt ist, dann wird der Wind zu gewaltigem Sturm. Und wehe denen, die die Stammesgesetze übertreten, an ihnen nimmt Wanambi in Gestalt des Regenbogens tödliche Rache.

Der Forscher Ernest Giles, der die Felsen im Jahr 1872 zu Ehren des spanischen Königspaares 'Mount Olga' taufte, schrieb: »Als gewaltige Denkmäler der Urzeit der Erde ragen diese stumpfen Minarette, gigantischen Kuppeln und ungeheure Dome seit ihrer Schöpfung gen Himmel, äonenlang, ungezählte Äonen lang.«

Der Leser mag sich nun fragen, warum er sich von Europas Pilgerstraßen in ferne Kontinente auf die mythischen Spuren anderer Völker zu begeben hatte? Vielleicht in der Absicht, herauszufinden, dass in fast allen Kulturen der Menschheitsgeschichte die Proportionssysteme die gleichen sind und waren. Die frühe Menschheit las den göttlichen Willen an der Natur ab, dem Himmel, dem Baum, dem Fluss, und Legenden über den Weltenbaum gibt es in allen Kulturen. Aber auch das Kreuz mit seinen vielen Varianten ist in anderen Kulturen vertreten.

In der altägyptischen Kunst, Architektur und Religion fand das Henkelkreuz oder Ankhzeichen als ein Symbol für das Lebendige seinen Niederschlag. Es erinnert an eine menschliche Figur mit einem großen Kopf. Im antiken Griechenland hatte es seine Entsprechung im gleicharmigen delphischen Kreuz, und die

Byzantiner kannten ein Kreuz mit einem diagonalen Balken. Das Kreuz bildete den Angelpunkt der vier Himmelsrichtungen, ähnlich dem Pentagramm, dem fünfarmigen Stern der Phythagoräer, der die Elemente Erde, Wasser, Luft und Feuer symbolisierte und gleichzeitig dem Menschen mit seinen ausgestreckten Gliedern entsprach, wie wir ihm auch in Leonardo da Vincis Proportionen des menschlichen Körpers begegnen, wobei der Umfang des Kreises demjenigen des Quadrats gleich ist. In den antiken Vorstellungen stand diese Integration für das Gleichgewicht zwischen Himmel und Erde.

Auch die Spiralbewegung der Erdachse haben die früheren Völker lange vor uns genauestens registriert. In den Schöpfungsmythen nimmt sie im Schicksalsrad oder karmischen Rad eine zentrale Stellung ein. Die Azteken stellten sie als Feuerstock dar, bei den nordamerikanischen Ureinwohnern war es der Zeltpfahl, der als ein wichtiges Symbol für die Polarachse und den Mittelpunkt des Universums stand. Im alten Ägypten bedienten sich die Schutzgötter Horus und Seth eines spiralförmigen Drillbohrers, um die Nilgötter zu erschaffen. Bemerkenswert an der Darstellung des Drills auf einem Relief ist die Ähnlichkeit mit der DNA-Spirale, die den genetischen Code enthält. In den skandinavischen Mythen tritt die Achse in Form der Mühle auf, dem Drehen eines Mühlsteins mit dem Mühlbaum inmitten; diese Stange mahlt nicht nur die Wirklichkeit aus, sondern ist auch die Achse, um die herum die Welt erschaffen wird.

»Nach ewigen, ehernen Gesetzen müssen wir alle unseres Daseins Kreise vollenden...« formulierte Goethe und sprach damit die Eingliederung des Irdischen in das kosmische Geschehen und das Wirken eines schöpferischen Weltengeistes zwischen Himmel und Erde an. Mit dem Begehen der alten Pfade und der Wiederentdeckung versunkener Traditionen können wir an dem Netz weiter knüpfen, das die großen Kulturen der Welt schon immer untereinander verbunden und nie getrennt hat. Auch mag dabei eine Ur-Erinnerung in uns wach werden - eine Erinnerung, die uns weiter und tiefer schauen lässt und die unser geistiges Erleben nach allen Richtungen hin aufschließt.

Eines der weltbekanntesten Pilgerziele – der Kailas im Transhimalaja

VON DER ETWAS ANDEREN NATURBEOBACHTUNG

Es gibt Orte, die ziehen stärker an als andere, dies ist eine uralte Erfahrung. Von der Antike bis zur Barockzeit wusste man um geheimnisvolle Plätze, an denen hochpotenzierte Energie vorhanden war. Betrachtet man die Erde als ein belebtes Wesen, so ist es nur logisch, dass aus den vielschichtigen Tiefen unseres Planeten nicht überall das Gleiche zu seinen Bewohnern hinaufstrahlt.

Einer der erfahrensten Wissenschaftler der Radiästhesie und Geobiologie war Robert Endrös, ein Wasserbauingenieur aus Landshut. Radiästhesie, betonte er, sei eine lebendige und vielschichtige Angelegenheit so wie die Erde selbst.

Die Wünschelrute ist im Prinzip nichts anderes wie eine Dipol-Antenne. Von ihrer Grifflänge hängt es ab, ähnlich wie in der Antennentechnik, welche Wellenlängen erfasst werden können. Im Rutenausschlag funktioniert der Mensch als eine Art nachgeschaltetes 'Messinstrument'. - »Auf gleicher Wellenlänge liegen« sagt man und meint damit Menschen, die eine gleiche innere Übereinstimmung empfinden. Ein Schüler von Endrös, Dr. Jörg Purner, der sich über einen Forschungsauftrag zunächst wider Willen mit der Radiästhesie auseinandersetzen musste, schreibt über seine ersten Gehversuche mit der Rute: »Durch dieses Üben begann ich in zunehmendem Maße ein sehr differenziertes Gespür für jenen Grenzbereich zu bekommen, wo die gespannte Ausgangshaltung der Rute dazu tendierte, in den Rutenausschlag überzugehen... Im Zuge dieses behutsamen, mehr spielerischen Vorgehens bemerkte ich auf einmal, dass ich im Begriff war, ein gewissermaßen lebendig wirkendes Gesamtgeschehen zu beobachten und mit ihm umzugehen, das körperliche, seelische und geistige Elemente umfasste und in das ich mich selbst als einverwoben erlebte.«

In mathematisch abgesicherter Form klügelt Purner eine Versuchsreihe aus, mit der es ihm gelingt, die Grenzen des sinnlich Wahrnehmbaren zu überschreiten. Mithilfe der Rute ortet er nicht sichtbare Objekte, wobei er eine hohe Trefferquote erzielt. Im Zuge seiner radiästhetischen Entwicklung berichtet er vom Aufbau einer Art von 'Organ', welches körperliche, seelische und geistige Dimensionen verbindet. Nach unzähligen kräftezehrenden Vermessungen, sogenannten Mutungen, erkrankt Purner und erkennt, dass der häufige Umgang mit negativen Zonen und Punkten an seinen Lebenskräften gezehrt hat. Es gibt also in der Tat

Plätze, wo wir dem Negativen begegnen, wo selbst Bäume Wuchsanomalien aufweisen, und wiederum ganz andere, die uns positiv beeinflussen. Man wird sich nun fragen, wo diese anderen Plätze zu finden sind. Antwort gibt die 'Geomantik' oder 'Geomantie'. Übersetzen lassen sich diese Begriffe mit 'Weissagung aus der Erde' oder 'Erd-Wahrsagung'. 'Feng-Shui', die uralte chinesische Kunst der Geomantie, steht hier nicht nur für 'Wind und Wasser', die alle unsere Landschaften geschaffen haben, sondern für ein tiefes Landschaftsverständnis. 'Feng-Shui' sieht die Landschaft als energetisches Feld, in dem 'Yin-' und 'Yang'-Kräfte ineinander fließen, wo Mond- und Planetenkräfte sich auf die Qualität sich kreuzender Strömungslinien auswirken, sogenannte 'Drachenadern', und wo uns Raum und Zeit als kosmisch-irdischer Atemhauch beleben. 'Feng-Shui' als Kunst der 'Anpassung der Sitze der Lebenden und der Toten' offenbart ein Landschaftsbewusstsein, das den 'belebten Geist der Erde' im Rhythmus der Zeit wachruft. - Die Gültigkeit dieses Prinzips drückt sich bis heute in der neuesten fernöstlichen Architektur aus.

Prof. Dr. Friedrich Cramer, langjähriger Direktor des Max-Planck-Institutes, spricht von einem Zeitgenossen Pythagoras, der dem altgriechischen Philosophen und Mathematiker seinerzeit attestierte, dass dieser 'die Harmonie der Sphären' sogar gehört habe. - »Er lauschte der Harmonie des Weltganzen, da er die gesamte Harmonie der Sphären (kosmische Resonanzverhältnisse) und der sich in ihnen bewegenden Gestirne verstand. Die moderne Physik staunt, wie recht unsere Ahnen hatten... Aber wie kamen Demokrit oder Pythagoras auf Ideen, die wir erst zweieinhalbtausend Jahre später verifizieren können? Ich glaube, es existiert ein Wissen, das den Menschen von Natur aus mitgegeben wurde. So geschehen durch die alte Kunst der Geomantie, die nicht nur die günstigste Lage für Tempel, Kirche, Steinkreis, Begräbnisstätte, Labyrinth und astronomisches Observatorium bestimmte; darüber hinaus legte sie auch die Bauform der Kultanlage fest. Die einstigen Architekten müssen demnach genaueste Kenntnis vom Energiefeld der Erde und seiner unterschiedlichen Muster Kenntnis gehabt haben.«

Platzierung und Ausrichtung von Kultbauten geschah nach astronomischen Gesichtspunkten, wobei das gezielte Setzen von Türmen, Säulen, Steinen und auch Bäumen eine besondere Rolle spielte. Man kann sich diese unsichtbare Struktur, die Professor Robert Endrös vor Jahrzehnten nachgewiesen hat, wie ein Netzwerk vorstellen, das ferromagnetische (ferrum = Eisen), bzw. elektrische Schwingungen aussendet. Die Radiästhesie-Experten sprechen von 'Wachstumslinien', denen eine wachstumsfördernde Wirkung zuerkannt wird, und dass über den Kreuzungspunkten sogenannter 'Medial-' und 'Beredsamkeitslinien' der Mensch höhere Bewusstseinszustände erfahren könne.

Solchen radiästhetischen Besonderheiten begegnet man an vielen Kultstätten, die Zonen werden als 'positiv gepolt' oder 'rechtsdrehend' bezeichnet. So strömen z. B. im Zentrum von Stonehenge Energiebahnen aus allen Richtungen zusammen. Griechische Tempel befinden sich an Orten, in denen sich die Züge der Landschaft mit tellurischen Strömen (tellur: lat. 'tellus' = Erde) zu einem natürlichen 'Sitz des Geistes' verbinden. Kirchen wie zum Beispiel 'San Vitale' in Ravenna, die Kathedrale von Chartres und die Stiftskirche von St. Gallen wurden über ehemals keltischen Kultanlagen errichtet. Nach Auffassung von Robert Endrös kannten die keltischen Priester das jeweilige Standortmilieu genau. Sie wussten um die Zonen und Punkte im Strahlungsspektrum, wo die euphorische Gefühlslage angeregt wurde.

Ob antike Tempel, Kathedralen, Kirchen und Kapellen, Pyramiden, Moscheen, Steinkreise, Megalithgräber, Dolmen und Menhire, sie alle haben eines gemeinsam: Durch sie wirken Erdkräfte und Kosmos. Es sind Plätze, an denen die Erde zu atmen scheint, sie sind den sogenannten Chakren, den Energiezentren im feinstofflichen Körper des Menschen, gleichzusetzen.

Durch Energiebahnen (Ley-lines), die zwischen historischen und prähistorischen heiligen Stätten verlaufen, standen Kultstätten zum Teil über weite Distanzen hinweg miteinander in Verbindung. In der Erforschung und Wiederentdeckung dieses 'Linien-Phänomens' haben sich die Engländer verdient gemacht. Nach Tom Graves gibt es Zonen mit ortseigentümlichen energetischen Aufladungen, die dazu neigen, von Zeit zu Zeit ihre Polarität zu wechseln. Hiervon ausgenommen sind interessanterweise die christlichen Altäre. Diese bleiben meist unverändert positiv. Graves beobachtete hierbei Zusammenhänge zwischen Planeten-, Mond- und Sonnenkräften und einigen dieser 'Energie-Pulsationen', wie er es nennt.

Die Frage, ob die Platzwahl für ein Kultbauwerk auf Eingebung, oder auf exakter Planung beruhte, der ein für damalige Zeiten kaum vorstellbares Wissen zu Grunde gelegen haben musste, ist heute nicht beantwortbar. Ein Beispiel stellt die Anlage der Felder dar, die Glastonbury im englischen Somerset umgeben, wo sich der Überlieferung nach die Insel Avalon mit dem druidischen Gralsbrunnen und dem Artusgrab befunden haben soll; sie entspricht den zwölf Zeichen des Tierkreises, wie man jüngst entdeckt hat. Im ägyptischen Nildelta ist es nach

Dieter Heim 3000 Jahre v. Chr. die alte dynastische Hauptstadt Behdet, die als das 'Greenwich' der Antike anzusehen ist und die in Verbindung mit der Cheopspyramide eine zentrale vermessungstechnische Achse des alten Ägypten darstellte. Bemerkenswert ist auch die Tatsache, dass die Externsteine als alte Kult- und Wallfahrtsstätte im Teutoburger Wald in der Nähe von Paderborn auf dem gleichen Breitengrad wie das Steinheiligtum von Stonehenge liegen, wo seit Jahrtausenden am 21. Juni das Tagesgestirn genau über der Spitze des 'Sonnen-Steines' oder 'Heel-Stones' des Monolithen-Ringes steht.

»Eine Treppe zum Himmel ist bereitet. Steige alsbald empor...« heißt es im Pyramidentext Nr. 619. Und so wie in altägyptischen Heiligtümern oder der alten Kultstätte Copacabana in Peru, dem Stuhl der Inkas, führen auch bei den Externsteinen Treppen in schwindelnde Höhe empor; auf der einen Seite hinauf zu einer 30 Meter hoch gelegenen Felskammer, auf der anderen Seite hinab.

Im alten Mexiko waren es die Azteken, die in Teotihuacan, in der Nähe des heutigen Mexico City, eine kolossale Stadt mit Sonnen-, Mond-, und unzähligen kleineren Pyramiden geschaffen haben. Bis zum 20. Jahrhundert war die große Sonnenpyramide eines der mächtigsten Bauwerke Amerikas. Im Jahr 1971 entdeckten Archäologen unter dem Zentrum der Pyramide ein noch älteres Heiligtum, und zwar eine Höhle in der Form eines vierblätterigen Kleeblattes mit langem Stiel. Fluchtlinien zwischen den oberirdischen Sakralbauten in Verbindung mit dem unterirdischen 'Kleeblatt-Stengelgang' zeichneten ein Abbild der umgebenden Landschaft nach und weisen durch die Sonnenpyramide auf das Zentrum des damaligen Sternbilds des Plejaden hin.

Kultanlagen und alle alten sakralen Bauten befinden sich ausnahmslos an energiereichen Orten, Wasseradern wirken als Verstärker. Die Häufung keltischer Opferplätze über solchen Zonen, besonders im süddeutschen Raum, ist offensichtlich. So liegen die bislang radiästhetisch untersuchten Wälle der keltischen Viereckschanzen ausnahmslos über Reizstreifen, und innerhalb der Wälle treten zahlreiche Kreuzungspunkte der Reizzonen auf. - Die aus der Bewegung unterirdischer Wasser resultierenden Erdströme sind nicht die einzigen Kraftfelder. Andere entstehen durch Spalten im Erdreich, die durch ein Aufeinandertreffen unterschiedlicher Schichten entstanden sind; hierbei können aufgrund von Temperaturschwankungen starke Spannungen entstehen. Weitere Kraftströme kommen aus dem glühenden Erdinneren. Keine Geringeren als die Physiker Albert Einstein und Max Planck haben sich zur Erkenntnis der Realität des Strahlungsphänomens bekannt.

In der Geomantie spricht man im Zusammenhang mit diesem Strahlungsphänomenen von 'auf-' und 'abladenden' Plätzen. Der Rutengänger unterscheidet zwischen 'positiven', 'negativen' und 'neutralen' Zonen, oder zwischen 'rechtsdrehender', 'linksdrehender' und 'gemischt drehender' Polarisation. Diese Begriffe kann man als biologisch 'günstig' oder 'ungünstig interpretieren. Dass es sich bei rechtsdrehendem Wasser gleichzeitig um 'gutes' Wasser handelt, hat der frühe Mensch intuitiv wahrgenommen, indem er Kultstätten daneben errichtete. So hat die Quelle bei 'Maria im Stein' in der Nähe von Überlingen ein rechtsdrehendes Wasser.

Dr. Jörg Purner berichtet über die Vermessung 'positiver' Zonen, dass diese ihn körperlich nicht annähernd so beansprucht hätten, wie er es aus der Beschäftigung mit Störzonen kenne. Seine u. a. in Skandinavien durchgeführten Messungen ergaben, dass alle Kirchen im Bereich ihrer Hauptachsen »mindestens eine, meist aber eine Überlagerung von mehreren positiven Reaktionszonen aufwiesen«.

Unsere Ahnen müssen sehr genau gewusst haben, wo sie ein Haus errichten durften und wo nicht. Dazu schreibt Professor Karl Ernst Lotz von der Fachhochschule für Bauwesen in Biberach/Riss: »Wenn beispielsweise auf fast 100 Kilometer untersuchtem unterirdischen Wasserlaufes sich kein Bauernhaus ermitteln ließ, das vor 1870 gebaut worden ist und noch erhalten ist, so möchte es einen schaudern, wenn man an den Gesundheitszustand der Menschen in dichten Wohnsiedlungen denkt, die mitten über strömendem Grundwasser errichtet werden...«

Stadtgründungen nach radiästhetischen Grundlagen war unseren Vorfahren eine Selbstverständlichkeit. Erfreulicherweise gingen in heutigen Tagen dem Bau der Kinderkrebsnachsorge-Klinik in Tannheim (Villingen-Schwenningen) radiästhetische und geobiologische Geländeuntersuchungen voraus.

Vor allen anderen Orden galten die Zisterzienser früher als der Wissenschaftsorden. Sie pflegten die Radiästhesie als Geheimwissenschaft. Als Vorkehrung gegen Missbrauch wurde diese nur unter Eid weitergegeben. Das Rechte soll am richtigen Platz zur richtigen Zeit geschehen, so könnte man ihre Philosophie deuten.

Schwingungsphänomene, wie sie uns auch im Sonnenlicht, im Klang von Wind und Wasser, im Summen der Insekten, im Zwitschern der Vögel, im Rauschen des Waldes und in der menschlichen Sprache und der Musik begegnen, gehören zu den vom Strahlungsmilieu gesteuerten Lebensvorgängen. In Verbindung mit der Landschaft haben sie den Menschen zu allen Zeiten beeinflusst und zur Schaffung von Kraftplätzen beigetragen.

KIRCHEN ALS ZEITENBRÜCKEN

Relikte, wie in Kirchenwände eingemauerte Steine, Sonnensymbole oder Lichtschächte mit Kalenderfunktion sind Zeugen einer vorchristlichen Religion und ihrer Metamorphose ins Christliche, und so lebt der keltische Geist bis auf den heutigen Tag in ihnen fort. In der Weltsicht der früheren Völker verbanden Kultzentren wie der Menhir, der Dolmen und der Steinkreis den Menschen mit Erde und Kosmos. Errichtet wurden diese an Orten, die als Sammelpunkte von Erd- und Himmelskräften galten. Bandverschlingungen und Flechtmotive auf frühchristlichen Steinkreuzen, deren Ursprünge vorchristlich sind, künden besonders in Irland, aber auch in unseren alten Kirchen von diesem Urbedürfnis des Menschen, sich mit den Himmelsmächten und den Naturreichen zu verbinden. Das lateinische Wort 'religare' für 'Religion' bedeutet 'wiederverbinden'.

Um die alten Zeichen und Götter in die 'neue' Religion einzubeziehen, bedurfte es ihrer 'Taufe'. Alte Kultsteine, Stelen und Menhire, in die man die Zeichen des Christentums einmeißelte, sind Zeichen dieses Übergangs. Ab dem 6./7. Jahrhundert sollten Steinkreuze im Freien die Verehrung auf sich ziehen und vom alten Kultus um die Steine ablenken. Jahrtausende vor dem Christentum schon galt das Kreuz-Symbol als heilig.

Das Volk vergaß die alten Plätze nicht, vor allem nicht die Landbewohner. Nach wie vor versuchte es an den Kräften des Lebens teilzuhaben, und so wurden Kirchen und Kapellen auf urgeschichtlichen Kultstellen mit hohem Kraftpotential errichtet, häufig an Quellen und in der Nähe von Bäumen. Hierbei beachteten die früheren Baumeister strenge Regeln, um die natürlichen Energiezonen nicht zu stören.

Nicht alle starken Plätze hat die Kirche übernommen, doch fast alle älteren Kirchen, bis in die Barockzeit hinein, stehen an Orten mit hohem Energiepotential. Viele sakrale Bauwerke sind in auffälliger Weise von Energielinien bzw. Reizstreifen durchzogen oder umgeben. Mit ihrem Wellencharakter bilden sie an der Erdoberfläche Muster und Netzsysteme. Auch in der Anlage von Portalen und Fenstern lassen sich direkte Beziehungen zu Wasserzonen und Liniensystemen aufweisen. Manche Linien wechseln ihre Formen im Laufe eines Tages, andere sogar verändern ihre Lage und Gestalt gemäß den Mondphasen, bzw. passen sich astronomischen Konstellationen an. In den großen alten Bauwerken begegnet uns neben dem immensen Wissen um die Spannungsgesetze, die den Bildegesetzen des Pflanzenwachstums entsprechen, unter vielem anderen noch

eine weitere, herausragende Genialität ihrer Meister: die geometrische Tonleiter. Die Verteilung der Töne in den Gewölben ist haargenau berechnet worden. Überall sind harmonische Beziehungen zwischen Raum und Klang erkennbar. Alles hängt miteinander zusammen, und zwar in mathematischen Proportionen, die in Architektur übersetzt wurden. Das Gewölbe ist nicht nur Ausdruck von Harmonie, sein Bogen entspricht auch dem Kreis, der einen Fünfstern umschreibt und damit den Menschen. Man denke an die Darstellung von Leonardo da Vincis Kreis, der die materiellen Formgesetze des Menschen beinhaltet.

Sichtbarer, und damit begreifbarer, ist für uns in jeder Kirche der Altar. Er vertritt den alten heiligen Stein. Es besteht übrigens ein bemerkenswerter Zusammenhang zwischen Menhiren oder Masseben mit den altrömischen Altären. (In der Bibel heißt der aufrechte Stein 'Massebe'.) Die römischen Altäre sind ein ungefähres Abbild der Masseben, jedoch kantiger und weisen oben eine gerade Fläche auf. Die vier Ecken (Hörner) der späteren christlichen Altäre, so darf man vermuten, sind Überbleibsel von Eckmasseben. Nicht selten steht in der Nähe oder vor der Massebe eine in Fels gehauene Opferschale. Dies ist der Fall in Hazor und Megiddo in Israel. Dort stehen Masseben in Reihen in eigentümlich nord-südlicher Ausrichtung. »Richte den Stein auf und du wirst mich finden«, lautet ein mystischer Vers im apokryphen Thomasevangelium, einer nicht in den Kanon aufgenommenen, den biblischen Büchern sehr ähnlichen Schrift. Es war Abraham, der den Stein aufrichtete, ebenso Isaak. Und auch der Prophet Josua stellte, der biblischen Legende nach, beim Einzug ins Heilige Land Steine auf.

Die Opferschale findet sich wieder im christlichen Abendmahlskelch und weist den Weg zum Mythos um den heiligen Gral. Der Begriff 'Gral' entspringt vermutlich dem keltischen Wort 'Car' oder 'Gar' - das bedeutet 'Stein', und 'Gar-Al' oder 'Gar-El' lässt sich als 'Gefäß des Steins' oder auch 'Stein Gottes' übersetzen. Mit dem 'Stein Gottes' könnte auch der 'Stein der Weisen' gemeint sein, in dem sich alle göttlichen und kosmischen Kräfte verdichtet haben.

Ähnlich wie im Gral und im Kultkessel der Kelten, wo die Umwandlung der Materie symbolisch stattfindet, geschieht dies auch in den alten Glasfenstern der Kirchen. Grün wird zu schwarz, schwarz zu weiß, weiß zu blau, blau zu purpur, und purpur zu gold. Das Glas wird zum Edelstein, indem es das Licht bändigt und ihm zugleich dient. Es ist das Instrument, auf dem das Licht seine unendliche Symphonie spielt. Wie die Gotik beruht es auf einer eigenen Wissenschaft: Die Kunst des Glasmachens, ein Werk der Alchemie, war ein streng gehütetes Geheimnis und nur wenigen Mitgliedern der Zunft vertraut. Im Abendland taucht das echte, farblose Glas zu Anfang des 12. Jahrhunderts auf und verschwindet plötzlich gegen die Mitte des 13. Jahrhunderts.

So, wie schon bei den Megalith-Monumenten die Ausrichtung ein Hauptmerkmal ist, verhält es sich auch mit den alten Kirchen. Häufig läuft vom 'geosteten' Altar aus eine Ost-West-Linie zum hinteren Ausgang, was an die keltischen Viereckschanzen erinnert. Der stärkste geomantische Punkt ist der Altar oder der Platz hinter dem Hochaltar; ein weiterer befindet sich unter dem Triumphbogen - dort verläuft eine Querlinie, auf der die Kanzel steht; Parallellinien verlaufen in den Nebenschiffen. Die alten Baumeister achteten in der Regel auf den nach Osten, nach Jerusalem gewandten Altar: in ihm verkörperte sich die aufgehende Sonne Christus. Manchmal wurden größte Schwierigkeiten nicht nur in Kauf genommen, sondern gemeistert, um eine Kirche dort hinzustellen, wohin sie gehörte. Ein Knick in der Achse einer gotischen Kirche deutet entweder auf den Sonnenaufgang am Festtag des Kirchenpatrons oder den Verlauf der Strahlungslinie hin. Entscheidend beim Bau war jedoch immer, dass der Altar im richtigen und starken Strahlungsfeld stand.

Alle alten Altäre waren Umgangsaltäre, die Gläubigen konnten hintereinander in der Prozession durchziehen. 'Circumambulatio' wird dies genannt, und mit diesem Akt wird die Wiedergeburt symbolisiert. Den Platz, an dem die eigentliche Kanzel steht, darf man ruhig als 'Ort der Beredsamkeit' bezeichnen. Dort ist die Strahlung stark, sie teilt sich dem Prediger mit. Dieses 'Aufladen' hält etwa eine Stunde an, gerade so lange, wie früher gepredigt wurde. Die Kanzeln und Hochaltäre stehen inzwischen verwaist. Es wurden sogenannte Volksaltäre, bzw. Pulte aufgestellt, von denen aus gepredigt wird. Die Gründe sind einleuchtend: Der Pfarrer soll nicht nur gesehen, sondern auch gehört werden. Das Mystische und das Rationale ringen hier miteinander.

Sind die starken Plätze in den alten Kirchen gut oder schlecht für den Menschen? Sie sind gut und harmonisierend, wenn man sich an ihnen sozusagen kurzfristig auflädt, doch sind sie schädlich und können krank machen, wenn man zu lange verweilt. Auch Röntgenstrahlen oder Radiumstrahlen kann man nur dosiert aufnehmen. Aus demselben Grund haben die alten Meister solche stark strahlenden Punkte vor den Menschen abgeschirmt. Auch die keltische Viereckschanze war nach innen hin abgegrenzt und ihr Allerheiligstes nicht für jedermann und zu jeder Zeit zugänglich. Eine weitere Frage tut sich auf: Waren oder sind dann die Priester nicht besonders gefährdet, oder kann sich der menschliche Organismus mit der Zeit auf die Strahlung einstellen? Aus dieser Frage heraus erklärt sich der Brustschmuck der jüdischen Hohepriester - Gewänder und Schmuck hatten ableitende Wirkung. Es ist anzunehmen, dass auch das weiße Unterkleid der katholischen Priester, die Alba, eine Erinnerung an die strahlungsabschirmenden weißen Druidengewänder darstellt. Und die Stola, die wie ein Hufeisen um den Hals liegend nach unten weist, hatte wahrscheinlich eine ebenso ableitende Wirkung. Auch der eigentliche Sinn und Zweck des Manipels, ein altmodisches Ärmeltuch, das abgeschafft wurde, dürfte ursprünglich eine kraftablenkende Bedeutung gehabt haben. Der wesentlich längere Aufenthalt der Päpste und Bischöfe an solchen stark strahlenden Plätzen war nicht ungefährlich. So schützten sich in früheren Zeiten die Bischöfe nicht nur durch Kultschuhe, sie trugen die Unterkleider gleich doppelt.

Nach den langjährigen Forschungen von Prof. Robert Endrös sind christliche Kirchen über keltischen Kultstätten in großer Zahl in Süddeutschland anzutreffen. Fast durchweg auf Kultstätten der Kelten stehen neben den Michaelskapellen die altbayerischen Leonhard- und Wolfgang-Kirchen. Eine wesentliche Steigerung der Aktivität der Thymusdrüse mit ihrem Einfluss auf die Stimmungslage des Menschen ist hier mit im Spiel. Ganz offensichtlich war den keltischen Druiden die daraus resultierende, außergewöhnlich euphorische Gefühlslage bekannt, ja, sie haben diese wohl kalkuliert. An solchen Orten wird die Aktivität der Keimdrüsen auf ein Mehrfaches im Vergleich zum Aufenthalt an neutraler Stelle erhöht. Durch die Messung der spontanen Mikrowellenstrahlung der endokrinen Drüsen lässt sich das Phänomen auch als seelisch-körperlicher Vorgang nachweisen.

Einstige Kult- und Orakelstätten, an denen die Kräfte der Sonne und der Erde in außergewöhnlichen Energien auf alles Lebendige wirkten, sie sind nicht ganz im Dunkel der Geschichte verloren; und im Mythos, in den Mysterien um sie können wir die Berührung mit anderen Welten erleben. In den alten Kirchen und Kapellen liegen die Schlüssel hierzu, und in ihren Bauideen finden sich Grundelemente aus alten Kulturepochen. Mit ihren 'Ursymbolen' reichen sie in vielfältiger Weise weit in die Vergangenheit der Menschheitsgeschichte zurück.

NALUMBIN: DER BEGLEITROMAN ZU KELTEN, KULTE, ANDERSWELTEN

ISBN 3-902134-42-9

Die abenteuerliche Geschichte des 12-jährigen 'Nalumbin' führt den Leser vom Schwarzwald über die Alpen vor ungefähr 3500 Jahren während der Bronzezeit. Plätze und Landschaften, die in 'KELTEN, KULTE, ANDERSWELTEN' eingebunden sind, sowie Kultisch-Religiöses, aber auch Profanes und zwischen-menschliche Dramatik vor dem Hintergrund einer gewaltigen Natur, machen die Schauplätze dieses Begleitromans aus. Jahrelange Recherchen ermöglichten den Autoren eine enge Symbiose zwischen Sachbuch und Roman und somit ein einzigartiges Projekt zu schaffen. Ca. 220 Seiten, erscheint im Frühjahr 2003.

Leseprobe:

...Andächtig blickten alle in den mächtigen Baum, der schon unzählige Monde gesehen hatte. Im letzten Licht des Tages erhob sich nun der weise Jedaure und sprach: "Talische und Lomer, von nun an sind wir ein Volk. Kelch und Stein sind miteinander vereint. So auch wir. Wir geloben Zusammenhalt bis in den Tod. Unser Weg über das Eisriesengebirge hinab in das Tal der blauen Wasser am Langen See wird nicht leicht sein. Wer unter Euch den Weg schon gegangen ist, möge hervortreten und von seiner Reise und seinen Erfahrungen berichten!" Hervor traten Kalor, der erfahrenste unter den Bergleuten der Lomer, und Permes, der weitgereiste Händler unter den Talischen.

Sie berichteten ausführlich, beschrieben den Weg über Bergpässe und durch Schluchten, die sie auf dem Weg in die fruchtbaren Täler des Südens beschreiten würden und nannten ihnen die Namen, die nicht immer verlockend klangen und Gefahr verhießen: Sturmberg, Todesschlucht, Schlimmer Weg, Fels des Bösen waren nur einige wenige, wogegen jedoch Namen wie Tal der Freude, Himmelstein, Brotberg, oder Fluss der Guten Göttin wieder Hoffnung weckten. Bald schon schwebte der Mond am Himmel, und in den Häusern rückten nun Lomer und Talische enger zusammen. Tiefe Ruhe kehrte ein. Nur der Nachtwind zupfte an den Blättern der alten Linde und verbreitete ihren Duft. Noch immer leicht berauscht von den Erlebnissen auf dem Sonnenberg, blieb Nalumbin auf seinem Lager noch eine ganze Weile wach.

Wie im Traum zogen die Bilder der vergangenen Nacht und des entschwundenen Tages an ihm vorüber. Am Tag, unter der Kraft des Lichtes, hatte er großen Mut, sich als Mann gefühlt, ja sogar regelrechte Reiselust auf das Abenteuer der Eisriesenberge empfunden. Seine Neugier, sein Drang nach Wissen hatten die Oberhand gehabt, jetzt aber im Dunkel der Nacht, kehrte das Kind in ihn zurück, das Angst vor den bösen Geistern der Nacht hatte und nun tiefer unter sein Fell kroch. Diese bösen 'Geister' - sie waren nicht mehr weit. Rem war der erste im schlafenden Haus, den das Gebell der Hunde aus dem Schlaf riss...

46. DER HOHE IPF BEI BOPFINGEN
(OSTALBKREIS)

Vorgeschichtliche Wallanlage auf dem Ipf

Vor 13,8 Millionen Jahren schlug ein Körper (wahrscheinlich ein Meteorit) in die Region um das heutige Nördlingen im Ostalbkreis ein und sprengte einen riesigen Krater mit einem Durchmesser von 23 Kilometern in die Landschaft: Die Geburtsstunde des Nödlinger Ries. Ungeheure Gesteinsmassen wurden bewegt, Berge aufgeworfen, Flüsse begraben und ein See füllte nun das Kraterbecken. Vergleichen lässt sich die Zerstörungswut dieses außerirdischen 'Geschosses' mit der Sprengkraft von 7500 Wasserstoffbomben.

An den Ufern und auf Untiefen im Kratersee bildeten sich im Laufe der Zeit Kalkalgenriffe, die zu Bergen wuchsen. Eiszeitwinde führten fruchtbaren Löß mit sich und lagerten ihn im Riesbecken und seinen Randzonen ab, die Lebensgrundlage für die früheste Besiedlung in der Entwicklungsgeschichte Süddeutschlands. Nicht nur diese frühen Siedler zog die Landschaft mit ihren Heidehügeln an, auch die Kelten machten sich einen von ihnen untertan: Den Ipf, ein sogenannter Zeugenberg, der einmal mit der Landstufe des Albrandes verbunden war. Auf ihm errichteten sie eine Fürstenburg mit mächtigen Ringwallanlagen, die heute noch deutlich erkennbar sind. Die künstlich geschaffene Gipfelfläche schottete ein doppelter Wall ab. Holzversteifte Trockenmauern verbergen sich darunter.

Die Anlagen im Gipfelbereich stammen aus der Hallstattzeit um 800 bis 500 v. Chr. Besiedelt war der Ipf aber schon während der Jungsteinzeit und der frühen Bronzezeit. Weit über 3000 Jahre alte Reste von Gerätschaften sprechen dafür. Wie auch andernorts war es sicherlich das Schutzbedürfnis der Menschen, steile Höhen aufzusuchen, die jedoch meist karg und wasserarm waren. In diesem Zusammenhang interessieren drei trichterartige Mulden, welche die Namen 'Pfanne', 'Löffel" und 'Kessel' tragen. Diese drei Mulden oder Gruben deutet die Archäologie als ehemalige Anlagen der Bergbewohner zur Wasserversorgung.

Heller, harter Kalkstein, der sich um den Berg zieht, ist Zeuge des einstigen Meeres, das vor 150 Millionen Jahren große Teile des heutigen Mitteleuropas bedeckte. Das Jura-Meer. Aufgrund dieser und anderer geologischen Beschaffenheiten ist das Ries nach wie vor das Ziel von Forschern aus alles Welt. Sogar die Mannschaften von Apollo 14 und 17 hielten hier ihr Feldtraining ab. Doch auch für Wildblumen und Insekten ist der Ipf mit seinen weiten Wiesen ein Paradies, so wächst hier die selten gewordene blauen Wegwarte. Eine Lindenalle führt den Berg hinan, auf dessen Gipfel man ein künstliches Plateau vorfindet.

2 Kilometer nordwestlich vom Ipf liegt der vermutete Begräbnisplatz der Ipfbewohner: Grabhügel in der aufgeforsteten Meisterstaller Heidelandschaft. Auch eine Viereckschanze befindet sich etwa 2,5 Kilometer weiter in der Nähe am Waldrand südlich von Jagstheim an der Straße nach Kirchheim am Ries.

W: Von Aalen auf der B 29 bis Bopfingen. In Bopfingen links in die Alte Kirchheimer Straße abbiegen. Am Parkplatz am Fuße des Ipf wird das Auto abgestellt.

47. DER GOLDBERG BEI BOPFINGEN (OSTALBKREIS)

Eines von den Kalkalgenriffen im Nördlinger Ries ist der Nachbarberg des Ipf: Der Goldberg, ebenfalls ein Heideberg, kurzrasig und reich an Blumen, Kräutern und Insekten. Sein Erscheinungsbild ist zwar nicht so gewaltig wie das seines großen Bruders, doch wenn es um seine historische Bedeutung geht, so steht er dem Ipf in nichts nach. Im Gegenteil, als vorgeschichtliche Siedlungsstätte erlangte er überragende Bedeutung. Im Jahr 1922 ergaben sich die ersten Hinweise auf eine Fundstätte, die 15 Jahre später systematische Grabungen einleiteten. Gleich drei übereinanderliegende Siedlungen kamen auf dem Hochplateau zum Vorschein. Die erste und zuunterst liegende Siedlung mit ca. 20 Häusern entstand vor über 6000 Jahren. Das zweite und mittlere Dorf mit Pfostenhäusern und einer Einfriedung entstammt der sogenannten Michelsberger Kultur vor etwa 4300 Jahren. Das dritte und größte Dorf wird in die letzte Phase der Jungsteinzeit mit Beginn vor 4000 Jahren datiert.

Der kleine Nachbar des Ipf - der Goldberg

Von besonderer Bedeutung sind die bis zu vier Meter tiefen kellerartigen Vorratsräume. Aufgrund ihrer merkwürdigen Inhalte drängt sich die Vermutung auf, dass es sich dabei vielleicht eher um Kultschächte gehandelt hat. Aufgeschlagene menschliche Röhrenknochen und Reste von Schädeln, teilweise mit Brandspuren - Zeichen von kultischem Kannibalismus? Angesichts des Umfeldes kann man sich Kulthandlungen hier gut vorstellen: Eine Hochfläche mit markanten Steinformationen, von denen jede mit etwas Phantasie ihr eigenes Gesicht trägt: Ein zum Sprung bereiter Frosch, ein Schlangenkopf, Kobolde und Trolle...

Von Bopfingen auf der B 29 in Richtung Nördlingen bis Pflaumloch. Dann in Richtung Goldberghausen. Nach dem Ortsausgang Pflaumloch wird links an einem hohen Holzkreuz in einen Feldweg abgebogen, rechter Hand liegt das Plateau des Goldbergs.

48. DER BRANDOPFERPLATZ AUF DEM MESSELSTEIN VON DONZDORF
(KREIS GÖPPINGEN)

Mit dem Opfer sollte das Glück an den Menschen gefesselt und das Unglück verscheucht werden. Auf den Höhen war man den Gestirnen nahe, die man ebenso verehrte wie die Naturgeister, und gleichzeitig fand hier die Vergöttlichung des Feuers statt. Feuer, das verwandelnde Element, Feuer, das die Sonne repräsentiert, Feuer, dessen Licht alles Sichtbare wiedergibt.

Blick vom Messelstein auf das Lautertal

Feuerkulte sind weltweit verbreitet, Germanen und Balten huldigten dem Feuer besonders, sogar arabische Quellen berichten von den Feuerkulten der Slawen, und russische Schriften aus dem 11./12. Jahrhundert bekunden die Verehrung des Feuers im einst keltischen Böhmen. Viele spätere Kultformen sind Überreste alter Beziehungen zum Element Feuer - man denke nur an die Johannifeuer. Die reinigende Macht des Feuers sollte vor Dämonen schützen. Speis und Trank, Tiere und Pflanzen waren die Nahrung, die man ihm auf dem Opferaltar bot. Das Zerschlagen der zugehörigen Gefäße war Teil des Rituals, und auch dem Rauch wurden Eigenschaften zugesprochen. Aus Flamme, Geknister, Richtung und Dichte des Rauches leitete man die Zukunft ab. Die Vergöttlichung des

Feuers mit seinen reinen Kräften wurde nach der Christianisierung verbannt. Fortan sollten schädliche Gestalten seine bösen Kräfte repräsentieren. Wesen wie Feuerdrache oder Schlange, die sich wie züngelnde Flammen bewegten, sollten jetzt Hölle und Teufel verkörpern. In ganz Europa kannte man sie als 'Dracones' oder 'Salamander' aus der Alchimistenküche, und von den Kirchenkanzeln herab wurde mit ihnen der Seele des Sünders gedroht.

Eine andere Form der Weissagung an den Opferplätzen war das Werfen von Losinstrumenten, das waren mit Zeichen versehene Zweige, Stäbe, Würfel, Knöchelchen oder Tafeln. Durch das Orakel sollten Weisungen aus der Götterwelt empfangen werden. Aus der Lage der Lose nach dem Wurf, beispielsweise in einen Kreis, deutete der 'Seher' die göttliche Entscheidung. Diese Auslegung des Sehers, Priesters oder Schamanen war unumstößliches Gesetz und allen verstandesmäßigen Einflüssen entzogen, denn die Götter hatten ihr Urteil gesprochen.

Kennzeichnend für die Brandopferplätze ist nicht nur ihre Lage an landschaftlich exponierten Stellen, von denen die Feuer weithin gesehen werden konnten, sondern auch die dicken Brandschichten aus Holzkohle, Tierknochen und Keramik, die seit der Bronzezeit über Jahrhunderte hinweg gewachsen sind. Manche der alten Opferplätze wiesen steinernes Fundament auf. Auch die sogenannten Einwurfrituale, wie sie schon die Menschen der Jungsteinzeit pflegten, gehören in die kultische Tradition der Kelten. Dort, wo die geologischen Voraussetzungen gegeben waren, wurden blutige Menschen- und Tieropfer bis in die späte Bronzezeit in Schachthöhlen versenkt. Eine weitere, harmlosere Form des Opferbrauchtums waren die 'Geschirropfer'. Dabei wurden Gefäße von Felsvorsprüngen, die als heilig galten, herabgeworfen oder durch Steinwürfe zertrümmert, denn was den Göttern geweiht war, durfte dem Menschen nicht mehr dienen.

Auch der Brandopferplatz auf dem Messelstein liegt auf einem vorspringenden Felsen über dem Lautertal. Hier wurden in einer dicken schwarzen Brandschicht Massen an Tonscherben gefunden. Unterhalb des Felsens befindet sich eine kleine Höhle. Beim Klettern ist jedoch Vorsicht geboten.

Beliebig nach Donzdorf bei Göppingen. Von Donzdorf auf der Landstraße in Richtung Schnittlingen. (Schild 'Schnittlingen 7 km - Messelberg 4 km' folgen.) Auf dem Wanderparkplatz parken, der sich rechts der Strasse befindet. Zu Fuß links über die Straße. Dem Schild 'Antikstadel' folgen, den breiten Sandweg benutzen. Ab dem 'Antikstadel' (Bauernhof) dem Schild 'zum Messelstein' folgen. Der Weg geht links am Bauernhof vorbei und steuert geradewegs auf einen Sendemasten zu. 20 m daneben befindet sich der Messelstein.

49. DIE VOGELHERDHÖHLE BEI NIEDERSTOTZINGEN (KREIS HEIDENHEIM)

Unweit der Straße zwischen Stetten und Bissingen im Lonetal befindet sich an der Kuppe des sogenannten Vogelherds eine der zahlreichen Eiszeithöhlen der Schwäbischen Alb: Die Vogelherdhöhle. Als Rastplatz diente sie einst den Eiszeitjägern, die uns nicht zuletzt aus D. F. Weinlands Roman 'Rulaman' bekannt sind. Der Heidenheimer Heimatforscher Hermann Mohn entdeckte die Höhle im Jahr 1931. Die einzigartigen Kunstwerke, die sich in ihr befanden, entdeckte Gustav Riek, ein Tübinger Geologe. Es sind elf Tierminiaturen aus Knochen und Elfenbein geschnitzt, deren Alter auf 30 000 bis 32 000 Jahre geschätzt wird. Vertreten sind vor allem Mammut neben Bison, Löwe, Wildpferd, Nashorn, Panther und Rentier. Diese Schnitzereien zeugen von den künstlerischen Fähigkeiten des frühen Menschen und korrigierten das Bild, das man sich bis dato gemacht hatte. Einige der Figuren sind mit Ösen versehen, und es liegt die Vermutung nahe, dass sie, als Schmuck getragen, der Beschwörung des Jagdglücks gedient haben könnten.

Einer von drei Eingängen der Vogelherdhöhle

Der Geologe Riek - so wird erzählt - soll zu seinen kostbaren Funden ein sehr eigenwilliges Verhältnis gehabt haben. Mit der Schusswaffe in der Hand soll er die Figuren auf ihren Transporten begleitet haben. Von seinem Wunsch, nach dem Tod mit den Figuren bestattet zu werden, brachte ihn jedoch ein Kollege mit folgenden Worten ab: »Dann haben wir dich aber schon in einer Stunde wieder ausgegraben, Gustav!« Mit ihren drei Eingängen wirkt die Vogelherdhöhle wie eine Art 'steinzeitliche Villa': Vorratsraum, Wohn-, Kult- und Schlafgemach, zu all dem noch eine Terrasse vor der Wohnung.

Von Ulm aus über die A 7 nach Norden, Ausfahrt Niederstotzingen. Über Bissingen in Richtung Stetten bis zur Lone-Überquerung. Kurz danach führt links eine Straße nach Hürben. An dieser Kreuzung wird das Auto abgestellt. Auf der Anhöhe liegt die Vogelherdhöhle . Ein schmaler Pfad führt hinauf (Hinweisschild beachten).

50. DIE HOHLENSTEIN-STADELHÖHLE BEI NIEDERSTOTZINGEN
(KREIS HEIDENHEIM)

Die Hohlenstein-Stadelhöhle

Nur zwei Kilometer vom Vogelherd entfernt liegt die Hohlenstein-Stadelhöhle, die unseren Urvorfahren schon vor 50 000 Jahren als Unterschlupf diente. Sie beherbergte den ältesten Rest eines Urmenschen der Schwäbischen Alb, den Oberschenkelknochen eines Neandertalers. Die Hinterlassenschaften von Neandertalern wie Tierknochen und geschliffene Steine lassen vermuten, dass Jagdbeute zum Teil in solchen Höhlen gelagert wurde und den überlebenswichtigen Wintervorrat darstellte. Über eine Tonne Fleisch und Fett lieferte beispielsweise ein ausgewachsenes Mammut.

Aber auch anderes Wild, wie Nashorn, Panther, Elefant und Löwe, bildeten Lebensgrundlagen der einzelnen Stämme. Der Löwe fand in der Stadelhöhle besonderen Niederschlag. Dies zeigt sich im weltberühmten Fund einer Figur, aus der gleichen Epoche stammend wie die Vogelherdfunde: eine Figur, halb Löwe, halb Mensch, möglicherweise das Abbild eines Schamanen. Auch eine Frauenstatuette mit betontem Gesäß kam zum Vorschein. In Rötel gebettete Schädelfunde unterstreichen die Nutzung der Höhle als kultische Begräbnisstätte. Die neben der Stadelhöhle gelegene, etwas kleinere, Bärenhöhle, weist ebenfalls prähistorische Spuren auf.

Von der Vogelherdhöhle führt ein Weg loneaufwärts am linken Loneufer entlang. Nach ca. 2,5 km geht es links über eine kleine Brücke zur Höhle.

51. DAS GEISSENKLÖSTERLE BEI BLAUBEUREN
(ALB-DONAU-KREIS)

Bis zum Jahr 1979 galten die Vogelherd-Funde als einzigartig in der Welt. Dann aber gesellte sich ein neues spektakuläres Artefakt aus dem 'Geißenklösterle' bei Blaubeuren hinzu. Es handelt sich dabei um ein Elfenbeinplättchen, das einen Menschen bzw. eine Mensch-Tierfigur mit erhobenen Armen zeigt. Geschätzt wird dieser Fund auf 32 000 Jahre und gilt weltweit als älteste Darstellung eines Menschen. Das besondere ist die Rückseite des Amuletts. Es zeigt eine 4 x 13-reihige Strichkombination, welche die Fachwelt als die 52 Mondphasen des Sonnenjahres deutet. Hierbei entsprechen die vier Reihen wohl den Jahreszeiten. Die kalenderartige Darstellung lässt vermuten, dass die vorgeschichtlichen Völker erstaunliche astronomische Kenntnisse besaßen - im

Felsentor beim Geißenklösterle

Mittelpunkt der Mensch selbst, das Kosmische empfangend; eine unter vielen Meinungen, mit der diese Darstellung eines Menschen mit erhobenen Armen auf der Vorderseite des Elfenbeinplättchens interpretiert werden kann.

Vor etwa 36 000 Jahren zog der Eiszeitmensch auf die Schwäbische Alb. Aus den Fundschichten der Höhlen lassen sich Szenen eines sogenannten Wohnhorizontes rekonstruieren: Stammesgruppen, wie sie das Höhlenfeuer umlagern, wie sie Hornsteine zerschlagen, Speerspitzen anfertigen oder Elfenbein schnitzen, gekleidet in zusammengenähte Häute, Felle, Schuhe und Kopfbedeckungen, wie Nähnadelfunde aus Elfenbein belegen.

Um den Höhleneingang zu erreichen, muss zunächst ein steiler Anstieg bewältigt werden. Unterhalb dieses Eingangs passiert man eine Art Torbogen, der an das Heidentor bei Egesheim erinnert und die Assoziation zu Fruchtbarkeitskulten wachruft.

Beliebig nach Blaubeuren auf der Schwäbischen Alb. Von Blaubeuren in Richtung Schelklingen. Kurz hinter Weiler links der Straße und des Achtals ca. bei km 18,5 liegt die Höhle etwa 50 m über dem Tal auf halber Höhe des steilen Hanges. Die Felsengruppe um das Geißenklösterle öffnet sich zur Talseite nach Westen.

52. Die Lauterquelle bei Gomadingen
(Kreis Reutlingen)

Glasklar - der Quelltopf der Lauter

Heilung und Reinigung waren in den Pilgerzentren der keltischen Welt eng miteinander verknüpft. Das rituelle Bad leitete die spirituelle Reinigung ein. Das Eintauchen in Wasser und Auftauchen oder Herausziehen bedeuteten die Wiedergeburt. Der Nord-Germane begoss sein neugeborenes Kind mit Wasser und gab ihm einen Namen. Wie konnte es anders sein, als dass auch die christlichen Nachfahren der Kelten entschlossen am Quellenkult festhielten; also blieb den Autoritäten des damaligen Christentums nichts anderes übrig, als dieses Kernstück mit einzubeziehen. Anstelle der alten Ortsgötter standen jetzt die christlichen Heiligen und Patrone den Quellen und Brunnen vor und übernahmen die damit verbundenen Überlieferungen, wenn auch nur bruchstückhaft.

Die Quelle war neben dem Baum der Kern der religiösen Verehrung der Kelten, sie war die Verbindung zur Anderswelt. Auch im Quell, nicht nur in der Mistel, wohnte der Sonnenfunke. Wo ist diese Anschauung besser nachzuvollziehen, als an einem Quelltopf: Das Wasser ist klarer als in jedem See, intensiver als in jedem Qzean, das Spiel der Sonnenstrahlen mit den glitzernden Wellen des nach oben strömenden Wassers. Hier zeigt sich die unbändige Kraft der reinen und unverbrauchten Energie, welche bis vor wenigen Sekunden noch tief im Erdinneren verborgen war.

So auch bei der Lauterquelle am Fuß des Sternbergs bei Offenhausen. Bei vielen Quellen befindet sich eine Kirche, so auch hier. Hinter den dicken Klostermauern von 'St. Marien Gnadenzell' tritt die Lauter zutage, bevor sie ihr Wasser nach einer Reise durch ein wildromantisches Tal bei Obermarchtal an die Donau übergibt. Die einstige Klosteranlage mag der Quelle ihr ursprüngliches Erscheinungsbild genommen haben, jedoch nicht ihre Kraft.

Von den alten Klostermauern aus dem Jahr 1258 rings um die Lauterquelle ist bis auf die aus der Frühgotik stammende Kirche nur wenig erhalten geblieben. (Stifter waren die Grafen von Lupfen.) Schon 1575 wurde das Frauenkloster aufgegeben und in ein Gestüt für die Stutfohlen aus Marbach an der Lauter verwandelt. Der Ort ist ein Paradies für Pferde und ihre Liebhaber und zählt zum weltberühmten Haupt- und Landgestüt Marbach, das aus den Gestütshöfen Marbach, Offenhausen und St. Johann besteht.

Von Reutlingen oder Ehingen über die B 465 nach Münsingen und von dort nach Gomadingen. Von hier aus nach Offenhausen zum Kloster und zum alten Gestütshof, dort parken. Im Klosterhof rechts halten, die Lauterquelle ist ausgeschildert.

53. DER HEIDENGRABEN BEI GRABENSTETTEN
(KREIS REUTLINGEN)

Mitte des 2. Jh. v. Chr. entstanden die meist auf Höhen errichteten und mit mächtigen Steinfronten befestigten spätkeltischen Großsiedlungen mit stadtartigem Charakter. Es ist nicht geklärt, ob die römische Berichterstattung unter dem Begriff Oppidum auch Anlagen einschließt, die zwar befestigt, aber keine wirklichen Städte waren, sondern nur fluchtburgartigen Charakter hatten. Insgesamt aber spricht man ab dieser Zeit für das keltische Verbreitungsgebiet von einer 'Oppida-Zivilisation'.

Schon zuvor, während der Hochblüte der Hallstattkultur mit ihren mächtigen Fürstensitzen, wie sie die Heuneburg bei Hundersingen darstellte, haben die Hochkulturen des Mittelmeerraumes ihren Einfluss auf die sogenannten 'barbarischen Mitteleuropäer ausgeübt. Eine enorme Entwicklung auf geistigem und wirtschaftlichem Gebiet fand statt, wie sie durch alle Perioden der Urgeschichte nicht erreicht wurde. Wie in der späten Hallstattzeit kommen ab 150 v. Chr. Umstrukturierungen in der keltischen Gesellschaftsordnung hinzu - die Zeit der großen Wanderungen ist zu Ende - welche siedlungstechnische Änderungen zur Folge haben. Orientiert hat man sich dabei an Vorbildern der griechischen Welt, wo weiträumige Mauerzüge schon Jahrhunderte zuvor die Städte vor feindlichem Masseneinfall schützten. Es dürfte aber auch der Handel mit dem Süden gewesen sein, der regionale Knotenpunkte notwendig machte. So waren für die Kelten mediterrane Güter wie z. B. Wein, edles Tafelgeschirr und Glas begehrenswert. Auch wurde das Münzgeld nach südlichem Vorbild eingeführt.

Der heute noch mächtige Wall des Heidengraben

Im heutigen Baden-Württemberg war das Oppidum auf dem Heidengraben, der Berghalbinsel zwischen Lauter- und Emstal bei Urach, mit 1662 Hektar die mächtigste Anlage dieser Art in Mitteleuropa. Allerdings bezieht sich die Ausdehnung nur auf die äußeren Befestigungslinien. Entstanden ist die Anlage gegen 100 v. Chr. Ihr Kern ist die sogenannte 'Elsachstadt', die durch mehrfache Vorbefestigungen zusätzlich gesichert war und in die vier Tore führten. In diesen zurückgesetzten, nur durch Torwege erreichbaren sackartigen Zugängen (Zangentore) konnten die Feinde von beiden Mauerkronen aus leicht angegriffen werden. Mit 153 Hektar liegt Elsachstadt im Inneren der Gesamtanlage - als eine Befestigung in der Befestigung. Die großen, äußeren Befestigungslinien, die das riesige Areal umfassten, riegelten die Aufgänge aus den Nachbartälern und den Zugang von der Albhochfläche her ab.

Seit Mitte des 2. Jahrtausends v. Chr. kam es wiederholt zu Übergriffen auf keltisches Gebiet: Germanische Kriegshaufen, dem heutigen Norddeutschland und Südskandinavien entstammend, sorgten für Angst und Schrecken. Cäsar berichtet vom Eindringen der Germanen ins Elsass unter Ariovist. Es muss also bei der Errichtung der Oppida massiver militärischer Druck vorhanden gewesen sein. Die keltische Großsiedlung von Manching bei Ingolstadt im heutigen Bayern erhielt ihren Befestigungsring wohl erst unter diesem Druck kriegerischer Auseinandersetzungen. In aller Eile müssen dort zum Bau der Ringanlage mehrere hundert Hektar Wald abgeholzt worden sein. Weitere Wälder waren nötig, um das Brennmaterial, in Form von Holzkohle, für die Eisenverhüttung zur Herstellung der großen Nägel zu gewinnen. Manching umschloss ein Areal von rund 380 Hektar und war damit schon überdurchschnittlich groß.

Wallanlagen wie die des Heidengraben oder von Manching zu errichten, nahm keine so große Zeitspanne in Anspruch, wie der Laie vermutet. Im Falle von Manching sind Berechnungen vorhanden. Der Prähistoriker Herbert Lorenz berechnete bei 2000 bis 4000 mitarbeitenden Menschen nur Monate; eine technische und organisatorische Meisterleistung, die, nach Lorenz, auch für andere prähistorische Großbauwerke gilt.

Von Interesse für die Archäologie waren lange Zeit nur die Wallanlagen der Oppida mit ihren aufwendigen Holzeinbauten und rampenartigen Dämmen aus Geröll und Erde, selten aber die 'Anatomie' ihrer inneren Siedlungsflächen, bis auf das gallische Bibracte in Burgund in Frankreich. Dort stieß man bei Ausgrabungen im Inneren des Oppidums auf mehrere unterschiedliche Viertel, welche die einstige soziale Gliederung seiner Bewohner belegen. Vom Handwerkerviertel aus bescheidenen Holzbauten bis zum Villenviertel aus Stein sowie ein Kultviertel mit Tempel war alles vertreten, was der Großsiedlung Autonomie verlieh. Inzwischen haben jedoch Grabungen in Manching das französische Bibracte als Prototyp eines Oppidums abgelöst. Stark vertreten waren in der Hauptbebauungszone von Manching Großstallungen, Gehöfte, Speicherbauten, zweiräumige Wohnhäuser und bis zu 40 Meter messende Langbauten. Innerhalb der Gesamtanlage waren die Gehöftkomplexe durch hölzerne Einfriedungen deutlich voneinander getrennt.

Von Manching ausgehend, kann man sich die Beschaffenheit der Elsachstadt im Opppidum Heidengraben vage vorstellen; die bisher spärlichen Funde lassen leider keine allzu großen Schlüsse zu. Bis auf die keltischen Münzen, die hier und im Umkreis mit einem hohen Anteil an 'Regenbogenschüsselchen' (Goldmünzen) gefunden wurden und auf einen regen Handel schließen lassen. Was die Befestigungen anbetrifft, so liegt die Vermutung nahe, daß der äußere und innere Ring von gleicher Planung und Mauerkonstruktion waren und, wenigstens zeitweise, nebeneinander in Funktion waren. Für die zentrale Fläche der Elsachstadt könnte man sich neben einer gehöftartigen Bebauungsstruktur allerlei Handwerkszweige denken: Holz-, Leder- und Stoff-, Bronze- und Eisenverarbeitung, Töpferei, Herstellung von Münzen und Glasschmuck. Die Außenzonen vor der Elsachstadt dürften vorwiegend agrarisch bzw. weidewirtschaftlich genutzt worden sein.

Nach Cäsars Schilderungen des Gallischen Krieges darf man annehmen, dass insbesondere weiträumige Oppida wie Heidengraben und Manching zu Kriegszeiten die entscheidenden militärischen Stützpunkte waren. Auch fand die Bevölkerung aus dem ganzen Umland im Ernstfall Schutz hinter ihren Mauern, wodurch das Potential an Menschen und Gerät noch verstärkt wurde. Kein Wunder, dass die Oppida die Hauptangriffsziele waren.

Der keltische Name des Oppidums Heidengraben ist unbekannt. In der 'Geographie' des Ptolemaios (II 11,15) wird für den Ort ein 'Riusiava' erwähnt, das sonst mit dem römischen 'Rißtissen' gleichgesetzt wird.

Über Reutlingen oder Ulm auf der B 28 nach Bad Urach. Von dort aus auf der Landstraße nach Grabenstetten, das nur wenige Kilometer nordwestlich von Bad Urach liegt. Von Grabenstetten aus nach Erkenbrechtsweiler. Durch den Ort in Richtung Böhringen. Der Heidengraben ist in der Ortsmitte bereits ausgeschildert. Er liegt nur wenige 100 m hinter dem Ortsausgangsschild von Erkenbrechtsweiler an der Landstraße nach Böhringen.

54. DIE WURMLINGER KAPELLE
(KREIS TÜBINGEN)

Droben stehet die Kapelle,
Schauet still ins Tal hinab,
Drunten singt bei Wies' und Quelle
Froh und hell der Hirtenknab.

Traurig tönt das Glöcklein nieder,
Schauerlich der Leichenchor,
Stille sind die frohen Lieder,
Und der Knabe lauscht empor.

Droben bringt man sie zu Grabe,
Die sich freuten in dem Tal.
Hirtenknabe, Hirtenknabe!
Dir auch singt man dort einmal.

Die Wurmlinger Kapelle –
Ort mit heidnischer Vergangenheit

So wie der Hirtenknabe in Ludwig Uhlands berühmten Gedicht schaut der eine oder andere auch heute noch fasziniert hinauf zum Remigius-Berg, auf dem sich die Wurmlinger Kapelle gegen den Himmel abzeichnet. Die Lage lässt einen alten Kultplatz vermuten; ebenso die archäologischen Funde auf dem Gipfel aus der Zeit um 1800 v. Chr. Im Tal belegen Reihengräberfelder eine Besiedlung im 7. Jh., zu einer Zeit, in der Franken und Alemannen die Römer bereits verdrängt hatten. Von dem 150 Meter hohen Berg schaut man weit hinaus über Weinberge und in die Flusstäler von Ammer und Neckar bis zum Schönbuch, in die Gegenden um Herrenberg, Rottenburg und Tübingen; an klaren Tagen sieht man den Hohenzollern und die Schwäbische Alb. Die ziehenden Wolken schaffen ein grandioses Licht- und Schattenspiel, wobei die Kapelle, vor allem bei Sonnenuntergang, eine 'Hauptrolle' spielt.

Abgelöst wurde vermutlich eine erste christliche Kapelle aus Holz durch einen Steinbau, zu dem im Jahr 1050 der Grundstein gelegt wurde. Die Reste dieses ersten um 1150 errichteten Baues finden sich in der als romanisch erwiesenen Krypta unter der jetzigen Kapelle wieder. Der erste Steinbau überdauerte die Jahrhunderte bis fast zum Ende des Dreißigjährigen Krieges, wo er 1644 einem Brand zum Opfer fiel. 1685 wure eine neue Kapelle eingeweiht. Die Gründungslegende ist auf einer Wandtafel im Inneren der Kapelle festgehalten: Graf Anselm von Calw verfügt, dass sein Leichnam nach seinem Tod auf einen Karren geladen und von zwei führungslosen Ochsen fort gezogen werden solle. Wo immer die Ochsen zum erstenmal anhalten, solle seine letzte Ruhestätte sein und eine Grabkapelle errichtet werden. So geschehen, am dem Platz, an dem sich heute die Wurmlinger Remigius-Kapelle befindet. Vielleicht hatten die Ochsen einen 'Riecher' für den 'Heilbronner', der seit dem 12. Jahrhundert auf der Südseite des Wurmlinger Berges angebaut wurde und dem der Graf wohl zu Lebzeiten sicher nicht ungern zugesprochen hatte. Er muss ein sinnesfreudiger Mensch gewesen sein, sonst hätte er wohl kaum veranlasst, dass der Stiftungstag der Kapelle alljährlich nebst Messe durch ein Festessen (Kultmahl) gefeiert werde. Diese Stiftungsfeier wurde noch bis zum Jahr 1816 entsprechend den Vorschriften des Grafen gefeiert und lebte neuerdings wieder mit einem feierlichen Totenoffizium auf.

Es heißt, dass die Mönche von der 'Rohrhalde' bei Kiebingen am Neckar die Glocke der Wumlinger Kapelle wegen ihrer Kraft, Gewitter zu vertreiben, gegen eine stattliche Summe erwerben wollten, bei den Wurmlingern aber kein Gehöhr fanden. Der Glaube an die Wirkung und Macht von Glocken- und Schellenklang liegt tiefer in der Geschichte, als wir zu schauen vermögen. Zunächst waren es die an Halsketten hängenden Schellen, die zur Ausrüstung der Schamanen gehörten, und später auch im Pferdegeschirr befestigte Glöckchen, die vor bösen Luftwesen schützen sollten. Glöckchen und Schelle haben sich fortgesetzt in der keltischen Tradition, wie in der Tisch- bzw. Handglocke.

Diese keltischen Glocken, auf die man heilige Eide schwor und die als 'göttliche' Gegenstände betrachtet wurden, gehen zurück auf die von den Mönchen der altägyptischen Göttin Isis verwendeten Glocken. Die ersten Christen haben sie übernommen, zwar nicht in der Form, wie wir sie heute kennen, sondern zusammengefügt aus Metallblechstücken. In Perlevaus Erzählung des 13. Jhs. liest man vom 'exotischen' Ursprung der Glocken und von König Artus, der, als er zum ersten Mal ihren 'himmlischen' Klang vernahm, entzückt gewesen sein soll. - Zuvor hatte man die Menschen mittels Hörnern zusammengerufen. Als König Artus, Ritter Lanzelot und ihr Gefolge eine Nacht in einem, von Dämonen beherrschten, verfallenen Haus verbrachten, sahen sie sich gezwungen, gegen diese zu kämpfen. In Perlevaus' Text heißt es: »Mitten im Kampf hörten sie plötzlich den Klang einer Glocke und sofort ergriffen die Dämonen der Nacht hastig die Flucht«. - Aber auch jene bösen Geister, welche die Seligkeit der Sterbenden und Toten zu verhindern versuchten, ließen sich dem alten Glauben nach mit dem Geläut der Totenglocke erfolgreich in die Flucht schlagen.

Über Rottenburg oder Tübingen nach Wurmlingen. Von hier aus ist die Kapelle sehr gut ausgeschildert. Vom Parkplatz aus sind es ca. 10 Minuten zu Fuß.

55. Die Belsener Kapelle
(Kreis Tübingen)

Belenosfigur und Stierköpfe über dem Hauptportal der Belsener Kapelle

»Was bedeuten gehörnte Tierköpfe über dem Portal, dessen Bogenfeld auch noch mit Sonnenmotiven verziert ist?« Unter Umständen einen Ort, der nicht nur der Verkündigung der neuen Lehre diente, sondern der auch auf die Tradition der Kalenderfunktion hinwies.

Im Kirchenführer wird Johann Adam Osiander zitiert, der 1687 Belsen in seiner 'Theologia moralis' als einen Ort bei Tübingen beschreibt »...im Gau Messingen, wo ein Hügelchen sichtbar wird, auf dem früher ein Tempel (lat: fanum) stand, in dem einst ein Teufel wohnte...« Haben wir uns da etwa verlesen? Nein, so steht es da, schwarz auf weiß: »...quondam diabolus fuit cultus«. Ein 'Männchen' über dem Hauptportal zwischen gehörnten Tierköpfen, mit dem Zeichen des Kreuzes darüber, gibt Anlass zu Spekulationen. Mit etwas Phantasie lassen sich in den rätselhaften Bildwerken, deren Deutung umstritten ist, der 'Kleine' und der 'Große Bel' vermuten. Auch der Ortsname 'Belsen' könnte sich davon ableiten. Ob sich hier ein Tempel des 'Bel' oder 'Baal' befunden hat, darüber lässt sich nur orakeln. Mit 'Bel', 'Belenus' oder auch 'Balder', was der 'Scheinende' oder der 'Helle' bedeutet, macht jedenfalls der alte keltische Sonnengott mit seinen Licht- und Heilerqualitäten auf sich aufmerksam, der sich über Jahrhunderte hinweg im früheren Namen des heutigen Dreifaltigkeitsberges auf der Schwäbischen Alb behauptet hat: Baldenberg.

Die Sonnenmotive wiederholen sich am Südportal und erinnern an keltische Sonnenräder. Eine Variante des Sonnenrades ist die von Strahlen oder Perlen umkränzte Kugel, Scheibe oder Radnabe, wie sie hier zu sehen ist. Kugel oder Rad vertraten das 'solarisierte Ei' = 'Schlangenei', das im keltischen Sonnenkult eine große Rolle spielte. Der Schöpfungsmythos der Kelten beginnt mit diesem kultischen 'Schlangenei'. Mit einer zweigeschlechtlichen Gottheit, aus deren eiförmiger Vagina sich eine Schlange zur weiblichen Brust windet, stellten die Kelten andernorts den noch ungeteilten Ahnen dar. Die Schlange, da sie keine Gliedmaßen hat, wurde für den ältesten Lebensträger gehalten. Sie stellt die Idee des Schöpfungsvorgangs dar, und ihr Ei galt als erste göttliche Manifestation. Im Gegensatz zum biblischen Konzept, nach dem Eva aus der Rippe des Adam erschaffen wurde, entspringt in der keltischen Mythologie das Männliche (Schlange) aus dem Weiblichen (Ei).

Die Schlange der Kelten, die keiner zoologischen Spezies angehört, lässt sich, mit Hörnern ausgestattet, bis in die Hallstattzeit verfolgen. Hörnermotive in Verbindung mit Sonnenzeichen, wie sie hier zu finden sind, stehen ganz besonders für die Erneuerung der Lebenskräfte. Im Falle der Belsener Kirche liegt die Vermutung nahe, dass die in Stein gemeißelten gehörnten Schädel ein Abbild der echten Schädel sind, die einst an den Opferstätten angebracht waren.

Der Platz selbst, der Hügel, auf dem die 850-jährige Kirche steht, eine Vorbergkuppe unter dem Steilabfall der Schwäbischen Alb, ist charakteristisch für vorchristliche Opferstätten. Auch die Unterkirche, die 1960 ausgegraben wurde, deutet auf die einstige Bedeutung des Platzes hin. Im Zuge der Christianisierung könnte sie nicht nur eine ehemals keltische Opferstätte unter freiem Himmel, sondern auch einen späteren gallo-römischen Tempel verdrängt haben. Hinweise auf eine kalender-kultische Funktion der Kirche finden wir in ihrem Innern: ein als Lichtschacht fungierendes Wandloch, durch das zu bestimmten Zeiten ein Lichtstrahl in den Raum gelenkt wurde. Auch ein aus einer Wandnische herausragender Stein mit einem Loch, der möglicherweise zum Anbinden des Opferviehs diente, fällt auf.

Von Mössingen nach Belsen. Der Kirchhügel ist von weitem sichtbar, auf ihm steht die Kapelle. Südlich der Kirche liegt eine keltische Viereckschanze.

56. Die Nikolaushöhle bei Veringenstadt (Kreis Sigmaringen)

Blick durch das Deckenloch hinab in die Nikolaushöhle

Mit der Aufgabe der Höhlen als Wohn- und Rastplatz gewannen diese an kultischer Bedeutung. Die Ausbreitung der Landwirtschaft brachte neue Lebensweisen mit sich, und es entstanden schon ab der Jungsteinzeit Siedlungen mit festen Holzhäusern. Dennoch wurden die Höhlen weiterhin aufgesucht, weniger zu profanen Zwecken, sondern als Orte für rituelle Versammlungen, verbunden mit Opferhandlungen, oder als Verstecke, wenn Gefahr im Anzug war. Ebenfalls wurden die Höhlen weiterhin als Begräbnisstätten genutzt. Zu den ältesten Höhlenfundplätzen der Schwäbischen Alb gehören die Nikolaushöhle und die Göpfelsteinhöhle bei Veringenstadt in der Nähe von Sigmaringen. In ihnen fanden sich Relikte aus der Zeit des Neandertalers vor etwa 60 000 Jahren: Ein Schneidewerkzeug aus Steinabschlägen und Feuersteingeräte aus der Göpfelsteinhöhle. Ein weiterer interessanter Fund entstammt der Nikolaushöhle, aus dem zu schließen ist, dass es sich bei ihr um eine Kulthöhle gehandelt hat. Das Artefakt aus der mittleren Steinzeit, ein Kommandostab, der vermutlich dem Jagdzauber diente (ähnlich dem Knochenstab aus der Petersfelshöhle bei Engen im Hegau) ist ein schamanisches Instrument um die Fauna zu beschwören. Eine Tierwelt, die entweder ausgestorben ist, oder die wir inzwischen mit anderen Teilen der Erde in Verbindung bringen: Mammut, Nashorn, Wildpferd, Rentier, Riesenhirsch, Steinbock, Urrind, Höhlenbär, Höhlenhyäne, Löwe, Wolf, Steppeniltis und Eisfuchs. Höhlenfunde belegen diese vorzeitliche Fauna der Schwäbischen Alb.

Beim Betreten der Nikolaushöhle, die eher hoch und breit als tief wirkt, gewinnt man spontan den Eindruck, sich in einem Kultraum zu befinden. Ein Eindruck, der durch ein Loch in der Höhlendecke, durch das Licht fällt, verstärkt wird. Der Ausblick von der Nikolaushöhle geht über das Dorf hinweg zur gegenüberliegenden Göpfelsteinhöhle.

Über Albstadt oder Sigmaringen über die B 32 nach Veringenstadt auf der Schwäbischen Alb. Die Nikolaus- sowie die Göpfelsteinhöhle sind im Ort ausgeschildert.

57. Die Kirche St. Michael in Veringendorf (Kreis Sigmaringen)

Der Gang durch Dorf und Stadt Veringen kommt einem geschichtlichen Rundgang gleich. So macht die Neandertalerplastik am Ortsrand von Veringenstadt, die zur Nikolaushöhle hinüberschaut, die lange Zeitspanne der Menschheitsentwicklung deutlich, und beim Anblick der alten Grabsteine auf dem Kirchhof der Michaelskirche in Veringendorf wird man an die Kurzlebigkeit menschlichen Tun und Treibens erinnert. Die Kirche selbst hat mit ihrer über 1000 Jahre alten Friedhofsanlage als älteste Kirche Hohenzollerns eigene Geschichte geschrieben, die 1965/66 durch Grabungen bestätigt wurden. Unter den Fundamentresten der romanischen Basilika fand man noch

Alter Grabstein an der Kirche St. Michael

viel ältere Mauerteile. Vor dem Altar wurden beim Abräumen des Fußbodens zwei gut erhaltene Skelette entdeckt, bei denen es sich vermutlich um die Stifter der Michaelskirche, die Veringer Grafen, handelt. Hinweise über dieses Adelsgeschlecht geben die beiden Zwiefaltener Chronisten Mönch Ortlieb 1135 und Abt Berthold um 1137. Enge Verbindungen zum Impulsgeber Kloster Reichenau lassen sich nicht nur durch einen Bischof namens Nothinger, Graf von Veringen, zwischen 919-934 nachvollziehen, sondern auch durch die Tatsache, dass sich die St. Peterskirche in Reichenau-Niederzell und die St. Michaelskirche Veringendorf ähnlich sind. Die ebenfalls doppeltürmige Kirche Niederzell gilt als architektonisches Vorbild für Veringendorf.

Von der romanischen Basilika sind im heutigen Bau zum Teil noch die Choranlage und die Türme über den Nebenchören erhalten. Die Friedhofsanlage hat sich über Jahrhunderte hinweg fortgesetzt und Grabdenkmäler hinterlassen, die einen seltenen Überblick ermöglichen. Neben Fresken aus verschiedenen Epochen beherbergt die Kirche eine heimatgeschichtlich interessante Darstellung: 'Hermann der Lahme', der große Reichenauer Mönch und Dichter des 'Salve Regina', ein Sohn Veringenstadts, kniet vor der Himmelskönigin Maria. Auch eine Madonna auf der Mondsichel, sowie die Heilige Katharina mit Rad und Schwert, sprechen für die Besonderheit des Ortes.

Die alte Michaelskirche steht auf vorgeschichtlich besiedeltem Boden, da die Anhöhe neben der Kirche mit den Gewannnamen 'Altes Schloss' oder 'Alte Burg' auch ein Fundort vorgeschichtlicher Keramiken ist. Es handelt sich dabei um den Ort, an dem später wohl der erste Herrensitz des Veringer Adels gestanden hat, bevor dieser seinen Wohnsitz drei Kilometer weiter auf einen kleinen Berg in einer Flussschleife der Lauchert verlegte. Um die neue Burg herum entstand Veringenstadt, dem im Jahr 1285 das Marktrecht verliehen wurde. Die ältere Siedlung ist also Veringendorf mit einer Erstnennung von 1135. Funde und andere Sehenswürdigkeiten können im Pfarrhaus der Michaelskirche, einem historisch bedeutsamen Gebäude, und im Rathaus in Veringenstadt, dem ältesten von Hohenzollern, besichtigt werden. Sehenswert ist auch die alte Burgkapelle 'Peterskirchle' aus dem 11. Jh. Für kunsthistorisch interessierte Besucher bietet sie in der Halbkuppel Malerei aus der Hand von Peter Strüb dem Jüngeren um 1500, einem gebürtigen Veringer, der als 'Meister von Meßkirch' vermutet wird. (Der Schlüssel zur Peterskapelle kann im Pfarrhaus der Nikolauskirche besorgt werden.)

Eine weitere Kapelle, die Wendelinuskapelle, eine alte bäuerliche Wallfahrtsstätte auf dem vier Kilometer von Veringendorf entfernten Hochberg, unterlag leider mit ihrem einstigen schlichten Charakter einem 'modischen' Neubau aus dem Jahr 1913 - eine Entzauberung in die Moderne, wie so manche Kirche des 20. Jhs., deren Architekt weder die Mysterien, noch die Magie der Symbole und die Wirklichkeit des Heiligen zu kennen schien.

Geblieben sind den einstigen Veringer Grafen am Ende ihrer Zeit nur noch die Sättel ihrer Rosse, die sie nach einer Kernzeit von 150 Jahren an hoher politischer Bedeutung im »stettle zu Veringen« verkauft haben. »...durch grossen unfall und ungehorsams, liederliches hausen... sein sie nach und nach umb alle ihre gueter kommen und in eine solche armuet gerathen«, dies berichtet die Zimmersche' Chronik. Graf Wölflin, der letzte des Veringer Adels, starb 1415 in Saulgau und soll in der Kirche zu Hettingen begraben sein.

Von Sigmaringen oder Albstadt über die B 32 nach Veringendorf. Die Kirche St. Michael liegt im Zentrum des Dorfes.

58. DIE HEUNEBURG BEI HUNDERSINGEN
(KREIS SIGMARINGEN)

Die mächtigen Wälle der Heuneburg in der Morgendämmerung

Einer der Keltenfürsten während der Hochblüte der etwa drei Hektar großen Heuneburg dürfte an Mächtigkeit dem Magdalenenberg-Fürsten in nichts nachgestanden haben, schließlich haben ihm seine Untertanen den höchsten Grabhügel Europas geschaffen. Ein Kenner und Kunstliebhaber, aufgeschlossen für Ideen und neue Techniken, Forscher und auch Genießer, der seinen Wein aus dem Mittelmeerraum in Amphoren bezog, der Handelsbeziehungen zu Griechen, Etruskern und bis nach Spanien pflegte und einer, der in Sachen Mode nach Italien blickte, wenn es um die neuesten Gewandschließen (Fibeln) ging: 'Der Herr der Heuneburg'.

Er war es, der im 6. Jahrhundert v. Chr. den Aufstieg der Burg zum Kultur- und Wirtschaftszentrum einleitete und sich über die anderen, weniger erfolgreichen adeligen Kelten erhob. - Es muss ein atemberaubender Anblick gewesen sein, wenn er sich seinem Volk auf dem Thron seines Prunkwagens präsentierte, gewandet in edle Stoffe und mit schwerem Goldschmuck behangen. In seinem Weitblick förderte er nicht nur den Import von Handelsgütern, sondern verhalf auch dem 'hauseigenen' und hochspezialisierten Handwerk zum goldenen Boden. Bronzegießer, Gold- und Eisenschmiede, Wagner und Stellmacher, Drechsler, Zimmerleute und Töpfer, sie und ihre Produkte halfen mit, den weitreichenden Ruf der Heuneburg-'Qualität' zu festigen. Ganz besonders Bronzegefäße scheinen ein Exportrenner gewesen zu sein. Aber auch aufs Spinnen und Weben verstand man sich auf der Heuneburg und in ihrer Außensiedlung. Raffiniert gewobene, feinste Stoffe entstanden, und sie waren schon damals ein wichtiger Wirtschaftsfaktor. Zahllose Schwung- und Webgewichte belegen die frühe Textilherstellung auf der Schwäbischen Alb. - Mehrere tausend Menschen waren gewerblich und dienstleistend tätig und bevölkerten die Burg und ihre Außensiedlung. Dies bedeutet, dass die Acker- und Viehbauern der Umgebung mit der Nahrungsversorgung stark gefordert waren.

Um die Mitte des 5. Jahrhunderts v. Chr. lokalisierte Herodot die Kelten auch am Oberlauf der Donau, und zwar dort, wo ca. 20 Kilometer stromabwärts von Sigmaringen die Heuneburg liegt. Verkehrsgeographisch gesehen hatten die Heuneburger alle Trümpfe in der Hand, denn eine Furt ermöglichte ihnen vor der eigenen Haustür die Überquerung der Donau, und darüber hinaus zeigte sich der Fluss an der gleichen Stelle für flache Kähne schiffbar. Ein weiterer Vorteil lag in einem urzeitlichen Weg entlang der Donau, ein Weg, den später die Römer zur Donausüdstraße ausbauten. Mit der Kontrolle dieses alten Handelsweges, zum einen von Marseille das Rhonetal aufwärts und über den Bodensee ins Donautal führend, zum anderen von Oberitalien über Alpen, Bodensee, Donautal weiter nach Osten und Norden reichend, lassen sich Macht und Reichtum des Fürstensitzes erklären. Auch andere berühmte Fürstensitze, wie der Hohenasperg oder der 'Mont Lassois' im oberen Seinetal, an dem eine Zinnstraße vorbeiführte, liegen ähnlich verkehrsgünstig.

Ein weiterer Vorteil war die Lage der Burg hoch über der Donau mit einem weiten Blick ins Oberland. Während der Hochblüte der Heuneburg im frühen 6. Jahrhundert v. Chr., unmittelbar nach ihrer Gründungsphase, verbarrikadierten sich die Bewohner auf der flussabgewandten Seite durch eine ungewöhnliche Befestigungsmauer vor feindlichen Übergriffen. Diese bestand, nicht wie sonst üblich aus den Grundmaterialien Holz, Stein und Erde, sondern aus luftgetrockneten Lehmziegeln, errichtet nach südländischen Konstruktionsprinzipien und einzigartig nördlich der Alpen - eine technische Meisterleistung und das Werk einer Heerschar von Ziegelmachern. Vier Meter hoch und drei Meter dick, sauber gefugt, und auf einem Steinsockel fundamentiert trug sie einen hölzernen Wehrgang und zehn Wachtürme. Die Steine der Sockelmauer, bis zu drei Zentner schwer, wurden aus sechs Kilometer Entfernung herantransportiert. Für den laufenden Meter Mauer benötigte man rund 850 Ziegelsteine. Die Entdeckung dieser Mauer im Jahr 1950 hat die Heuneburg berühmt gemacht. Archäologisch spricht man sogar von der 'Lehmziegelmauerzeit' und meint dabei das halbe Jahrhundert der Hochblüteperiode der Burg zwischen dem Bau der Mauer und ihrer Zerstörung durch eine Brandkatastrophe.

Einen herrschaftlichen Palast hat man auf dem Burgareal, das die Archäologen der ganzen Welt beschäftigt hat, bisher nicht gefunden. Stattdessen ließen sich dicht aneinandergereihte Holzhäuser in stadtartiger Anordnung nachweisen, von Gassen getrennt, die an die Bauidee mediterraner Städte erinnert. Nach wie vor gibt es hierzu jedoch mehr Fragen als Antworten, denn der Nordsporn des Areals wurde nur stellenweise untersucht. Klare Hinweise auf eine herrschende Oberschicht und ihre Neigung zu südländischem Luxus lassen sich allerdings am Fundmaterial ablesen, wie beispielsweise den zu griechischen Trinkgefäßen gehörenden Scherben. Aus solchem, mit schwarzen Figuren verziertem Geschirr trank man südlichen Wein, da Mitteleuropa zu jener Zeit noch keinen Weinanbau kannte. In der nördlich gelegenen Außensiedlung unterhalb der Heuneburg dürfte, exotischen Fundstücken nach, ebenfalls Wohlstand geherrscht haben. Es ist wahrscheinlich, dass die Bewohner dieser 'Unterstadt' am Fuß der Burg keine Unterprivilegierten waren, sondern, neben dem Gefolge des Fürsten, als Handwerker den Schlüssel zur funktionalen Bedeutung der Heuneburg lieferten. Die Spuren von gewerbsmäßig betriebenem Handwerk belegen dies: ein komplexes, arbeitsteiliges Wirtschaftsleben, das Mitteleuropa umgestaltete und den Handel förderte.

Nach einer Berechnung des Prähistorikers Konrad Spindler wurden nur dreißig Tage benötigt, um Waren aus dem Mittelmeerraum, vorwiegend per Schiff, von Massalia, dem heutigen Marseille, bis zur Heuneburg und ihren benachbarten Fürstensitzen zu befördern. Hierbei könnte die Heuneburg als Verteilerzentrum gedient haben, das neben Luxusgütern aber auch eine Fülle an täglichem Gebrauchsgut, wie tönernes und bronzenes Geschirr für die breite Bevölkerung bot. Nach dem französischen Forscher Bernard Bouloumie war es der Handel, der den Ursprung zum Reichtum der Fürsten Westmitteleuropas bildete. Herodot, der Vater der antiken Geschichtsschreibung, spricht in diesem Zusammenhang von der Stadt 'Pyrene', einer längst im Meer der Zeit versunkene Stadt, die enorme Rätsel aufgibt, vielleicht aber gar nicht in der Nähe der Heuneburg zu suchen ist, sondern bei Laubenhausen auf der Gemarkung Donaueschingen. Die Frage, wodurch dem Glanz und Ruhm der Heuneburg ein plötzliches Ende gesetzt wurden, lässt sich nicht so einfach beantworten. Nach der bereits erwähnten Brandkatastrophe, der die Lehmziegelmauer zum Opfer fiel, kam es möglicherweise zu einem Machtverlust der Heuneburg gegenüber anderen Fürstensitzen, vor allem dem Hohenasperg; dies dürfte zu wirtschaftlichen Einbußen und teilweisem Siedlungsabbruch geführt haben. Auch könnte die Burg infolge einer Belagerung in fremde Hände übergegangen sein, die alten Burgherren entmachet und neue Herrscher an ihre Stelle gesetzt worden sein. Auch die im Laufe der Zeit sich vertiefenden sozialen Klüfte zwischen Bauerntum und Adel, mit einem Fürsten an der Spitze, der in großem Luxus lebte, könnten eine Rolle gespielt haben. Alltagsfremd, nicht mehr flexibel, blind für die schwindenden Ressourcen und taub gegenüber seinen Widersachern, drückte er seinem Volk immer härtere Frondienste auf. Die Zeit war reif für den Eklat, und bald nach 500 v. Chr. gingen die Heuneburg mit ihrer berühmten Mauer einschließlich der Außensiedlung im Brand unter. Die bis dahin regierende Fürstendynastie wurde gestürzt. Ihre Nachfolger schnallten den Gürtel enger und kochten eher auf Sparflamme. Die Lehmziegelmauer wurde durch eine traditionelle Wehranlage aus Holz, Stein und Erde ersetzt. Auf der zerstörten Außensiedlung ließen sich die neuen Herrscher ihre Grabhügel bauen, kleiner und bescheidener als die aus der ersten Fürstendynastie, und nur 400 Meter von der Burg entfernt. Der Anbruch einer neuen Zeit stand bevor, die 'Laténe-Zeit', benannt nach einem Fundort in der Schweiz am Neuenburger See. Während dieser kommenden Jahrhunderte, (bis 1. Jh. n. Chr.) erblühte die keltische Kunst. Der Herr der Heuneburg - und wer immer sich mit ihm identifiziert hat - dürfte ein maßgeblicher Wegbereiter gewesen sein.

Von Sigmaringen auf der B 32 (311) nach Hundersingen und in das Dorfzentrum. Ausgangspunkte für die Heuneburg und den archäologischen Rundwanderweg sind das Heuneburgmuseum Hundersingen und der Dorfplatz. Der Heuneburg-Rundwanderweg führt über eine Strecke von insgesamt 8 Kilometern vom Heuneburgmuseum zu den wichtigsten Fundstellen des frühkeltischen Siedlungszentrums an der oberen Donau und nach etwa 2,5 bis 3 Stunden wieder an den Ausgangspunkt zurück. Eine Wanderkarte des Rundwanderweges ist von Vorteil.
Öffnungszeiten des Heuneburgmuseums: April bis Oktober, jeweils Dienstag bis Samstag von 13.00 bis 16.30 (im Juli und August auch morgens von 10.00 bis 12.00). An Sonn- und Feiertagen
von 10.00 bis 12.00 und von 13.00 bis 17.00. Weitere Informationen gibt es auch im Internet unter www.dhm.de/museen/heuneburg

59. DER HOHMICHELE BEI HUNDERSINGEN
(KREIS SIGMARINGEN)

Macht seinem Namen alle Ehre - der Hohmichele

Nur wenige Kilometer von der Heuneburg entfernt liegt der Hohmichele; mit heute noch annähernd 14 Metern Höhe ist er Europas höchster Grabhügel (-le steht für -leh = Hügel). Es dürfte um 600 v. Chr. nicht ganz einfach gewesen sein, den Hügel so aufzurichten, dass die Grabkammer unter dem Zenitpunkt zu liegen kam, denn nur zu leicht hätte die Aufschüttung über das Grab hinweg wandern können. Und doch ist es den hallstattzeitlichen Hügelbauern gelungen, die Grabkammer so zu platzieren, dass sie nur unwesentlich aus der Mittelachse des Hügels heraus verschoben lag. Beim Zusammentragen des riesigen Erdmantels wurde bei etwa sechs Meter Höhe ein Ortungskreuz errichtet, und danach visierte man in Nordsüd- und Ostwest-Richtung über den Hügel hinweg und schlug im Kreuzungspunkt vier Pfähle ein. Bei ungefähr neun Metern Höhe, nachdem die Pfosten im Hügel verschwanden, wurde der Scheitelpunkt ein zweites Mal in gleicher Weise geortet, und dasselbe wiederholte man bei 11,5 Meter. Doch was fand sich bei der ersten Ausgrabung noch vor dem zweiten Weltkrieg in diesem Zentralgrab? Fast nichts, denn Grabräuber hatten längst schon ganze Arbeit geleistet. An bescheidenen, von den Räubern übersehenen Resten lässt sich dennoch die Fülle von Kostbarkeiten ermessen, die den Heuneburger Fürsten mit ins Grab gegeben wurde. In etwas höherer Lage über dem Zentralgrab jedoch wurde man später fündig: ein aus Eichenholz gezimmertes, kistenartiges Doppelgrab, in dem eine Frau und ein Mann zusammen bestattet waren, eine Nachbestattung im Grabhügel. Die Frau lag unter dem vierräderigen Kultwagen, der Mann lag daneben. Erhaltene Reste seiner Bewaffnung sind Bogen und ein Köcher voller Pfeile. Geschirre für zwei Pferde, Bronzegefäße und ein Weidenkörbchen voller Schmuck gehörten ebenfalls zu den Grabbeigaben. Bemerkenswert am Wagen sind die Räder, die man nur lose auf die Achsen gesteckt hatte; die Achsnägel lagen am Boden. Zugedeckt war der Wagen mit einer prunkvollen Decke. Aber auch in der Kittelbluse, welche die Frau anhatte, spiegelt sich ein hoher Standard wider: Wolle, bestickt mit echter Seide. Für diese frühe Zeit war echte Seide ungewöhnlich. Erst Alexander der Große hat sie über 200 Jahre später aus Indien mitgebracht. Man kannte zwar im Altertum in Griechenland bereits Wildseide, es steht aber zweifellos fest, dass es sich bei der Stickerei um echte Seide handelt, die über den weiten Landweg aus dem Osten nach Mitteleuropa gelangt sein muss.

Offensichtlich war die Frau eine Hallstattfürstin, die in einem nahen verwandtschaftlichen Verhältnis zum Fürsten aus dem ausgeraubten Zentralgrab stand. Ob ihr der Mann freiwillig, oder auch nicht, ins Grab gefolgt war, darüber schweigt sich der Hohmichele aus, wie auch über die Riten, mit denen die Hinterbliebenen ihren Verstorbenen huldigten. Sicherlich aber hat man sich über den Tod der vornehmen Frau mit ausgedehnten Festmählern und Trinkgelagen hinweggetröstet. Die Seelen der Toten wurden darüberhinaus zu bestimmten Tagen des Jahres geehrt. Der Grieche Herodot beschreibt im 5. Jh. v. Chr. die Totenmähler der Skythen, einem frühnordischen Reitervolk, das bis in den Bereich der Hallstattkultur vordrang und seine Fürsten ebenfalls in großen Hügeln und mit reichen Beigaben bestattete. Deren Totenfeste wiederholten sich binnen 40 Tagen nach der Bestattung, denn es galt der Glaube, dass die Seele des Verstorbenen noch 40 Tage nach dem Tod auf der Erde weile, bevor sie diese Welt verlässt.

Zu den Bestattungsriten gehörten symbolische Spiele und Gesang; ebenso vorgetäuschter Kampf, begleitet von Lärm und Waffengeklirr, mit denen die bösen Dämonen verjagt wurden, welche nicht nur den Seelen der Toten, sondern auch den Lebenden gefährlich werden konnten. Auch Vermummungen und Masken dienten diesem Zweck.

Bis in unsere Tage haben sich alte Grabkulte erhalten, so zum Beispiel die Kerzen, die zu Ostern, Allerheiligen und Weihnachten auf den Gräbern entzündet werden. Sie vertreten die ursprüngliche Verbrennung der Toten, die vor der Körperbestattung üblich war. Im Feuer erfüllte sich die Reinigungsfunktion für die Seele. - Im Grabhügel, in der Grabausstattung, wurde jeder Gegenstand zum Träger eines Gedankens des Verstorbenen, nicht eigentliches Objekt, sondern intellektuell geprägtes Zeichen. -

Nach den bereits angesprochenen Keltengräbern wie Hohmichele, Magdalenenberg etc. wird sich mancher Leser fragen, ob es überhaupt noch unberührte Gräber von ähnlich hohem Stellenwert bei uns gibt? Ja, es gibt eines, nämlich den 'Krautbühl', ein Grabhügel, der erst in der letzten Zeit von sich reden machte: Der etwa 4,50 Meter hohe Krautbühl mit einem Durchmesser von 50 Metern, in direkter Nachbarschaft zur Innenstadt von Nagold, birgt nach den neuesten Untersuchungen mit Bodenradar und Magnetometer eine Grabkammer aus der Keltenzeit. Vermutet wird die Kammer in etwa vier Meter Tiefe unter dem Zenitpunkt. Das Besondere am Nagolder Grabhügel ist nicht nur seine stattliche Größe, sondern der glückliche Umstand, dass die Grabkammer 2500 Jahre lang bis auf den heutigen Tag unberührt geblieben ist - eine archäologische Sensation. Auskunft auf die Frage, wer wohl in der Kammer seine letzte Ruhe gefunden hat, ob Keltenfürst oder einfach nur lokaler Machthaber, diese verweigert der Krautbühl bis zur Stunde.

Günther Wieland vom Landesdenkmalamt Karlsruhe sieht in der Bedeutung des Krautbühlgrabes deutliche Parallelen zu den einstigen großen keltischen Fürstensitzen wie Hohenasperg und Heuneburg mit ihren Großgrabhügeln in der Nähe von befestigten Höhensiedlungen. Auch lassen sich Vergleiche mit Hochdorf anstellen, d. h., dass im Krautbühl ähnliche Grabbeigaben, wie sie der Hochdorfer Fürst mit ins Grab genommen hat, vermutet werden können. Das Rätsel wird so lange ungelöst bleiben, wie der Krautbühl von Spitzehacke, Schaufel oder gar Bagger verschont bleibt. „Erhaltung geht vor Erforschung“ meint der Denkmalschützer Wieland, „denn jede Ausgrabung- auch die sorgfältigste - bedeutet gleichzeitig die Zerstörung der Originalsubstanz.“

Ausgangspunkt für den Besuch des Hohmichele ist der archäologische Heuneburg-Rundwanderweg (siehe Wegbeschreibung Heuneburg).

60. Das Heidentor bei Egesheim
(Kreis Tuttlingen)

Die Natur war hier der Architekt - das Heidentor

Das Tor als solches regt unsere imaginativen Kräfte an. Immer hat das Durchschreiten mit 'Diesseits' und 'Jenseits' zu tun, mit Wende und auch wohl mit Wandlung, nicht nur im geistigen Sinne. Felsentore, wie sie die Natur durch Auswaschung und Verwitterung schuf, galten seit urdenklicher Zeit als heilig. Das Heidentor auf der 'Oberburg' bei Egesheim ist ein solcher Platz. Funde vom Plateaurand der Stätte belegen die herausragende Bedeutung dieses einstigen keltischen Fruchtbarkeitsplatzes. Es sind Reste von Tonschalen, in denen Milch und Honig geopfert wurden. Aber auch Gewandspangen, Schmucknadeln und Ringe, Glasperlen und keramische Miniaturgefäße zeugen von der Anwesenheit der wallfahrenden Frauen und ihren friedlichen Absichten, von denen die gefundenen Pfeilspitzen mit abgestumpften Spitzen sprechen.

Was aber könnte ein solches Tor in Verbindung mit weiblicher Fruchtbarkeit symbolisieren? Um diese Frage zu beantworten, greifen wir zurück auf Darstellungen der keltischen Muttergöttin. Zum Teil sind es groteske Figuren, die ganz eindeutig ihr Geschlecht zur Schau stellen. In Irland und England haben in der Tat über hundert solcher als obszön empfundenen Steinmetzarbeiten sogar den christlichen Puritanismus überlebt. Ein berühmtes Beispiel befindet sich auf einem Trägerstein der Kirche von Kilpeck in der Grafschaft Herefordshire. Blickfang ist die überdimensionale Vagina, welche die Göttin mit ihren Händen offen hält; bei diesem Vorgang fasst sie sich unter den Schenkeln durch, ein Bild der Verschlingung, denn sie ist ja auch gleichzeitig eine Verschlingerin; sie nimmt wieder zurück, was sie einmal geboren hat. Über all dem thronend, ist sie immer die Gebärerin mit geöffnetem Schoß, dessen Entsprechung im Tor empfunden wurde. Im Bild des in der Natur gewachsenen Tores war sie greifbar anwesend, und so ist das Tor wahrscheinlich ein Symbol für Regenerationskraft geworden. Ein Tor zu durchschreiten, bedeutet, sich neuem zu öffnen, und sich vielleicht auch in einen unerwarteten Schutzraum hinein zu begeben.

Rituelle Waschungen und Fruchtbarkeitsreigen zu Ehren der Göttin und den damit verbundenen Sonnenkräften gingen im zeitigen Frühjahr einher mit der Keimung der Wintersaat. Pflug und Geräte wurden gesegnet, und das Tanzen der Frauen an Fruchtbarkeitsplätzen sollte das Wachstum der Pflanzen beschleunigen und auch die Empfängnis begünstigen. Zeitgleich geschah das rituelle Ackern und Aussäen. In der Phase der Verchristlichung wurden diese alten Frühjahrskulte durch 'Lichtmess' am 2. Februar abgelöst und durch Kerzenlichter-Prozessionen ersetzt. Alte Kultstätten wie das Heidentor haben noch weit bis in die christliche Zeit hinein Frauen angezogen, die sich Kinder wünschten oder Krankheiten abzulegen hofften. Der rituelle Schlaf unter dem Felstor, verbunden mit dem Reiben des Schoßes an phallisch geformten Steinen (Phallus: männliches Geschlechtsorgan), kam der Rückkehr in den ewig gebärenden Schoß der Göttin gleich. Aber auch andere Bräuche und Spiele, wie das Winden von Kränzen und das Binden von Schleifen in Bäume und Sträucher, ergänzten das Ritual. In der 'Bindung' oder dem 'Gebundensein' an alte Bäume in der Nähe von Quellen sahen sich die Frauen dem kosmischen Kreis angeschlossen und somit der dreigestaltigen Göttin, die ihren sichtbaren Ausdruck in Erde, Sonne und Mond fand.

Das Heidentor mit seiner hufeisenförmigen, an die sechs Meter breiten Öffnung, durch die man einen regelrechten Hof betritt, liegt auf 925 Meter Höhe. Die auf dem Bergrücken liegende sogenannte 'Oberburg' selbst diente den Bewohnern der Umgebung seit der Bronzezeit um 1200 v. Chr. bis zu Anfang des 19. Jhs. als Fliehburg und verband somit viele Jahrhunderte miteinander. Der Zugang zur Burg war nur über sehr schmale Pfade möglich.

In Egesheim an der Kirche parken. Von hier aus die Bubsheimer Straße entlang bis zum Schild 'Heidentor 1,5 km'. Dem Asphaltweg folgen. Nach ca. 1 km biegt rechts ein Weg ab, diesen ignorieren und geradeaus weitergehen (Asphaltweg geht in Sandweg über). Nach ca. 500 m erreicht man eine größere Wegkreuzung. Hier zweigt ein Pfad nach rechts ab, der in den Wald zum Heidentor führt.

61. DER GÖTZENALTAR BEI BÖTTINGEN
(KREIS TUTTLINGEN)

Der 'Götzenaltar' bezeichnet eine ganze Kultanlage, verborgen im dichten Wald zwischen Böttingen und Königsheim. Pfarrer Eckhard Molsen, der uns auf diesen außergewöhnlichen Ort aufmerksam machte, möchten wir hiermit danken. Auf einem im Durchmesser 25 m großen, runden Steinplateau thront ein 1,6 m hoher, 3,2 m langer sowie ein 1,3 m breiter Steinblock. Dieser Steinblock ist in der Mitte durch eine Spalte geteilt, die in Nord-Süd-Richtung verläuft. Hier dürfte einst eine astronomische Beobachtungsstätte gewesen sein. Sie diente den keltischen Priestern um 600 v. Chr. zur Bestimmung der Jahreszeiten. Bedenkt man, dass die Anhöhe, auf der die Anlage steht, früher nicht bewaldet war, kann man sich ein solches 'Observatorium', mit Blick über die gesamte Hochfläche gut vorstellen.

Der 'Götzenaltar' mit seiner Nord-Süd-Spalte

Der Steinblock ruht auf einem weiteren, 1,5 m hohen, 5 m langen und 2 Meter breiten Sockel. Auf der Südseite des Sockels befinden sich links und rechts unterhalb der Spalte zwei künstlich geschaffene, halbschalenartige Vertiefungen von 1,2 m. Die Brücke zwischen beiden Schalen bildet somit eine Art dreieckigen Altar, der mit seiner längsten Spitze zur Nord-Süd-Spalte zeigt. Die beiden Halbschalen enden in einer Rinne, die sich zwischen Steinblock und Steinplateau befindet und in ost-westlicher Richtung verläuft. Auf der Spitze des Steinblocks befinden sich Ansammlungen von etlichen Vertiefungen. Die Vermutung liegt nahe, dass der Ort neben seiner astronomischen Bedeutung auch eine Opferkultstätte darstellte. Vielleicht trägt er daher den Namen 'Götzenaltar'.

Es muss sich um eine herausragende Kultstätte gehandelt haben. Wie bei einem Puzzle wurde Stein an Stein gelegt. Die Ritzen und Spalten lassen auch andere Deutungen im Hinblick auf weitere astronomische Visierlinien zu. Ein paar Meter vom Stein entfernt gibt es in westlicher und östlicher Richtung jeweils einen weiteren Steinhügel. Ob es sich hierbei um Grabhügel handelt ist nicht belegt.

Von Böttingen auf der Landstraße in Richtung Königsheim. Auf Höhe der Kapelle des hl. Zeno rechts in einen Feldweg abbiegen und beim Schild 'Allenspacher Hof' parken. Links des Schildes befindet sich der Wegweiser 'Götzenaltar'. Ein Stück auf der Landstraße in Richtung Königsheim gehen. Nach ca. 200-300 m den Weg, der rechts in den Wald hineinführt, nehmen. Nach 100 m teilt sich der Weg, hier rechts halten. Nach ca. 500 m links in den Waldweg einbiegen, ab hier den Wegweisern 'Götzenaltar' folgen.

62. DIE ALTE LINDE BEI BÖTTINGEN
(KREIS TUTTLINGEN)

Frühmorgens, wenn die Nebel über die Albhochfläche zwischen Böttingen und Königsheim ziehen, ist es dort am schönsten. Weite Wiesen, artenreiche Flora und eine interessante Umgebung geben der 400 Jahre alten Linde, deren zerklüfteter Stamm einen Umfang von über sechs Meter besitzt, ein besonderes Umfeld. An diesem Baum lässt sich die 'Symbiose' zwischen heiligen Bäumen und ihren älteren Brüdern, den Steinen, gut nachvollziehen, steht die alte Linde doch nur einen Kilometer vom 'Götzenaltar' entfernt. Ebenfalls zum Umfeld gehört die an der Straße stehende Zenokapelle.

Die Grundmauern ihrer Vorgängerkirche aus dem 18. Jahrhundert wurden erst vor wenigen Jahren freigelegt. Sie sind die letzten Zeitzeugen des von Sagen umwobenen Dörfchens Allenspach, das einst hier oben bestand. In der Schutzakte der Grafen von Zollern an das Kloster Beuron wird Allenspach 1253 erstmals urkundlich erwähnt. Verschiedene Namensformen des Dorfes waren Alsbein, Alceban, Allsban und ab dem 19. Jahrhundert Allenspach. Seit 1484 gehörte Allenspach zu Böttingen. Der Zerfall des Ortes ereignete sich während des 30-jährigen Krieges 1618 - 1648. Um 1781 wurde dann der Turm der dem heiligen Zeno geweihten Kirche abgebrochen. Die Glocken kamen nach Aggenhausen.

Der Name Allenspach spiegelt sich heute nur noch in einem alten Gehöft wider, dem Allenspacherhof. Die 'Alte Linde', die einst als Schößling den Zerfall des Ortes miterlebte, ist heute ein mächtiger Baum.

Fundament eines ehemaligen Gehöfts – im Hintergrund die alte Böttinger Linde

Von Böttingen auf der Landstraße in Richtung Königsheim. Auf Höhe der Kapelle des hl. Zeno rechts in einen Feldweg einbiegen und beim Schild 'Allenspacher Hof'parken. Von hier aus sieht man auf die 'Alte Linde'. Rechts von ihr befindet sich das Fundament des alten Bauernhofes.

63. DER MENHIR OBERHALB DER RUINE KRAFT-STEIN BEI MAHLSTETTEN

(KREIS TUTTLINGEN)

Der eine oder andere wird sich beim Betrachten einer Landkarte schon über seltsame Flur- oder Ortsnamen gewundert haben. Namen wie 'Heidentor' oder 'Heidenstein' verraten wohl ihre einstige Bedeutung

Vermutlicher Menhir oberhalb der Ruine Kraftstein

als kultisch verehrte Plätze. Im Zuge der Christianisierung wurde manches auch dämonisiert, und es entstanden Bezeichnungen wie beispielsweise 'Teufelsstein' oder 'Hexenfelsen'.

Bei Mahlstetten auf der Schwäbischen Alb stoßen wir auf die Ruine 'Kraftstein', eine unberührte Stätte mit grün umrankten Mauern - ein verwunschener alter Ort. Die Chronik der Stadt Mühlheim an der Donau bezeichnet die Erbauer der Burg als unbekannt. Nach den Buckelsteinquadern der Schildmauer zu urteilen, wurde sie um das Jahr 1200 erbaut. Zu der Burg gehörte ein Hofgut, von dem die Chronik berichtet, dass es nach dem Verkauf durch die Edelfreien von Wartenberg um 1386/87 ab nun zum 'wertvollsten' Besitz Mühlheims gehörte. Mit diesem freiadeligen Gut Kraftstein hatte Mühlheim nämlich eigenes Territorium und die damit verbundenen Rechte, wie zum Beispiel die 'Niedergerichtsbarkeit', erworben. Was aber hat all dies mit dem Namen 'Kraftstein' zu tun? Hat die Burg vielleicht ihre Bezeichnung von einem Gründer-Geschlecht, das diesen Namen getragen hat? Hat sie den Namen von dem Felsen, auf dem sie steht, oder ist 'Kraftstein' in Verbindung mit der Mächtigkeit des Besitzes zu sehen?

Wäre es jedoch nicht möglich, dass sich in diesem Namen die uralte Verehrung eines Steins mit besonderen 'Kräften', also einem 'Kraftstein' widerspiegelt? Vom Hofe des nahegelegenen Bauerhofes, der als Nachfahre des einstigen Hofgutes immer noch den alten Namen trägt, führt der Weg vorbei an einem Weidezaun durch den Wald zur tiefer liegenden, am Steilhang versteckten Ruine Kraftstein. Und genau an diesem Weidezaun treffen wir auf eine Spur, die durchaus als

Namensgeber dieses Gewanns infrage kommen könnte: ein aufrecht stehender und an einen Menhir erinnernden Stein von 1,20 Meter Höhe. Wie viele Menhire weist auch dieser Stein deutlich die Dreiecksform in seiner Spitze auf. Die Interpretation, in ihm einen kultisch verehrten Stein zu sehen - den vermutlichen 'Kraftstein' - mag zunächst wohl etwas flott anmuten, davon ausgehend, dass Menhire in der Regel an markanten Punkten stehen und nicht einfach so, wie dieser Stein, an einem eher bescheiden wirkenden Platz neben einem Feld. Ein Blick nach Schweden mit seinen mehr als dreitausend Runensteinen wiederlegt diese Theorie jedoch eindeutig.

Die Landwirte lassen dort ganze Steinkreise stehen, die wie Inseln aus den Feldern herausragen. Ein Anblick, der in unseren Breiten wohl kaum anzutreffen ist, da in der Vergangenheit jedes, auch noch so kleine Fleckchen Erde aus Versorgungsgründen landwirtschaftlich genutzt werden musste.

Und so ist mancher Menhir, der dem Bauern bei der Bodenbearbeitung im Weg war, mit der Zeit in der Erde versunken, oder auch später, in unseren Tagen, der Baggerschaufel zum Opfer gefallen. Wie mögen die Standorte dieser Steine aber vor Tausenden von Jahren ausgesehen haben, in Tagen, in denen es weder Felder unserer Größenordnung noch Straßen gab? So mancher Stein stand wohl ganz für sich in einsamer Weite, vielleicht auch 'unser' Stein. Bemerkenswert ist in diesem Zusammenhang die Tatsache, dass sich mit dem 'Götzenaltar' bei Königsheim und dem 'Heidentor' bei Egesheim, nur wenige Kilometer vom 'Kraftstein' entfernt, zwei weitere bedeutende heidnische Kultplätze auftun. Ob diese einst in Beziehung mit dem 'Kraftstein' standen, werden wir nie erfahren, doch gerade dieser Umstand macht den Reiz bei der Suche nach den alten Plätzen aus. Lassen wir es also zu, dass sich über diese fast vergessenen Orte der Schleier der Vergangenheit legt, denn nur jene sind 'geheim', um die sich immer noch ein Geheimnis spinnt.

Von Böttingen nach Mahlstetten. Im Ortskern rechts abbiegen und dem Schild 'Kraftstein' folgen. Nun den Schildern folgen, bis zum Kraftsteinhof, einem alten Bauernhof, an ihm vorbei bis zum Wanderparkplatz, kurz unterhalb des Hofes. Zu Fuß geht es nun rechts den Weg hinab in Richtung Ruine Kraftstein. Ca. 20 m bevor der Weg zur Ruine in den Wald mündet, steht der Stein am linken Wegrand.

64. DIE PAULSHÖHLE BEI BEURON
(KREIS SIGMARINGEN)

Hoch oben und versteckt über dem Donautal gelegen - die Paulshöhle

Am beeindruckendsten ist ihr Standort hoch über der Donau am Fuße des steil aufragenden Paulsfelsen; keine Straße, kein Weg, nicht einmal ein schmaler Pfad, der den steilen Hang hinauf zur Höhle führen würde. Doch gerade diesem Umstand verdankt die Paulshöhle ihr ursprüngliches Gesicht, das den Besucher nach dem steilen Aufstieg erwartet. Beim Anblick der von Gletschermühlen durchlöcherten Höhle kann er sich um 3000 Jahre zurückversetzt fühlen. Aus dieser Zeit stammt ein Skelettfund, den man bei der Ausräumung der Höhle im Jahre 1844 entdeckte und der Aufschluss darüber gibt, dass es sich hier um eine Bestattung handelte. Eine dem Toten ins Jenseits mitgegebene Lanzenspitze ermöglichte die Datierung des Grabes in das 10. Jh. v. Chr. In der Höhle fand sich auch ein ganzer Hort an Brucherz mit zahlreichen Ring-, Waffen-, Werkzeug- und Blechbruchstücken sowie Rohgüssen, Barren und Schmiedeabfällen gleichen Alters. Ob der Besitzer hier seinen wertvollen Metallbesitz vor dem Zugriff durch den Feind verborgen hat? Es könnte sich aber auch um einen Weihefund handeln, obwohl Weihehorte üblicherweise fertiggestellte

Gebrauchs- oder Kunstgegenstände und kein Bruchherz aufweisen. Wer war der Tote? Ein Einsiedler oder vielleicht ein Heiliger, den man an einem so schwer erreichbaren Ort bestattete? Auch in der nur wenige 100 Meter entfernten Petershöhle fanden sich Keramiken aus keltischer Zeit, Besiedlungsspuren fehlen jedoch. Die Vermutung liegt nahe, dass diese Höhlen nur zu bestimmten Festen und Ritualen aufgesucht wurden. Viele Fragen bleiben jedoch offen. Besonders bei Sonnenuntergang, der den Paulsfelsen rot aufleuchten lässt, fühlt man sich in alte Welten versetzt.

Am besten fährt man vor dem Besuch der Höhle erst einmal zum Gasthaus 'Sonnenhaus', das sich 1 km hinter Beuron an der Straße nach Langenbrunn befindet. Von hier aus hat man einen direkten Blick auf den Paulsfelsen. Die Höhle selbst liegt am Fuße des Felsens in der Mitte. Nach dieser Orientierung geht es nun zum Kloster Beuron, an ihm vorbei in den Dorfkern und bis zum Hubertusweg. Beim Haus 'St. Hildegard' kann geparkt werden Gegenüber dem Haus 'St. Hildegard' führt links ein Schotterweg in den Wald hinein, der von mehreren großen Bildstöcken gesäumt ist. Diesen Weg einschlagen. Nach ca. 150 m teilt sich der Weg. Den linken nehmen und dem Schild 'Wildenstein - 3 Km - Hausen im Tal - 6 Km' folgen (an das orangerote, liegende Ypsilon halten). Die parallel verlaufenden Eisenbahnschienen im Tal sind ebenfalls eine gute Orientierungshilfe. Für ca. 1,5 km auf dem Weg bleiben, bis zu einer grünen Bank. (Unterwegs kommt man am Petersfels vorbei, den man nicht mit dem Paulsfelsen verwechseln sollte, dessen Petershöhle jedoch sehr lohnenswert ist und ebenfalls unbedingt besucht werden sollte.) Ab der grünen Bank noch ca. 100 m weiter gehen. Mit dem Blick nach rechts und in die Höhe ist die Paulshöhle am Fuße des Paulsfelsen bereits zu sehen. An dieser Stelle verlassen wir den Weg und steigen den steilen Hang ca. 80 m weglos bis zur Höhle empor.

65. Die Viereckschanze bei Bad Saulgau
(Kreis Sigmaringen)

Das Verbreitungsgebiet der Viereckschanzen erstreckt sich von der französischen Atlantikküste bis nach Böhmen, und in Süddeutschland häufen sich die Schanzen besonders zwischen dem Rhein im Westen und dem Inn im Osten. In Baden-Württemberg kommen sie östlich und westlich des oberen Neckars vor, ebenso entlang der Donau. Die ältesten Wallanlagen sind vor etwa sechstausend Jahren entstanden, zu einer Zeit da die Landwirtschaft ihre erste Blüte erlebte.

Besonders auffallend sind die exponierten Lagen der Schanzen im Gelände. Häufig befinden sie sich an flachen Hängen, auf flachen Kuppen und im flachen Land. Ihre Nähe zu Quellen oder Wasserläufen ist nicht zu übersehen. Seltener finden sich auch Anlagen auf Berghöhen und in engen Tälern. Erst durch die Luftbild-Archäologie gelang es, einige Forschungslücken der keltischen Viereckschanzen zu schließen. Anlagen, die früher nur dem Zufall ihre Entdeckung verdankten, lassen sich heute aus der Luft erkennen.

Gut erhaltener Wall der keltischen Viereckschanze Bad Saulgau

Für die Form der Schanzen ist in der Regel das Quadrat oder Rechteck charakteristisch, woraus sich aber auch Trapeze, Parallelogramme und unregelmäßige Vierecke ergeben. - Dem Viereck liegt das gleichschenklige Kreuz zugrunde, als Symbol des Sonnenrades und der Fruchtbarkeit. An manchen Anlagen kann man auch heute noch einen Einschnitt im Wall erkennen. Das war die Stelle, an der sich der Zugang, bzw. das Tor befunden hat. Häufig befand sich dieses in der Mitte einer Längsseite und nach Osten ausgerichtet. Die obere Breite der Wälle betrug zwischen acht und fünfundzwanzig Metern. Auch waren die eingefriedeten Anlagen oftmals umgeben von einem Graben, den im Torbereich eine Brücke überspannte. Rekonstruktionen haben ergeben, dass die Torgassen zum Teil bis zu drei Meter breit und bis zu acht Meter tief waren. Derartige Gruben lassen starke Pfosten vermuten, die einst einen hochgezogenen Bau trugen: Das Torhaus mit einem Sattel- oder Walmdach, an das sich ein weiteres oder mehrere Innenbauten anschlossen.

Ausgrabungen bestätigen nachhaltig die Annahme, dass die Schanzenanlagen zu kultischen Zwecken genutzt wurden. Sie waren geweihter Bezirk, zu denen hauptsächlich die druidischen Priester Zutritt hatten. Ein solcher Ort bildete die Mitte zwischen zwei Welten. 'Nemeton' nannten die Kelten diese künstlich abgegrenzten Stätten. 'Nemed' oder 'Nemeton' steht für 'hochheilig' oder 'Kultstätte'. Die Wälle sollten das Volk von dem Ort zurückhalten, an dem die vorchristlichen Priester ihre Einweihung erlangten, um in den Rang eines Druiden aufzusteigen. Nur zu besonderen Festzeiten durfte das Volk das Schanzeninnere betreten. Eine wesentliche Rolle bei der Deutung dieser Anlagen spielen Schächte, in denen periodisch Blut- und Fleischopfer dargebracht wurden, wie Lagen von Holzkohle und stark eiweißhaltiges Material enthüllen. Manche solcher 'Kultschächte' besaßen eine bemerkenswerte Tiefe und waren mittels einer Leiter begehbar. Sie stellten die Verbindung zu den Elementen, zur Fruchtbarkeit der Erde und zum Totenreich dar; ganze Bäume wurden in manchen von ihnen gefunden.

Von besonderer Bedeutung sind die Funde aus einem Schacht in Fellbach-Schmieden im Rems-Murr Kreis im Gewann Langen. Es handelt sich um ein geschnitztes Holzschwert und drei bis zu 87 Zentimeter hohe Tierfiguren aus Eichenholz, zwei Ziegenböcke und einen Hirsch. Kultschächte lassen sich auch unabhängig von Viereckschanzen finden, insbesondere im Südosten Englands und in Frankreich. Die Schachtinhalte sind mehr oder weniger ähnlich. Neben Tongefäßen, Holz-, Bronze- oder Steinstatuetten gehören Geweihe, Tier- und Menschenknochen sowie Schädel dazu.

Der Glaube an ein Leben nach dem Tod in der 'Anderswelt' bestimmte wesentlich die religiösen Vorstellungen der Kelten und rechtfertigte für sie Menschenopfer. Ihre Überzeugung von der Unzerstörbarkeit der Seele ging so weit, dass sie Geld oder Schätze in der Gewissheit hergaben, diese in einem anderen Leben wieder zurückzubekommen. Unter diesem Aspekt sind auch die Opfer innerhalb der Schanzen zu sehen. Auch Römisches kam in Viereckschanzen zutage, was auf Zweckentfremdung der Heiligtümer durch die römischen Invasoren schließen lässt. Man nimmt an, dass die Anlagen von der Mitte der zweiten Hälfte des ersten Jahrhunderts v. Chr. nicht mehr von den Kelten benutzt worden sind.

Heute ist von den ehemals heiligen Anlagen nicht mehr viel übrig geblieben. Im Lauf der Jahrtausende haben sie ihr erhabenes Erscheinungsbild durch Wind und Wetter eingebüßt. Dem ungeübten Auge des Wanderers erscheinen die meisten Viereckschanzen allenfalls als eine merkwürdige Verwerfung in der Landschaft. Eine unter den Ausnahmen bildet die Viereckschanze bei Bad Saulgau in Oberschwaben aus dem 1. Jahrhundert v. Chr. Ihre Wälle sind außergewöhnlich gut erhalten, ebenso der Torbereich und die überhöhten Ecken; die Südwestecke ab der Grabensohle beträgt heute sogar noch 3,5 Meter Höhe. Anhand dieser Schanze wird das Ausmaß solcher einstigen Kultanlagen deutlich. So hat die Größe des Schanzeninneren mit 850 Quadratmetern nahezu das Ausmaß eines Fußballfeldes. Der Name Saulgau ist keltischen Ursprungs und geht zurück auf 'Sulaga = zur Sulis gehen', 'Göttin an heilenden Wassern'.

Von Bad Saulgau nach Bondorf. In Bondorf zum 'Ziegelhof'. Von dort aus geht es auf dem befestigten Weg am Ziegelhof vorbei. Nach ca. 400 m stößt man links am Weg auf ein grünes Schildchen mit der Aufschrift 'Zur Keltenschanze'. (Etwa 1,1 km ost-südöstlich von Bondorf und 0,45 km ost-nordöstlich im Wald Schelmberg.)

66. DAS FEDERSEERIED BEI BAD BUCHAU (KREIS BIBERACH)

Wer mit dem Wort Federsee einen 'federleichten' Spaziergang über das 50 Quadratkilometer große Riedgebiet bei Bad Buchau verbinden möchte, wird schnell eines Besseren belehrt; spätestens dann, wenn er bei unachtsamem Gang bis zu den Knien im Sumpf stecken bleibt. Doch genau in diesem Sumpf findet sich die Antwort auf den Namen, der seinen Ursprung bei den Kelten hat. Sie nannten den See 'pheder', was soviel wie Sumpf oder Morast bedeutet. Die Besiedlung des Federseegebietes reicht bis weit vor die Keltenzeit zurück.

Noch vor 20 000 Jahren war fast das gesamte Federseebecken mit Wasser bedeckt. Im Laufe von Jahrtausenden, unter dem Rückzug des Rheingletschers, versiegten etliche Zuflüsse und ließen den damals größten See zwischen Alb und

Bodensee bis zur Zeitenwende auf 10 Prozent seiner einstigen Fläche schwinden. Zwischenzeitlich kam es immer wieder zu gewaltigen Überschwemmungen, welche die Verlandung des Beckens hinauszögerten.

Die ersten Siedlungsspuren gehen auf die ausgehende Altsteinzeit um 14 000 v. Chr. zurück. Nach dem Entstehen der oberschwäbischen Seenplatte mit Federsee, dem damals ebenfalls mächtigen Aulendorfer-See, und vielen Rinnsalen, Toteislöchern, Bächen und kleineren Eisrandseen, waren es Jäger und Sammler, die an den bereits verlandeten Rändern des Federsees ihre Lager aufschlugen. Es waren keine ganzjährig bewohnten Siedlungen, denn das Leben der Menschen wurde damals von Wanderungen bestimmt, die sich am Zug der riesigen Rentier- und Wildpferdherden orientierten. Nach dem südwestfranzösischen Fundort 'La Madelaine' wird dieses Zeitalter auch als Magdalénien bezeichnet. Man könnte es auch die 'Zeit des Rentiers' nennen. Über 4000 Jahre lang hielten sich immer wieder Rentierjäger am Federsee auf.

Das Federseeried - konservierte Vergangenheit

Vor 11 500 Jahren setzte ein deutlicher Klimaaufschwung der Eiszeit ein Ende und gab wärmeliebenden Gehölzen eine Chance. Ganz Zentraleuropa verwandelte sich nach und nach in eine große Waldlandschaft. Am Federsee gesellten sich zu den bisherigen Birken, Kiefern und Haselbüschen nun auch Ulmen, Eichen und Linden. 2000 Jahre später ließ die weitere Erwärmung mit feuchterem Klima den Artenreichtum nochmals ansteigen. Die Landschaft um den Federsee, dessen Verlandung von Süden und Westen zügig voranschritt, wurde von Bruchwäldern aus Birken, Erlen und Kiefern geprägt, die das entstandene Niedermoor zierten. Die vegationsreichere Flora wirkte sich natürlich auch auf die Tierwelt aus. In den Wäldern lebende Wildarten wie Hirsch, Wildschwein und Urstier wurden zur neuen Beute der Jäger. Auch der See selbst wurde zum Jagdrevier. Vielerlei Wasservögel siedelten sich an und der Fischfang gewann in den nächsten Jahrtausenden zunehmend an Bedeutung. Das Leben am Federsee stand nun immer mehr im Zeichen des Einbaums. Diese schmalen, aus einem einzigen Baumstamm gefertigten Boote, mit denen die Jäger über das Wasser glitten, erscheinen uns im heutigen wesentlich seeärmeren Baden-Württemberg eher exotisch. Das nordamerikanische Pendant zum europäischen Einbaum, das Kanu, ist den meisten sicherlich vertrauter. Die Lager der altsteinzeitlichen Rentierjäger wurden weiterhin aufgesucht. Das mildere Klima und die artenreichere Flora und Fauna erlaubte nun jedoch ganzjährig bewohnte Zeltsiedlungen.

Im 6. Jahrtausend v. Chr. erreichte Zentraleuropa eine vom vorderen Orient ausgehende Entwicklung, welche den folgenschwersten Schritt der Menschheitsgeschichte bedeuten sollte. Seit Menschengedenken wurde das Leben von Jägern und Sammlern bestimmt. Man nahm das, was die Natur bot und lebte im Einklang mit ihr. Diese Lebensform fiel nun binnen weniger Jahrhunderte einer produzierenden Wirtschaftsweise zum Opfer. Aufgrund der rasanten und unerwarteten Entwicklung spricht man auch von der neolithischen Revolution. Die Natur, welcher der Mensch bisher untertan war, wurde nun zur 'Wildnis' für ihn, von welcher Ackerbau- und Weideflächen abgetrotzt wurden; aus dem Einklang wurde Widerstand. Der Mensch wurde sesshaft, das Bauerntum war geboren.

Ende des 6. Jahrtausends entstanden überall, wo gute Lößböden vorhanden waren, erste große Häuser. Nach dem Einzug der bandkeramischen Kultur im Südwesten Deutschlands mussten etliche Waldflächen Feldern und Gärten weichen. Das Federseegebiet blieb aufgrund seiner nicht besonders fruchtbaren Böden von dieser Entwicklung weitgehend verschont. Funde beweisen aber, dass sich zu dieser Zeit dennoch Menschen am Federsee aufhielten. Um 5000 v. Chr. veränderte die jungsteinzeitliche Landwirtschaft die Pflanzenwelt am Federsee. Bauern ließen sich immer mehr unweit der Feuchtböden nieder. Auch die Waldlandschaft veränderte sich. Die aus Eichen und Birken bestehenden Mischwälder wurden nicht zuletzt durch Rodungen langsam von Buchen abgelöst. Die Menschen zog es weiter auf die Niedermoorflächen, setzte der Siedlungsbau doch in diesen weitgehend baumlosen Gebieten keine aufwändigen Rodungen voraus.

Die wassergetränkten, nicht besonders standhaften, Seeufersedimente setzten einen bautraditionellen Wandel von den bisherigen bis zu 150 Quadratmeter großen Langhäusern zu immer kleineren und leichteren Gebäuden voraus. Die Anpassung des Siedlungsbaus an ihre feuchte, immer wieder von schwankenden Seespiegeln heimgesuchte Umwelt in den Moorgebieten während der nächsten Zeitepochen, sollte Jahrtausende später zum Auslöser für eine der größten Streitfragen in der Geschichte der archäologischen Siedlungsforschung werden: der 'Pfahlbaustreit'.

Bis Mitte des letzten Jahrhunderts waren die bisher entdeckten prähistorischen Siedlungen der sich noch am Anfang befindenden Archäologie von keinem großen Nutzen. Sie bestanden gewöhnlich nur noch aus Abfallgruben und Pfostenlöchern die in der Erde zurückgeblieben waren, die man damals aber noch nicht zu deuten verstand. Die äußerst niedrigen Winterwasserstände brachten 1853 am Zürichsee bei Obermeilen, und nur drei Jahre später am Bodensee, etwas völlig Neuartiges für die archäologischen Siedlungsforscher ans Tageslicht. Reste ganzer stein- und bronzezeitlicher Dörfer in Form von tausenden Holzpfählen, durchsetzt von Keramikscheiben, Stein- und Bronzegeräten kamen an den trockengelegten Seeufern zum Vorschein. Die ufernahe Lage der Dorfreste erweckte freilich den Eindruck, dass es sich um Siedlungen im offenen Wasser handeln musste. Ferdinand Keller, Vorsitzender der Antiquarischen Gesellschaft in Zürich und 1854 Begründer der 'Pfahlbautheorie' deutete die in dichtem Abstand gesetzten Pfosten als Unterbau einer weit ausladenden Plattform, auf der einst Häuser mitten im See gestanden hätten. Die Vorstellung des Schweizers vom idyllischen 'südseeinsulanerhaften' Dörfchen auf Pfählen inmitten eines blauschimmernden Sees, passte in das romantisch verklärte Denkmodell des 19. Jhs. Je fremdartiger und märchenhafter die Kulturen längst vergangener Zeiten, desto besser. In der Fachwelt gab es in den nächsten Jahren allerdings immer mehr Kontroversen über die herkömmliche 'Pfahlbautheorie'.

Zurück zum Federseemoor. Durch Robert Rudolf Schmidt und Hans Reinerth vom urgeschichtlichen Forschungsinstitut Tübingen wurden dort von 1919 bis 1930 mehrere angebliche Pfahlbaudörfer ausgegraben. Dabei zeigte sich, dass die Häuser zweifelsfrei ebenerdig und auf festem Grund gebaut worden waren. Reinerth stellte weiter fest, dass es sich bei den Bauten am Bodensee zwar um auf Pfählen stehende, vom Grund abgehobene Siedlungen handelte, jedoch hatten diese nicht im offenen Wasser gestanden, sondern im nur zeitweise überschwemmten Uferbereich. Von dieser Theorie wollte er sich auch bei den Bauten am Federsee nicht trennen. Er ging davon aus, dass es dort durchaus Pfahlbauten gegeben haben musste. Diese im Gegensatz zur Version von Keller einzelstehenden und sich nicht auf einer gemeinsamen Plattform befindlichen Bauten hätten allerdings auf trockenem Boden gestanden, wenn nicht gerade Hochwasser herrschte: Moorpfahlbauten eben. Der Pfahlbaustreit unter den Archäologen dauerte fast vier Jahrzehnte lang. Wo hätten die Siedlungen denn nun gestanden? Im Wasser? Im nur zeitweise überschwemmten Uferbereich? Waren sie wie die aus dem späten 5. Jahrtausend v. Chr. stammende Siedlung Aichbühl am Federsee vielleicht allesamt ebenerdig angelegt? Seit 1942 sprach sich der Archäologe Oscar Paret grundsätzlich gegen den Pfahlbaugedanken aus. Er hatte sich neben Reinerth bei zahlreichen Grabungen im Federseemoor einen Namen gemacht und avancierte schnell zum ausgezeichneten Kenner in Sachen Pfahlbau. Er legte zahlreiche plausible Argumente gegen eine abgehobene Bauweise im Wasser dar, die sich unter den mitteleuropäisch klimatischen Bedingungen als funktionell unsinnig und technisch problematisch gestaltet hätte und außerdem nirgends archäologisch belegt war.

Steinzeitliches Dorf beim Federseemuseum

Seit den 70er Jahren ist der Pfahlbaustreit unter den Archäologen ausgestanden. Aufgrund moderner Ausgrabungs- und Forschungsmethoden kam man zu dem Schluss, dass es keine generelle, für alle Siedlungen zutreffende Lösung gibt. Der damalige Mensch baute, wie es Hochwassergefahr und Bodenfeuchte voraussetzten. So gehen die Archäologen heute davon aus, dass die Häuser an kleineren Seen und in Moorgebieten weitgehend ebenerdig angelegt wurden, im Gegensatz zum Bodensee und den großen Schweizer Seen, da hier die alljährlich bis zu mehreren Metern betragenden Schwankungen des Wasserspiegels vom Boden abgehobene Bauten erforderte. Der Begriff 'Pfahlbau' wird nicht mehr verwendet, man spricht heute von Seeufer- und Moorsiedlungen. Doch werden die Fragen nach dem 'Wie' und 'Warum' des vorgeschichtlichen Siedlungsbaus, welcher sich in den verschiedenen Zeitaltern weiterentwickelt hat, wohl nie ganz verstummen. So veränderte sich in der Bronzezeit mit dem Einzug des Metalls die vorgeschichtliche Welt entscheidend. Raub- und Kriegszüge erreichten neue Dimensionen, wichtige Siedlungen wurden dementsprechend stark zum Schutz vor Feinden befestigt. Am Federsee zeugt hiervon, die im 18. Jh. v. Chr entstandene und nach ihrem Entdecker benannte Siedlung Forschner. Sie wurde durch ein mehrfach gegliedertes Befestigungssystem aus Palisaden und einer drei Meter breiten, vermutlich mit Torfplaggen gefüllten Holzkastenmauer geschützt. Ihre Lage am Südufer des Federsees mit den gut kontrollierbaren Zugängen, die durchs Moor führten, machten die Siedlung Forschner wahrhaftig zu einer nahezu uneinehmbaren 'Burg'. Allein der steigende Seespiegel konnte ihr etwas anhaben. Er war auch der Grund, dass sie nach knapp 50 Jahren wieder aufgegeben wurde. Im 16. Jh. v. Chr. wurde sie erneut besiedelt, die Befestigungssysteme nochmals verstärkt. Als Mitte des 15. Jh. v. Chr. der See wiederum anstieg wurde sie endgültig verlassen.

Für die größten Kontroversen neben dem 'Pfahlbaustreit' sorgte eine andere, von der Siedlung Forschner nur 400 Meter nordwestlich gelegene Siedlung: die in den 20er und 30er Jahren ausgegrabene sogenannte 'Wasserburg' bei Bad Buchau. Doch trägt diese in der späten Bronzezeit entstandene, durch einen aus 15 000 Kiefernstämmen bestehenden, dreifachen Palisadenzaun geschützte Anlage, die für die Archäologen so ungemein fundreich war, ihren Namen zu Recht? Stand sie wirklich, wie ihr Ausgräber Hans Reinerth behauptete, auf einer Insel im Federsee? Er begründete seine Theorie auf dem erhöhten, nach allen Seiten abrupt abbrechenden Torfhorst, auf der sich die zwischen 1100 und 840 v. Chr errichteten Dörfer bei der Ausgrabung befanden. Scharfer Gegner dieser Theorie war erneut

Oscar Paret, laut dem der erhöhte Torfhorst erst durch einen ansteigenden Wasserpegel des Federsees entstand. Heute tendiert die Wissenschaft eher zu Parets Theorie und geht davon aus, dass es sich hier um eine Moorufer- und keine im Wasser gelegene Inselsiedlung handelte. Zum Ende der sogenannten 'kleinen Löbben-Eiszeit' im 9. Jh. v. Chr. brachte die Gletscherschmelze den Pegel des Federsees zum Ansteigen. Wie die meisten Ufersiedlungen wurde wohl auch die Wasserburg in diesem Zeitraum verlassen und bald danach überschwemmt.

Als man die allerletzten Siedlungen gegen Ende der Hallstattzeit aufgab, wurde das Federseemoor zum naturheiligen Ort, den die Menschen weitgehend mieden. Schon in der Bronzezeit brachte man auf den Oberflächen von Mooren Weihegaben an die Götter. Zum einen handelte es sich um Dankopfer nach siegreichem Kampf - die Götter sollten ihren Anteil an der Kriegsbeute erhalten - zum anderen wurden Figuren, Nadeln, Schmuck und Gefäße versenkt und lassen auf Frauengaben an weibliche Gottheiten schließen. Mit dem Weihefund von Kappel gab das Federseeried einige der bedeutendsten Opfergaben aus keltischer Zeit preis. Zwischen 1921 und 1931 konnten 127 Objekte gesichert werden. Interessant ist auch, dass die Weihegaben großenteils unbrauchbar gemacht wurden. Durch Zersägen, Zerschlagen und Zerreißen sollten sie keinen Nutzen mehr für die Nachwelt bringen und allein den Göttern gelten. Beim Hortfund von Kappel fand man unter anderem verschiedene Hämmer, Sense, Sichel, Messer, Ketten, einen Feuerbock mit stilisierten Stierköpfen und einen Feuerbock mit Raubvögelköpfen auf einem Dreifußständer. Auch Wagenteile wie Radreifen und Bronzegeschirr kamen zum Vorschein. Reste von acht Kinderschädeln ohne Unterkiefer zeigen, dass auch Menschen, meist Frauen und Kinder, rituell in Mooren versenkt wurden.

In einem alten Kinder-Abzählvers steckt noch das uralte Opferritual: „Mariechen saß auf einem Stein. Mariechen, warum weinest du? Ja, weil ich heute sterben muss. Da kam der Bruder Karl daher und stieß Mariechen in das Herz." Kaum zu glauben, dass sich dieses grausame Ritual bis in die heutigen Tage in einem harmlosen Kinderspiel erhalten hat. Um die Götter gnädig zu stimmen, die nicht zur rechten Zeit Regen schickten, wurden kleine Kinder geopfert. Leben für Leben. Die Eltern und die Sippe haben dies fraglos getan. Auch die biblische Geschichte erinnert an einen solchen Kult. So war auch Abraham bereit, seinen Sohn zu opfern. Etwas, das uns heute ebenso das Blut in der Adern gerinnen lässt, sind die Gesichtsmasken als Opfergaben, die in den norddeutschen Mooren zutage kamen; sie waren nicht etwa aus Holz geschnitzt, oder aus Lehm gebrannt, nein, sie bestanden aus der Oberschenkelhaut stark behaarter Männer, welche man ihnen bei lebendigem Leib abgezogen hatte. - Mit dem Weihefund von Kappel nimmt die 14 000 Jahre dauernde vorchristliche Menschheitsgeschichte am Federsee ihr Ende. Und wer weiß, was das Moor in Zukunft noch preisgeben wird.

An dieser Stelle seien besonders die Mitarbeiter des Federseemuseums gelobt, die mit zahlreichen Projekten bei Jung und Alt für mehr Natur- sowie Kulturverständnis sorgen und das Leben aus längst vergangenen Zeiten auf einfallsreiche Weise nahe bringen.

Beliebig nach Bad Buchau bei Biberach. Das Federseemuseum ist im Ortszentrum ausgeschildert. Am Museum parken. Von hier aus führt ein aus Holzbohlen bestehender Weg durch das Moor direkt zum Federsee. Das Federseemuseum ist vom 1. April bis zum 1. November täglich von 10 - 18 Uhr geöffnet, vom 2. November bis zum 31. März jeweils sonntags von 10 - 16 Uhr. Weitere Infos zu den aktuellen Programmen gibt es unter www.federseemuseum.de im Internet.

67. DIE SCHUSSENQUELLE BEI BAD SCHUSSENRIED (KREIS BIBERACH)

Nur wenige Kilometer südlich des Federsees entspringt die aus seinem Grundwasser gespeiste Schussen. Auch ihr Name ist keltischen Ursprungs. Das aus Schussen abgeleitete keltische Wort 'sor' oder 'sur' bedeutet nichts anderes als 'Sumpfwasser' oder 'dem Moorgrund entquellender Fluß'. Es war in den Jahren 1865/66, als der Müller von Schussenried nach dem Wasser der Schussenquelle graben ließ, nachdem sie nahezu versiegt war. Solange er denken konnte, hatte die noch junge Schussen seine Mühle angetrieben. Doch jetzt, als Folge von Fällungen und tiefen Entwässerungsgräben zum Torfabbau am nur wenig entfernten Federsee, nahm das nach Süden fließende Grundwasser seinen Lauf in die Gegenrichtung, und die Quelle entließ nur noch ein Rinnsal. Vier Meter tief wurde gegraben und man sollte am Ende eine der größten archäologischen Überraschungen erleben, nämlich Funde aus der Eiszeit vor ca. 14 – 15 000 Jahren. Somit war der Beweis erbracht, dass im Federseebecken bereits in der Eiszeit Menschen lebten, zu Zeiten, als das Gletschereis noch den Bodensee bedeckte.

Die Schussenquelle sollte der Auftakt zu zahlreichen Grabungen rund um den Federsee sein. Diese belegten die Anwesenheit der Rentierjägersippen an der Quelle im Herbst. Die Gegebenheiten für einen Lagerplatz waren ideal: nah am Wasser, windgeschützt und von außen schwer einsehbar. Außerdem konnte man vom höher gelegenen Moränenkamm weite Teile des Federseebeckens überblicken.

Die Schussenquelle - Lagerplatz eiszeitlicher Rentierjäger

Das Rentier lieferte neben der notwendigen Kost, auch die Rohstoffe für Kleidung, Zelt und Werkzeug. Die eiszeitlichen Jäger entwickelten ein ungemeines Geschick in der Verarbeitung der Tiergeweihe zu Spänen. Sie waren die Rohlinge für Geschoss-Spitzen, Nadeln und Schmuck. Mittels sogenannter 'Lochstäbe' ließen sich die erhitzten Späne geradebiegen. Die technische Leistung der Eiszeitjäger dokumentiert sich besonders in der Speerschleuder, die man als erste 'Fernwaffe' bezeichnen kann; sie wirkte als ein verlängerter Hebel des Arms. Die Abschussgeschwindigkeit des Speers war enorm, ebenso seine Durchschlagskraft und seine Reichweite - bis zu 200 Meter.

In diesem Zusammenhang taucht die Frage nach der Art der Werkzeuge zur Gewinnung der Späne auf. Die Funde von der Schussenquelle dokumentieren dies. Es sind Steingeräte, die erst in einer Schäftung aus Knochen oder Holz ihre Funktion erhielten. Schärfste Klingen, Bohrer und Stichel wurden mit einem

Schlagstein von einem anderen Stein abgeschlagen, einem Kernstein, und weiter zugerichtet. Gutes Rohmaterial unter dem Oberbegriff 'Feuerstein' wurde sogar über Hunderte von Kilometern hinweg gehandelt und getauscht.

Eine weitere Spur aus der Zeit der letzten großen Vereisung ist der 50 Meter nördlich der Schussenquelle liegende mächtige 'Schussenfindling', der vermutlich von der Gletscheroberfläche herabgestürzt ist. Er belegt die enorme Ausdehnung des einstigen Bodenseegletschers bis in diesen Bereich. - Die Schussen selbst fließt nach 54 Kilometer in den Bodensee.

Über Biberach oder Ravensburg auf der B 30 nach Bad Waldsee und von dort auf der Landstraße nach Bad Schussenried. Nun geht es durch den Ort in Richtung Bad Buchau. Ca. 2 km nach Bad Schussenried rechts in Richtung Biberach, Ingoldingen, Steinhausen abbiegen. Nach ca. 0,5 km geht es nun rechts auf einen Feldweg. Die Schussenquelle ist hier mit einem Hinweis an einem Baum ausgeschildert. Nach 300 m auf dem Feldweg erreicht man eine Bank, wo das Auto abgestellt werden kann. Von hier aus führt links ein Weg in den Wald hinab, der nach wenigen Metern direkt zur Quelle führt. - Der Besuch der Quelle lässt sich gut verbinden mit dem vom Federsee und seinem Museum.
Von Bad Buchau kommend fährt man auf der Landstraße in Richtung Bad Schussenried. 2 km vor dem Ort diesmal links statt rechts abbiegen, in Richtung Biberach, Ingoldingen, Steinhausen, da man ja aus der entgegengesetzten Richtung kommt.

68. DIE ZEILENKAPELLE BEI EMMINGEN AB EGG
(KREIS TUTTLINGEN)

Ihren Namen hat die Kapelle vom Zeilertal, das etwa drei Kilometer südlich von Emmingen seinen Anfang nimmt. Der Name 'Zeilen' weist auf Gebüsch oder Hecke hin. Urkundlich erwähnt wird der Weiler 'Zila' erstmals im Jahr 965. Übrig von ihm ist heute nur noch die Kapelle und der benachbarte Zeilenhof. Mehrmals wechselte 'Zila', später 'Zihlen', seinen Besitzer. Im 10. Jahrhundert gehörte der Weiler dem Chorherrenstift Öhningen, bis ihn 1166 die Grafen Zollern unter ihre Fittiche nahmen. Ab dem 14. Jh. wechselte immer wieder seine adlige Herrschaft, bevor er endgültig der Gemeinde Emmingen einverleibt bzw. 'verkauft' wurde. Im Falle 'Zihlen' ist im Jahr 1816 von vier Häusern mit siebzehn 'Seelen' die Rede. Im Laufe der Jahrhunderte dürften die 'Seelen' einiges zum Reichtum und zur Macht ihrer adligen Besitzer beigetragen haben; ob solches freiwillig oder unfreiwillig geschah, muss unbeantwortet bleiben.

Die Kapelle wird im Jahr 1360 urkundlich erwähnt. Die Frage, ob sie im 15. Jahrhundert neu errichtet oder nur umgebaut wurde und ob eines von beiden, Chor oder Langhaus, den älteren Teil darstellt, lässt sich nicht beantworten. Auf den Besucher wirkt das Innere des Kirchleins sehr alt. Sie ist ein Bild des Friedens, mit einer alten Linde vor der Portalseite und einer Quelle in der Nähe, eingebettet in den Faltenwurf der lieblichen Landschaft Emmingens. Dass es in dieser Gegend einst 'rau' zugegangen ist, davon zeugen die Pestkreuze an den vier Ortseingängen Emmingens, die als Abwehrsegen und Pestwarnung gedient haben.

Die Trennung von Kirchenraum und Chor setzte erst mit der Romanisierung ein, und die kleinen Rundbogenfenster, die zu Beginn dieser Zeit entstanden, sind im Prinzip die Fortsetzung der Lichtöffnungen, die nicht den Raum erhellen, sondern das Licht sichtbar und erlebbar machen sollten; als symbolhafte Überwindung des Finsteren durch die göttliche Macht des Lichts.

Erhalten haben sich in der Zeilenkapelle im spätgotischen Kreuzgewölbe aber je zwei gemalte Sonnengesichter und zwei Mondgesichter. Der Kirchenführer meint hierzu, dass der Maler damit gleichzeitig einen Hinweis auf Christus als Herrn des Himmels und der Erde gegeben habe. Ob der Maler etwa um das Jahr 1450 herum aber dabei nicht auch die uralte Sonnen- bzw. Mondmutter im Hinterkopf hatte? Die Frage nach dem Verbleib der dritten der drei 'Damen', der Erdmutter, ist berechtigt.

Der Volkskundler Josef Sauer entdeckte nicht nur in die Wand des Langhauses eingekritzelte Jahreszahlen von Kirchenbesuchern aus dem Jahr 1465 und 1466, sondern datierte die Entstehung der Bilder nach der damaligen Schuhmode - spitze, lange Schuhe - auf die Zeit um 1450. Leider sind diese Wandmalereien aufgrund der, wie schon erwähnt, im 18. Jahrhundert eingebrochenen Fenster und dem Einbau der Empore nur fragmentarisch erhalten geblieben.

Bemerkenswert sind die Reste von zwei Engeln mit grünen Flügeln an der Westwand in der Ecke des Emporenaufgangs. In den grünen Flügeln könnte ein Bezug zur einstigen 'Kulttradition um die alte Göttin' gesehen werden, die in Stein, Baum und Quelle verehrt wurde. Angesichts der Pestkreuze und in Erinnerung an ständige Machtwechsel mit ihren oft blutigen Folgen dürfte es nicht verwundern, wenn Menschen an Orten wie der Zeilenkapelle sich an die alten Göttinnen mit ihren lebensspendenden Kräften gewandt hatten und diese auch verkalt im Bild festzuhalten versuchten. In diesem Zusammenhang lassen sich auch die irischen Steinkreuze begreifen, die nie die Last der Schwere durch einen am Kruzifix hängenden Leichnam darstellen, sondern den Auferstandenen, der mit einer strahlend ausgebreiteten Gebärde zu schweben scheint und den Tod überwindet „...ich bin bei euch alle Tage bis an der Welt Ende". (Matthäus, Kapitel 28, Vers 20)

Spuren einer uralten Muttergöttinnen-Verehrung in der Zeilenkapelle

Ein Pendant zur Zeilenkapelle stellt die Kapelle 'Degenau' mit ihren um 1160 gemalten Werken, am alten Pilgerweg von Konstanz nach St. Gallen/Schweiz dar. Auch hier wurden unter der Tünche des 16. Jahrhunderts Wandbilder entdeckt, die aus der Zeit der Romanik stammen. Hier sind die alten romanischen Fensterchen mit ihrer Leibung zum Teil noch erhalten.

Über Tuttlingen nach Emmingen - Liptingen. Von dort auf der Landstraße 491 in Richtung Engen. Ca. 2-3 km nach Emmingen - Liptingen links in Richtung Eigeltingen abbiegen. Ein paar hundert Meter weiter wird erneut links auf einen Feldweg abgebogen, wo ein Schild den restlichen Weg zur Zeilenkapelle weist. Die Zeilenkapelle ist in jeder Straßenkarte eingezeichnet.

69. DER MENHIR AUF DER NELLENBURG BEI STOCKACH
(KREIS KONSTANZ)

Der 'Menhir' bei der Nellenburg

O Nur wenige Meter von der Nellenburg entfernt existiert ein Stein, dessen Geschichte völlig im Dunkeln liegt. Relativ sicher ist, dass er aufgestellt wurde. Die Frage ist nur, von wem? War es die Natur, oder war es vielleicht doch der Mensch, der den eineinhalb Meter hohen, dreieckigen Stein mit seiner Spitze zum Himmel richtete? Letzteres ist wohl eher wahrscheinlich. - Häufig wurden Menhire auf Bergrücken aufgestellt, von denen aus ein weiter Blick möglich war. So auch hier, denn wir befinden uns auf dem Scheitel des Nellenberges. 'Nelle' bedeutet vermutlich 'Scheitel' oder 'Spitze' und gab der Burg ihren Namen. Nachweisbar ist sie erstmals für das Jahr 958, möglicherweise aber hat sie schon im 8. Jh. als Festung bestanden. Denkbar also, dass dem Berg auch schon vor dieser Zeit eine besondere Bedeutung zukam, die sich bis heute in diesem 'Menhir' erhalten hat.

Beliebig nach Stockach. Von dort aus zum Höhengasthaus 'Nellenhof'. Vom Parkplatz des Nellenhofes zunächst 50 m in südöstliche Richtung gehen, wo sich ein Holzkreuz zwischen zwei Laubbäumen befindet. An diesem Kreuz links vorbei. Nach ca. 30 m sieht man linker Hand auf der Wiese den Stein neben einem Walnussbaum stehen.

70. DIE PETERSFELSHÖHLE BEI BITTELBRUNN (KREIS KONSTANZ)

Wann der Mensch zur Kunst fand, darüber rätseln die Forscher. Nach dem neuesten Fund in einer südafrikanischen Höhle, einem vor 77 000 Jahren mit Kreuzschraffuren verzierten Stein, hat der Mensch schon viel früher Sinn für Kunst entwickelt, als bisher angenommen. Fossilienfunde und genetische Spuren wollen beweisen, daß die ersten 'anatomisch modernen' Menschen schon vor 100 000 Jahren in Afrika lebten. In diesem Zusammenhang stellt sich die Wissenschaft die Frage, warum es mehr als 60 000 Jahre dauerte, bis der Mensch in Europa ein 'modernes' Verhalten an den Tag legte. Bislang galten die bis zu 37 000 Jahre alten europäischen Höhlenmalereien als frühester Beweis für das künstlerische Ausdrucksvermögen des Menschen. In unserem Raum widerspiegelt sich die Mentalität der eiszeitlichen Jäger in Geräten aus Stein, Knochen oder Horn, die verziert wurden, aber auch in sorgfältig geschnitzten Elfenbeinfigürchen, wie sie auf der Schwäbischen Alb gefunden wurden.

Schon vor 15 000 Jahren bewohnt - die Petersfelshöhle

Zu den jägerischen Gruppen Südwestdeutschlands aus der Kulturstufe zwischen 15 000 und 10 000 Jahren v. Chr., dem sogenannten Magdalénien, gehörten auch die Bewohner der Petersfelshöhle, einem der bedeutendsten Plätze der europäischen Vorgeschichte. Sie hinterließen erstaunliche Schnitzereien und Gravierungen auf Horn und Knochen, berühmt darunter ein Lochstab mit gravierten Rentieren und ein Knochenstab, auf dem sich die Köpfe von Wildpferden ornamental aneinanderreihen. Die Funde haben weltweit Wissenschaftsgeschichte gemacht. Auch Fruchtbarkeitssymbole in Form von stilisierten Frauenfigürchen (Venus-Statuetten) aus fossiler Holzkohle (Gagat) gehören dazu; in ihrer Abstraktion wirken sie fast modern. Und betrachtet man die zierlichen Nähnadeln aus Vogelknochen, versehen mit feinsten Öhren, so kann man sich vorstellen, wie geschickt Frauenhände schon damals waren.

Seiner Hauptnahrung entsprechend, hat der Eiszeitmensch - wie auch im Falle Petersfels - sich künstlerisch vorwiegend mit der Jagd beschäftigt. Mammut, Nashorn, Bär, Bison, Wildpferd und Rentier stehen an erster Stelle. Zeichnungen von Fischen gehören zu den größten Seltenheiten. Auf einem weiteren Fundstück vom Petersfels sind sie jedoch vertreten. Die großen Jägerkulturen der letzten Eiszeit haben nach dem neuesten Stand der Wissenschaft kaum mehr etwas mit dem bisher gängigen Bild vom unterentwickelten 'Höhlenmenschen' zu tun, sondern weisen eher gemeinsame Züge mit den neuzeitlichen Jägerkulturen des Nordens auf, wie sie die sibirischen Tundrajäger, die arktischen Eskimo und subarktischen Indianer des amerikanischen Kontinents darstellen. In Kleidung, Bewaffnung und an einem festen jahreszeitlichen Rhythmus orientiert, führten sie ein von Riten und künstlerischer Tätigkeit durchdrungenes Leben.

Ungefähr 150 bis 200 Meter weiter im Brudertal, gegenüber dem Petersfels, befindet sich übrigens die Gnirshöhle. Diese Höhle, mit mehreren Kammern, die tief nach unten ins Gestein reichen, verschließt sich dem Besucher leider wegen angerichteter Zerstörungen hinter einem eisernen Tor. Führungen für qualifizierte Besucher sind nur in Absprache mit der Stadtverwaltung Engen möglich.

Über die A 81 nach Engen. Von dort weiter nach Bittelbrunn und bis zur Kirche. Dort parken. Kurz nach dem Gasthaus 'Rigling' geht es zu Fuß rechts ab in die Petersfelsstraße, die in das Brudertal hinabführt. Nach Erreichen des Tales zweigt rechts ein mit einem Sperrschild markierter Forstweg ab. Dieser Weg führt nach wenigen 100 m entlang des Tals direkt am Petersfels vorbei. Im Hegaumuseum in Singen (Schloßstraße 1) sind Funde aus dem Bereich Petersfels ausgestellt, darunter die berühmten Ritzzeichnungen, die ein Rentierpaar darstellen.

71. DIE HEILIGEN BERGE DES HEGAU: VOM MÄGDEBERG BIS ZUM HOHENHEWEN
(KREIS KONSTANZ)

Blick vom Mägdeberg zum Hohenkrähen:
Im Vordergrund die beiden keltischen Opferhügel

Zu den Hegaubergen hat der Mensch seit Urzeiten in Ehrfurcht aufgeschaut, ragen sie doch unerwartet schroff und spitz in den Himmel, wie es in den umliegenden Gebirgen des Südwestens, nämlich Schwarzwald und Schwäbische Alb, eher selten vorkommt. Die vor 10 bis 14 Millionen Jahren entstandenen Vulkankegel üben auch auf uns Heutige Faszination aus, besonders bei föhnigem Wetter, wenn sich die Alpengipfel wie eine Theaterkulisse am Horizont aufbauen und sich darüber Wolkengebirge türmen und farbige Schatten werfen. Eine vielgestaltige Natur mit melodisch schwingenden Landschaftslinien, immer wieder unterbrochen von markant geformten Vulkanbergen: Hohenkrähen, Mägdeberg, Hohentwiel, Hohenhewen, Hohenstoffeln. Im mächtigsten der Hegauberge, dem Hohenhewen, sah der frühere Mensch einen verklärten Göttersitz, denn kegelförmige Berge verehrte er überall als heilige Berge; sie stellten für ihn das männliche Zeichen für Fruchtbarkeit und schöpferische Kraft dar, und so wundert es nicht, daß die Kelten Schutz- und Ringwallanlagen auf ihm schufen, ob zu rein profanen, oder auch kultischen Zwecken, hat der Berg bis jetzt für sich behalten.

Schon Ende der letzten Eiszeit trat der Mensch im Umkreis des Hegaus auf, zu einer Zeit, als die Ausläufer des Bodenseegletschers noch an den Flanken der Vulkane scheuerten. Das Keßlerloch bei Thayingen und die Petersfelshöhle waren Standorte der eiszeitlichen Jägersippen; im engeren Hegau tauchen diese Halbnomaden in der mittleren Steinzeit auf. Eine Zeitenwende beginnt erst mit der jüngeren Steinzeit, als der Mensch sesshaft wird und bauliche Gemeinschaftsleistungen vollbringt; er hat die Natur gebändigt, die ihn bisher als ruheloser Wanderer umherziehen ließ; er baut sein eigenes Brot an. Um Siedlungen und Felder anzulegen, werden Breschen in den Urwald geschlagen, der damals ganz Mitteleuropa bedeckte. Rasch wächst die Bevölkerungszahl an, die sich zum Teil aus den bodenständigen Urbewohnern des Hegaus, aber auch aus Neuankömmlingen zusammensetzt. In Singen kreuzten sich die alten Wege. Im Jahr 787 wird der Hegau als 'pagus Egauensis' in alten Urkunden genannt; im Jahr 846 begegnet er uns als 'Hegouve'

Spuren ihrer metaphysischen Weltanschauung haben unsere Urahnen auch im Hegau nur teilweise in Gräbern hinterlassen, und doch sind sie in Sprache und Brauchtum, in Sagen und Sitten bis heute zu finden. Einen blühenden Kult um die Erdmutter oder Große Mutter (Magna Mater = Urmutter der Götter und Menschen), Schutzherrin der Flüsse und Quellen, der Fruchtbarkeit und des Wachstums, gleichzeitig auch Hüterin der Toten, kann man sich im Hegau mit seinem natürlichen Reichtum gut vorstellen: ertragreiche Böden und mildes Klima. Im keltischen Kult der drei Matronen lebte dort die Erdmutter weiter, später übernahmen die Römer diese keltischen Mütter und auch im germanischen Kulturkreis sind sie nachweisbar. Dargestellt wurden diese keltisch-germanischen Muttergottheiten meist nebeneinander sitzend, gekleidet in reiche Gewänder und mit Symbolen ausgestattet; die mittlere als junge Frau mit offenem Haar, die beiden anderen in mütterlicher Gestalt mit Kopfhauben, die an die christlichen Heiligenscheine erinnern.

Es ist der Mägdeberg, der vermutlich dieses weibliche Pendant zum männlichen Hohenhewen verkörpert hat. Jeder Hegauer kennt den Berg, weiß er aber auch, woher er seinen Namen hat? Die ältesten überlieferten Bezeichnungen für den Berg sprechen für sich. Da heißt es einmal 'Megideberc' oder 'Magdeberc'; in beiden Begriffen steckt das althochdeutsche Wort 'magad', das 'Jungfrau' bedeutet. Vermutlich war der Berg in keltischer Zeit vor der Einwanderung der Alemannen um 350 n. Chr. eine der zahlreichen Kultstätten der 'drei Beten', jenen

Nachfolgerinnen der steinzeitlichen 'Damen' bzw. der alten Erdmutter Ambeth. Sie schauen uns noch aus dem Dämmerlicht alter Kirchen an und haben sich möglicherweise in Vorzeiten sogar in die Landschaft selbst geschrieben: Die Rede ist von den beiden Grashügeln, die man vom Mägdeberg aus sieht. Der eine ist der vermutlich künstlich aufgeschüttete 'Offerenbühl', sprich Opferhügel, den ein Kreuz kennzeichnet. Der andere, ca. 50 Meter vom 'Offerenbühl' entfernt liegend, ist deutlich kleiner, vermittelt aber ebenso den Eindruck eines Opferhügels.

Beide Erhebungen zusammen betrachtet wirken wie Frauenbrüste auf der Ebene zwischen Hohenkrähen und Mägdeberg. In der Nähe des Federsees bei Bad Buchau gibt es ebenfalls zwei künstliche Hügel und in einiger Entfernung eine kleine Schanze. Die Visierlinie von der Schanze durch die beiden Hügel hindurch ergab den Untergangspunkt der 'Betegeuze', einem Stern, der bei den Kelten als 'Seelenführer' für die Verstorbenen galt. Mit ihm gingen sie im Westen unter, um irgendwann wieder im Osten zu neuem Leben zu erwachen. Es galt aber auch der Glaube, dass die Seelen gefallener Helden wieder zu den Hügeln ihres Landes zurückkehrten. Dabei sah man in Pferden, Hunden und Hirschen die Tiere, welche die heimziehenden Seelen wahrnehmen konnten; heute noch spricht man Pferden einen sechsten Sinn zu.

Ein weiterer Hügel zieht den Blick auf sich. Er befindet sich auf der Bodensee-Halbinsel Höri. Den Maler Otto Dix inspirierte er zu einem Bild, auf dem der Hügel unübersehbar die Form einer weiblichen Brust hat. Die Frage, ob es die nährende Brust der alten Erdmutter Ambeth ist, die Dix gemalt hat, ist berechtigt. Die Frage, ob die abgeschnittenen Brüste der hl. Agathe ein Ausdruck von Amputation sind über den Verlust des alten Glaubens unter der Christianisierung, ist ebenso berechtigt. Es sind die Agathenkirchen, von denen es in der Erzdiöszese Freiburg nur vier an der Zahl gibt. Das Attribut der hl. Agathe ist eine Schale mit den beiden Brüsten. Und ausgerechnet

Höchster Gipfel des Hegau - der Hohenhewen

eine Agathenkirche steht auch in Hemmenhofen auf der Höri. Eine weitere Agathenkirche befindet sich im Hegau in Hausen an der Aach.

In diesem Zusammenhang dürfte auch der Ort Hondingen bei Fürstenberg auf der benachbarten Baar interessieren. Dort befindet sich eine der Urkirchen der Baar, mit Teilen aus dem 11. Jh. Im Jahr 1869 beschreibt Pfarrer Franz Sales Dörler die Stätte wie folgt: »Jedenfalls war hier ein Götzentempel für die Göttin Bittin. Aus der ganzen Gegend kamen Leute zur Verehrung der Göttin zusammen. Es wird erzählt, dass die Hondinger das Christentum nur widerstrebend angenommen haben, wohl des alten Heiligtums wegen... Die Sage von der Verehrung der Göttin zu Hondingen, das ursprünglich Haydingen und später Hayndingen geheißen hat, wurde durch eine alte Chronik bestätigt ...« Das Bild der Göttin wurde im Jahr 1706 anläßlich einer Umdeckung des Kirchendaches auf dem Speicher entdeckt. Als Götzenbild hat man es sofort in Gegenwart der Gläubigen auf dem Kirchenplatz verbrannt. Es soll die Inschrift 'dea petitiones' getragen haben. Die nahe Verwandtschaft zu den drei Beten des Mägdeberges ist nicht zu übersehen. Zu übersehen ist allerdings auch nicht die Wortverwandschaft zwischen der Göttin Bittin und dem Ort Bittelbrunn beim Petersfels und in der Nähe der Aachquelle.

Es ist nicht nur der Mägdeberg, an dessen Nordhang sich die Spuren einer hallstatt- und latènezeitlichen (Eisenzeit) Siedlung fanden. Am Fuß des Hohentwiels in Hilzingen 'Unter Schoren' fanden sich noch ältere Siedlungsreste aus der Frühbronzezeit. Weitere bedeutende Fundplätze tauchten in Mühlhausen-Ehingen 'Bei der Mauer' auf und belegen jetzt erstmals hölzerne Großbauten der Mittelbronzezeit außerhalb der Moor- und Seeuferbereiche in Südwestdeutschland; Gebäude, die verglichen mit den Pfahlbauten, eine um das Mehrfache größere Grundfläche hatten.

Ob nun der Höwenegg ob Immendingen, der Hohenstoffeln, der Hohenhewen und der Hohenkrähen, sie alle bleiben in uralte Geschichte einverwoben, denn schon die 'Michelsberger' (benannt nach einer Siedlung auf dem Michelsberg bei Bruchsal) haben gerne den Schutz der Höhen aufgesucht, und so dürften der Hohenhewen und Hohenkrähen die ältesten bisher bekannten Besiedlungen der Hegauberge gewesen sein. Im Volksmund heißt das spätere Raubritternest Hohenkrähen auch 'Kraien', eine Ableitung vom keltischen Wort 'craig', welches 'Fels' bedeutet, und 'Hewen' leitet sich ab von 'hew', welches vom keltischen 'ceb' = Berg abstammt. Volkstümliche Überlieferung und vorgermanische Namen sprechen dafür, dass sich Reste der Urbevölkerung des Hegaus noch lange Zeit neben den Zugewanderten gehalten haben müssen. Erhalten haben sich diese Reste auch in Namen, die weder aus römischer, noch aus germanischer Wurzel erklärbar sind und die auch vorkeltisch sein mögen. Es sind Namen wie Rhein, Donau, Thur und Murg (alter Name der Hegauer Aach), Wutach, Brigach, Breg, Neckar.

Über die A 81 nach Engen. Von dort auf der Hauptstraße in Richtung Singen. Um zum Hohenhewen zu gelangen kurz vor dem Ortsausgangsschild von Engen rechts abbiegen und nach Anselfingen fahren. Nun geht es durch den Ort und weiter auf der Landstraße in Richtung Tengen. Ca. 1 bis 1,5 km nach dem Ortsausgangsschild von Anselfingen auf Höhe einer Bushaltestelle links in einen Feldweg einbiegen. Dem mit dem Holzschild 'zum Hohenhewen' gekennzeichneten Weg folgen. Nur 50 m weiter gabelt sich der Weg, den linken nehmen. Ca. 500 m weiter auf dem ausgeschilderten Wanderparkplatz parken. Nun zunächst 50 m zurück gehen, wo rechts ein Weg abzweigt, der mit dem Holzschild 'Hohenhewen' markiert ist. Dieser Weg führt am Hewenhof vorbei bis zum Gipfel des Hohenhewen. Der Aufstieg dauert etwa 30 - 40 min. - An klaren Tagen bietet sich dem Besucher vom Aussichtsturm des Hohenhewen ein phantastisches Alpenpanorama von der Zugspitze bis zu den Viertausendern des Berner Oberlandes.

Um zum Mägdeberg zu gelangen, von Engen aus auf der Hauptstraße in Richtung Singen bis nach Mühlhausen. An der Kreuzung im Ort rechts in Richtung Singen abbiegen. Ein paar 100 m weiter dem Schild 'Duchtlingen 2 km - Mägdeberg' folgen und rechts in Richtung Berg halten. Dieser Weg führt direkt zum Parkplatz kurz unterhalb des Mägdeberggipfels. Schon vor Erreichen des Parkplatzes sieht man linker Hand die beiden busenförmigen Opferhügel 'Offerenbühl'. - Die Ruine auf dem Mägdeberg ist eine der mystischsten in ganz Deutschland und hat zu jeder Jahreszeit ihre besonderen Reize.

Um zum Hohenkrähen zu gelangen, im Ortskern von Mühlhausen in Richtung Singen aus dem Ort hinausfahren. Ein paar 100 m weiter geht es nun über die große Kreuzung geradeaus, kurz danach rechts auf den Parkplatz am Fuße des Hohenkrähen einbiegen. Von hier aus führt ein ausgeschilderter Weg zum Gipfel.

72. Der Menhir von Horn auf der Halbinsel Höri - der Stein mit dem Gesicht (Kreis Konstanz)

Zum Himmel schauendes Steingesicht - der 'Menhir' von Horn

In aller Welt finden wir Menhire, die immer wieder die gleichen Formen aufweisen. Oftmals wirken sie wie eine Faust mit ausgestrecktem Zeigefinger, der nach oben weist. Die Bedeutung eines Menhirs als Mittler zwischen Himmel und Erde wird so besonders sichtbar. Auf manchen dieser Steine lässt sich ein Gesicht erkennen, teilweise deutlich, dann wiederum nur schemenhaft. Auch gibt es Gesichter im Profil, weibliche und männliche Gesichter, die in vorchristlichen Zeiten eigene Bedeutungen besaßen. Leider bleiben uns diese verborgen.

In Horn auf der Halbinsel Höri am Bodensee erwartet uns ein solcher Stein. Da er sich nicht mehr in aufrechtem Zustand befindet, muss man sich in die Horizontale begeben, um es zu entdecken. Mit Blickrichtung zur alten Scheune, vor der er liegt, zeigt er ein Profil mit Stirn, Augenhöhle, Nase und Kinn. Seine Gesichtszüge erinnern an die der Moai auf der Osterinsel im Südpazifik. Die Vermutung liegt nahe, dass es sich bei unserem Stein um einen vorchristlichen

Menhir handelt, der bearbeitet wurde. Die archäologische Fachwelt vertrat über Jahrzehnte die Meinung, dass es östlich von Tiengen keine Menhire mehr gebe. Die Funde aus dem Kesslerloch bei Thayngen/Schaffhausen und dem Petersfels bei Bittelbrunn/Engen im Hegau weisen jedoch auf eine frühe Besiedlung der Gegend schon seit der Altsteinzeit hin, und später, während der Jungsteinzeit, stellte gerade das westliche Bodenseegebiet ein wichtiges Zentrum dar. Besonders reich besiedelt waren die Ufer des Untersees und somit auch die Halbinsel Höri.

Beliebig auf die Halbinsel Höri am Bodensee und von dort nach Horn. Auf Höhe der Kirche in Horn von der Hauptstraße in die Weilerstraße einbiegen. Am letzten Haus der Straße befindet sich rechts eine Bootswerft. Daneben steht eine alte Scheuer. Vor ihr liegt der Stein.

73. DER GRABHÜGEL BEI KALTBRUNN
(KREIS KONSTANZ)

Vielsagend ist bereits der Name des Gewanns, in dem der Grabhügel liegt: Heidenbühl, dies ist typisches Beispiel für die Kennzeichnung alter Plätze, die nicht durch eine Kirche oder Kapelle christianisiert wurden. Bis heute wirkt das Unheimliche im Namen nach. Dem entgegen steht die liebliche Landschaft in ihrer Beschaulichkeit - eine zeitlose Idylle.

Sechs Meter hoch war einst der Grabhügel auf dem Heidenbühl, und sein Umfang betrug 33 mal 39 m. Drei große Steine von rund 90 cm Durchmesser umstanden ihn, und mindestens 18 Bestattungen und Reste von Leichenbrand enthielt er neben Schalen, Schüsseln und Urnen sowie Schmuck und das berühmte 'Kaltbrunner Gürtelblech'. Im Badischen Landesmuseum zu Karlsruhe ist es ausgestellt. Hirsch- und Pferdefiguren und Sonnendarstellungen kennzeichnen diese prächtige Treibarbeit aus Bronze. Nicht nur bunte Stoffe, sondern auch auffälligen, großen und glänzenden Schmuck liebte man offensichtlich in der Hallstattzeit. So zeigte das Klappern der Bleche nicht nur jeden Schritt an, sondern richtete sich gleichermaßen gegen bösartige Dämonen.

Der 'Wissenschaft des Spatens' verdanken wir den Einblick in diese frühzeitlichen Kulturen, deren Spuren immer noch deutlich in diesen künstlichen Hügeln zu finden sind. Mit ihnen verknüpft ist auch die Sitte der Brandbestattung, die erstmals in der Jüngeren Steinzeit auftritt. Große Teile Mitteleuropas gingen allmählich von der Körperbestattung zur Brandbestattung über. Dies änderte sich aber nach etlichen Jahrhunderten wieder aufgrund der unterschiedlichen religiösen Auffassungen. Der Zerfall der Leichen in der Erde war den damaligen Menschen sicherlich bekannt. Durch die Feuerbestattung konnte er beschleunigt und dem Verstorbenen der Weg in das Totenreich somit verkürzt werden. Bei dieser Bestattungsart wurden Asche und unverbrannte Knochen in einer Urne beigesetzt.

Zeitlose Idylle - der Grabhügel 'Heidenbühl'

Die Bestattungsplätze lagen meist unweit der Siedlungen, gut sichtbar und möglichst in der Nähe von Verkehrswegen. Über diese Verkehrswege fand ein reger Handel statt, und so verwundert es nicht, dass bei Litzelstetten Bernsteinschmuck gefunden wurde - Bernstein, das Elektron der Antike, das von der Ostsee stammt. Im verlandeten Weiherried bei Dettingen wurde eine Inselsiedlung entdeckt - ein Klimasturz und das Ansteigen des Bodensees machte sie dazu -, und bei Langenrain grub man Bruchstücke von tönernen Feuerblöcken aus. Groß war einmal die Zahl der Grabhügel auf dem Bodanrück, besonders auf dem Ameisenberg bei Dettingen, da ist nämlich die Rede von 42 Anlagen. Wichtige Persönlichkeiten wurden in besonders großen Hügeln bestattet. Das Erdreich für die Hügel schleppte man in Säcken oder Fellen heran. Im Zeitalter von Baggerschaufel und Kran fällt einem diese Vorstellung schwer.

Von Interesse dürfte ein Ölgemälde im Rosgartenmuseum von Konstanz sein, das die Grabung in einem Grabhügel bei Kaltbrunn im September 1864 zeigt, die auf Anordnung von Großherzog Friedrich von Baden stattfand. Eine Besonderheit, nämlich eine altsteinzeitliche Ritzgravur in einem Stück Rentiergeweih, etwa 17 000 Jahre alt, beherbergt das Museum ebenfalls. Weitere Originalfunde befinden sich im Bodensee-Naturmuseum Konstanz.

Beliebig nach Allensbach bei Konstanz. Von dort aus nach Kaltbrunn und durch den Ort. Dem Schild 'Markelfingen-Wild und Freizeitpark Bodanrück' folgen. Nach 2 km kommt eine Kreuzung, auch hier Richtung Freizeitpark fahren. Nach ca. 500 m befindet sich auf der linken Straßenseite das Schild 'Landgasthaus Mindelsee - Wild und Freizeitpark Bodanrück'. Rechts führt ein Weg mit rot-weißem Durchfahrtsverbotsschild in ein Feld am Wald entlang. (Hinweis: Dieser Weg wird später benutzt). Beim Freizeitpark das Auto abstellen. Nun geht es entlang der Straße zum bereits erwähnten Schild 'Landgasthaus M. / Wild...' zurück. Links in den mit dem Durchfahrtsverbotsschild gekennzeichneten Weg einbiegen. Nach wenigen Metern zweigt erneut links ein Weg ab, der direkt zum Grabhügel führt.

74. DER MENHIR VON SEEFELDEN
(BODENSEEKREIS)

Der Menhir lehnt an der uralten Umfassungsmauer der Kirche von Seefelden, seine Geschichte ist unbekannt. Täglich empfängt er die Menschen, die zur Kirche oder auf den Friedhof gehen, trotzdem weiß niemand etwas über ihn. Die Historie der Kirchenmauer ist bekannt. Im 9. Jh. diente die Einfriedung als Wehrmauer. Im unteren Teil des Wehrturmes, dem heutigen Kirchturm, befand sich die Gerichtsstätte. Eine Schwurhand in der äußeren Leibung des Turmes, im ersten kleinen Schießschartenfenster, kann besichtigt werden. Die Legende berichtet vom Aufenthalt des hl. Gallus in Seefelden. Er soll im unteren Teil des Turmes eine Messe gelesen haben, ehe er nach Überlingen weiterzog, wo er die Tochter des Herzogs Gunzor heilte. Auf der Spurensuche begegnet uns der hl. Gallus auf der Rückseite des neueren Altars zusammen

Wieviele Pilgerzüge mag er schon gesehen haben? – Der Menhir am Jakobsweg in Seefelden

mit der hl. Elisabeth. Die mit Jakobsmuscheln versehenen Rundbögen am Chor der Kirche weisen auf die Pilger hin, die auf ihrem Weg nach Compostela hier Rast machten. Der an der Kirchenmauer lehnenden Stein scheint mit dieser verwachsen zu sein. Wie lange vor ihrem Bau hat er wohl schon hier gestanden? Seine Form erinnert deutlich an einen Menhir. Die Tatsache, dass er sich im Lauf der Zeiten an seinem Standort behaupten konnte, spricht für seine ehemals kultische Bedeutung.

Beliebig zum Kloster Birnau welches zwischen Überlingen und Meersburg an der B 31 liegt. Neben dem Kloster führt eine schmale Strasse nach Seefelden zum Bodensee. Der Menhir lehnt direkt an der Kirchenmauer in Seefelden.

75. DIE EICHE BEI BAITENHAUSEN
(BODENSEEKREIS)

Verträumte Dörfer mit alten Kirchen, fruchtbaren Feldern, weiten Wiesen und eine Ruhe über der ganzen Landschaft, wie man sie nur noch selten bei uns findet; krasser Gegensatz zum nur fünf Kilometer entfernten Urlaubsstädtchen Meersburg am Bodensee. Dies ist die Gegend um Baitenhausen, eine typische Bodensee-Hinterlandschaft mit vielen lichten, grünen Laubwäldern. In einem dieser Wälder wächst eine dreihundert Jahre alte Eiche, die sich unter den anderen Bäumen wie ein Riese unter Zwergen ausnimmt. Eine kugelige, mächtig ausladende Krone thront über dem Stamm, der es auf stolze sechs Meter Umfang bringt. Gehalten wird der 35 Meter hohe Baum von tief zerfurchten und bemoosten Wurzeln, die mehrere natürliche Sitze bilden und zum Anlehnen an den Stamm auffordern.

Über Uhldingen - Mühlhofen am Bodensee nach Grasbeuren. 600 m nach dem Ortsschild von Grasbeuren auf der Landstrasse in Richtung Baitenhausen links in einen Feldweg biegen und dort parken. Nun geht es 400 m in den Wald zu einer Kreuzung. Über diese 50 m geradeaus. Dann 30 m nach rechts in den Wald direkt auf die Eiche zu.

Ein Riese unter Zwergen - die alte Eiche bei Baitenhausen

76. DER MENHIR VON LEUTKIRCH
(BODENSEEKREIS)

Wer denkt sich schon etwas dabei, wenn er Dorfnamen wie Obersten-, Mittelsten- und Unterstenweiler hört oder auf der Karte bemerkt. Die Endsilbe 'sten', ja, die hängt eben so dran, möchte man meinen und mehr nicht. Oder doch? Fehlt da vielleicht nur der 'i-Punkt', damit 'sten' zu dem wird, was im Vorgarten der idyllisch gelegenen Kirche von Leutkirch in der Nähe von Salem steht, nämlich ein 'Stein'. Bescheiden zwar mit seiner Höhe von nur einem Meter im Vergleich zu anderen 'Kollegen', aber dafür um so mehr in die

Breite gehend, ein richtiger Klotz, der sich aus alten Tagen bis heute an diesem Platz behauptet hat. Auch hier haben wir ein weiteres Beispiel für die Eintracht von Kultstein und christlicher Kirche.

In Eintracht mit dem Christlichen - der Menhir von Leutkirch

Leutkirch hat seinen Namen aus der Zeit, in der es für die Leute der umliegenden Dörfer wie Obersten-, Mittelsten- und Unterstenweiler Pfarrkirche war. Dies lässt die Vermutung zu, dass Leutkirch nicht nur seit Urzeiten religiöser Mittelpunkt unter den 'Weilern' war, sondern ursprünglich 'Stein-Weiler' hieß. Mit der neuen Namensgebung Leutkirch, die sich auf 'Leutekirche' bzw. 'Kirche der Leute' bezieht, wurde wohl versucht, die Erinnerung an den alten Gebetsplatz mit seinem Stein auszulöschen. Und doch hat es der Stein selbst, allen Maßnahmen zum Trotz, überdauert.

Beliebig nach Salem, das östlich von Überlingen liegt und von dort nach Leutkirch. Hinauf zur Dorfkirche. Nun geht es zu ihrem Hauptportal, von dem aus man den Menhir im Kirchhof erblickt.

77. DER MENHIR VON BETENBRUNN
(BODENSEEKREIS)

An keinem anderen Platz innerhalb der in diesem Buch beschriebenen Region wird die Christianisierung ehemals heidnisch verehrter Stätten deutlicher als in der Wallfahrtskirche Betenbrunn. Dieses einstige Quellheiligtum ist uns bereits aus dem Kapitel 'Von den Beten zum Beten' als ein Ort der Muttergöttinnen-Verehrung bekannt. Auf dem Kirchenplatz hat ein Brunnen die Nachfolge der heiligen Quelle angetreten. Und wo Wasser floß, war ein Kultstein meist nicht weit. So auch in Betenbrunn. Doch wer vermutet schon heidnische Steine im Innern von Kirchen? In der Seitenkapelle schaut uns jedenfalls aus der Wand ein Stück eines solchen Steines entgegen. Sowohl der Stein, als auch die sich darüber befindende spätgotische Pietà weisen eine deutlich erkennbare Kerbe auf. Nach der Legende stammen sie von einem schwedischen Söldner der mit seinem Säbel das Gnadenbild zerschlagen wollte und dabei abglitt.

Stück eines eingemauerten Menhirs – vorchristlicher Mythos in der Kirche

Auch in der Galluskapelle neben der Kirche zu Rorschach am Bodensee findet sich ein ähnlich eingemauerter Stein. Dies zeigt deutlich, daß die frühen Christen so manches heidnische Attribut in die Kirchenräume integriert haben. Ob dies aus kluger Taktik geschah, oder aus Vorsicht und Respekt den alten Göttern gegenüber, dies sei dahingestellt.

Beliebig nach Salem, das östlich von Überlingen liegt und von dort über Heiligenberg nach Betenbrunn. Die Kirche befindet sich in der Mitte des Ortes.

78. DIE HÜGELGRÄBER BEI BERG
(KREIS RAVENSBURG)

Nur eines unter vielen Hügelgräbern im Dickwald bei Berg

Natürlich gibt es neben den großen Grabhügeln auch die kleinen und zwar zu Hunderten und sogar Tausenden. Meistens bemerken wir sie nicht einmal, denn der Wald hat sie längst verschlungen. So auch im Dickwald südwestlich der Gemeinde Berg bei Ravensburg. Erhöht über dem Ort Berg muss die aus mehreren Grabhügeln bestehende Anlage, die früher nicht bewaldet war, weithin sichtbar gewesen sein. Wie aus der Erde aufsteigende Blasen oder herausbrechende Pilzhüte dürften sie gewirkt haben. Das Besondere bei diesen hallstattzeitlichen Gräbern ist die Verschiedenheit der Bestattungsarten. Zum Teil handelt es sich um Steinhügelgräber, wobei der ganze Hügelkern mit vielen kleineren Steinen aufgefüllt, oder mit wenigen großen Feldsteinen, eine einzelne Beisetzung bedeckend, gestaltet wurde. Zum Teil sind die Hügel aber auch aus gänzlich steinfreier Erde aufgeschüttet.

Im nördlichen Europa galt der Glaube, dass sich die Seelen der Toten in Hügeln und Bergen einfanden, um dort mit Wesen der Anderswelt zusammenzutreffen. Auch der Glaube, dass bestimmte Hügel die Wohnstätten der Feen und Erdgeister darstellten, herrschte in keltischen Landen. In Skandinavien sprach man vom 'Hügelvolk', halb menschlichen und halb elfenhaften Mischwesen, welche die Hügel bevölkerten. Künstliche Grabhügel in Anlehnung an solche Geisterhügel symbolisierten nicht nur die Unterwelt oder Anderswelt, sondern auch das kosmische Prinzip des Himmelsgewölbes sollte sich darin manifestieren; gleichzeitig auch die Verbindung zwischen Unten und Oben. In diesem Zusammenhang sind auch die alten Prozessionswege zu verstehen, die oftmals an Grabhügelgruppen verbeigeführt haben.

Obwohl einige der Grabhügel im Dickwald gegen Ende des 19. Jhs. unter Angrabungen stark gelitten haben, lassen sich auch noch solche finden, die sich ihre typische Form erhalten konnten.

Von Ravensburg nach Berg. Von dort aus in Richtung Rosenhäusle - Horrach fahren. 300 Meter vor Rosenhäusle führt rechts von der Straße ein Weg ca. 50 Meter in den Dickwald hinein zu den Grabhügeln.

79. DIE ZIGEUNERTANNEN BEI BOLANDEN (KREIS RAVENSBURG)

Nicht jeder Wald bietet den Bäumen die Chance, ihre wirkliche 'Persönlichkeit' zu entwickeln. Ungestört vom Winzling zur 'Majestät' heranwachsen zu dürfen, bedarf schließlich Hunderte von Jahren und oftmals auch der schützenden Hand des Menschen. Diese besondere Hand hatte beispielsweise der legendäre Elzeard Bouffier, der in drei Jahren 100 000 Eichen im Süden Frankreichs pflanzte und somit eine wasserarme Einöde zu neuem Leben erweckte. Viele Generationen unserer Vorfahren haben es Bouffier gleichgetan; sie haben gepflanzt, gehegt und gepflegt, und wahrscheinlich verdanken wir ihnen heute die Existenz von Bäumen wie die der beiden 'Zigeunertannen' bei Bolanden, welche den Betrachter in das Reich der Mammutbäume versetzen. Die bis zu 4000 Jahre alten kalifornischen Baumriesen ragen oft 100 Meter hoch in den Himmel. Die Zigeunertannen, in Wirklichkeit Fichten, weisen mit ihrer Höhe von 47 Metern im Vergleich zu ihren kalifornischen 'Brüdern' zugegeben eher bescheidene Maße auf. Und doch wirken die beiden Fichten, von denen eine doppelstämmig ist, in unseren Breiten wie Giganten. Ihre Mächtigkeit erschließt sich dem Besucher besonders an einem schönen Sommermorgen nach langem,

Baumgiganten - die Zigeunertannen

nächtlichen Regen. Unzählige in der Sonne glitzernde Wassertropfen stürzen sich dann von hoch oben herab und es scheint, als wolle jeder Tropfen seine eigene Geschichte aus alter Zeit erzählen.

Vielleicht von den Zigeunern, die hier einstmals gelagert hatten und die wohl den beiden Bäumen ihren Namen gaben. Geschichten vom fahrenden Volk, das die mächtigen Stämme umtanzt hatte, von denen heute einer den stolzen Umfang von über fünf Metern besitzt; Geschichten, von der nur wenige Schritte entfernten, immer noch sprudelnden Quelle.

Schon bei den alten Germanen genoss der grüne Winterbaum Verehrung. Ganz besonders in Verbindung mit Wotan oder Wodan, dem höchsten germanischen Gott. Kein anderer als Wotan selbst, mit seinem ungehobelten Stock oder dem entwurzelten Tännchen, führt während der zwölf Winternächte zwischen Weihnachten und Dreikönig sein wildes Heer an. Der immergrüne Tannenreisbesen stand als ein Symbol für Fruchtbarkeit, veranschaulichte er doch die Durchsetzungskraft des Lebens. So sind 'Blocksfest, Blochziehen' oder 'Tannenfuhr' Volksbräuche, die im Mittelalter weit verbreitet waren und die in Verbindung mit dem Tannenbaum stehen. Das 'Bloch' ist ein mächtiger auf einem Wagen befestigter Baumstamm. Auf dem Stamm steht ein rauchender Ofen, vor dem ein rußiger Schmied sitzt. Begleitet wird das Bloch von Männern, die holzverbundene Berufe darstellen. Auch hier begegnen wir wieder Wotans Tännchen: Es ziert das Ende des Blochs und ist mit bunten Tüchern geschmückt.

Kaum vorstellbar, dass die beiden mächtigen ‚Zigeunertannen' vor annähernd 200 Jahren einst nur die Größe von Wotans Tännchen besaßen. Um ihre Erhabenheit zu erleben sollte möglichst sonn- oder feiertags in der Frühe aufgebrochen werden, da einen sonst der Lärm der Lastwagen auf der stark befahrenen Bolander-Landstraße ganz schnell in die Wirklichkeit zurückruft.

Von Ravensburg nach Baienfurt. Von dort auf der Landstrasse in Richtung Bergatreute. Ca. 100 m vor der Abzweigung nach Bolanden führt rechts ein Weg zur Kläranlage Bergatreute. Beim Schild 'Kläranlage Bergatreute' das Auto abstellen. 100 m entlang der Strasse zurück in Richtung Baienfurt wandern, die Straße überqueren und rechts in den Wald hineingehen. Die beiden Tannen sind aufgrund ihrer Größe leicht zu erkennen. Sie befinden sich nur wenige Meter von der Strasse entfernt.

80. DIE ALTE LINDE BEI RATZENRIED
(KREIS RAVENSBURG)

Der Kult des 'Durchkriechen' findet sich in allen Weltkulturen: Das Gestern abstreifen und das Morgen annehmen. In solch gewichtigem Augenblick des Hindurchschlüpfens durch Materie wird der Anschluss an die Kreisläufe der Natur symbolisch nachvollzogen. - In Tibet ist es der alte Mann, der bei der Umrundung des heiligen Berges Kailas durch die Spalten der am Wegrand liegenden Felsblöcke kriecht, sogenannte 'Prüfsteine der Sünde', an denen er seine Lebenslasten abstreifen kann. Nur dem Pilger, der sich seiner Verfehlungen und Sünden bewusst wird, ist es möglich, den Durchschlupf zu bewältigen. Auch Kinder werden durch solche Spalten gereicht, damit ihnen Glück und Gesundheit beschieden wird. Bis auf den heutigen Tag hat sich in England mit dem 'Men-an-Tol', einem ringförmigen Lochstein, durch den hindurchgeschlüpft wird, ein ähnlicher Brauch erhalten.

In unserer traditionellen Volksmedizin begegnet uns dieser Kult des 'Durchkriechen' ebenfalls. Hierfür wurden gerne alte, gespaltene Bäume benutzt. Der Baum als Verkörperung von langem Leben, sollte dem Leidenden seine Krankheit nicht nur abnehmen, sondern diese durch kosmische Kräfte umwandeln. Auch kleine Kinder entstammen, der Sage nach, gespaltenen oder hohlen Bäumen.

Bei 'Durchkriechbäumen' handelt es sich meist um sehr alte Bäume mit mächtigen Stämmen; in Jahrhunderten durch Sturm, Blitz und Eis von Ritzen und Spalten durchzogen. Doch trotzen sie bis auf den heutigen Tag Wind und Wetter, sowohl

Wo Tibetisches auf Schwäbisches trifft – die Ratzenrieder Linde

als auch ihrem Umfeld. So haben viele alte Bäume heute leider dieses Umfeld eingebüßt, inmitten von Ortschaften, umfahren von Verkehr, abgeschottet durch Schutzzäune. Die Beziehung zwischen Mensch und Baum ist somit geschwächt: anders jedoch bei der 'Alten Hoflinde' von Ratzenried.

Kein Zaun, kein Grillplatz, nicht einmal eine Bank, geschweige denn eine Hinweistafel. Einfach ein Baum im Wald, wobei 'einfach' nicht das richtige Wort ist, handelt es sich doch um eine aus zwei Sommerlinden zusammengewachsene Baum-Skulptur. Die dabei entstandene Spalte ist genügend groß, um Menschen jeden Alters hindurchschlüpfen zu lassen. Ihr Stamm-Umfang ist mit über acht Metern gewaltig und die Höhe dieses an die fünfhundert Jahre alten Baumes beträgt zweiunddreißig Meter. In ihrer Mächtigkeit übertrifft sie die meisten Linden. Ihren Namen 'Alte Hoflinde' verdankt sie den freigelegten Grundmauern des nahe gelegenen um 1600 abgegangenen Hofes 'Bruggen'.

Über Ravensburg nach Wangen und von dort nach Ratzenried. Man erreicht die Ratzenrieder Linde, indem man auf der Burgstraße in Richtung Oberer Schlossweiher fährt; kurz vor dem unteren Schlossweiher führt rechter Hand ein Feldweg zu der am Waldrand stehenden Linde.

DER MYTHOS ODER DIE EWIGEN WELTGESCHICHTEN

Was ist ein Mythos? Überlebte Dichtung, Sage, Erzählungen aus den Vorzeiten eines Volkes, die sich mit Göttern, Dämonen, Entstehung der Welt und Erschaffung des Menschen beschäftigen - so jedenfalls erklärt es der Duden. Haben Wissenschaftsgläubigkeit und Ratio den Mythos aus der modernen Welt verbannt? Für den Suchenden ist der Mythos ein Wegbereiter zum Ganzen hin, zu dem, was die Welt in ihrem Innersten zusammenhält. Durch ihn lösen sich die Rätsel des Daseins in fassbare und begreifbare Bilder. Die Erde wird zum lebenden Wesen mit einer ihm ureigenen Kraft. Die Aufspaltung von Geist und Materie existiert nicht mehr, denn alles ist miteinander verbunden: Alles in Einem, Eines in Allem, oder Makrokosmos im Mikrokosmos und umgekehrt.

»Das Ganze im Kleinsten erblicken« rät uns Goethe und meint damit, dass alles seinen Platz, seine Funktion, seinen Wert hat. Und in des Dichterfürsten erheiternden Worten »Die Flöhe und die Wantzen gehören auch zum Gantzen« liegt ein Natur- und Weltenverständnis, in dem die uralten, gleichgewichtigen Lebensrhythmen schwingen.

Immer wieder ist es der Baum, der diesen gleichgewichtigen Lebensrhythmus symbolisiert, sichtbar in der Wiederkehr der Jahreszeiten - Werden, Vergehen, Werden im Kunstwerk der Natur. Natur, die Franz von Assisi in seinem 'Sonnengesang' einen 'Bruder' nennt und die somit zur Schicksalsfrage wird. »Habt Ehrfurcht vor dem Baum! Er ist ein einziges großes Wunder, und euren Vorfahren war er heilig.« In Alexander von Humboldts Worten hallen Natur- und Baumbewusstsein der alten Völker nach. Eine tiefe ökologische Einsicht, zu der der Mythos die spirituellen und symbolwilligen Bilder geschaffen hat.

Ein Beispiel dafür ist die Weltenesche Yggdrasil, die für die Germanen ein komplexes System darstellte, das alles Lebendige beherbergte. Aus ihren Wurzeln, gleich einer ewigen Quelle, entsprang alles Sein. In den Knospen des Baumes sahen die Germanen die Sterne, in seinen Blättern die Wolken und in seiner stolzen Krone den Kosmos. - Auch hier wird für uns wie bei heiligen Steinen und Bergen die Verbindung vom 'Unten' zum 'Oben' sichtbar und greifbar.

Nach germanischer Auffassung trug Yggdrasils unteres Geäst die Erdscheibe oder mit anderen Worten die 'Mitte der Welt'. Als Zeichen für die Luft residierte der Adler auf der Spitze des Baumes. Am Fuß hauste die Schlange als Verursacherin von Erdbeben und Vulkanausbrüchen, indem sie die Wurzeln der Weltenesche annagte. Zwischen Adler und Schlange, dem Oben und Unten, dem Licht und dem Dunkel, trieben Eichhörnchen ihr ständig wechselndes Spiel und stifteten Unfrieden zwischen den Mächten. Herabtropfenden Honigtau spendeten die Baumblätter den Bienen, welche die menschliche Seele verkörperten. Die Seele, auch sie empfing ihre Speisung vom Himmel. In vier Hirschen sah man die vier Winde, welche Yggdrasils Zweige in ständiger Bewegung hielten.

Ob nun Baum oder Stein, Quelle oder Flusslauf, ob Sonne oder Mond, vor solchen Hintergründen tun sich uralte Bilder auf, Symbole für Fruchtbarkeit, Raum und Zeit; die Erde als ein lebendes planetarisches Wesen, aus Fritjof Capras 'neuer Sicht der Wirklichkeit' genannt 'Gaia': Lebende Welt, bestehend aus mehrschichtigen Strukturen und Ebenen, die sich selbst organisieren und deren Systemeigenschaften in Wechselwirkung mit der jeweiligen Umwelt stehen. Indem der frühere Mensch überall den Geist im Naturgeschehen erfühlt und erlebt hat, kommt dies dem Bild vom Leben, wie es Physiker und Biologen unserer Zeit vertreten, verblüffend nahe. »In der Tat ist Geist eine wesentliche Eigenschaft lebender Systeme« schreibt Capra in seinem Bestseller 'Wendezeit'.

'Gaia' oder 'Gäa' ist der griechische Name für Erde und Erdmutter. Ihre Verehrung ist uralt. So wurde diese 'Große Mutter' auch in Ephesus verehrt, und ausgerechnet dort hat das Konzil im 4. Jahrhundert das Dogma von der Gottesmutterschaft Mariens verkündet. Nach östlicher Auffassung ist Maria die Repräsentantin der Menschen. Als 'Himmelskönigin' steht sie auf dem Erdball. Ihre Entsprechung ist in der Ostkirche die 'Hagia Sophia', die 'Heilige Weisheit'.

Jahrhundertelang gründete das Weltbild der Wissenschaft auf der fundamentalen Unterscheidung zwischen Körper und Geist. Der geistige Bereich, res cogitans (das 'denkende Ding'), und der Bereich der Materie, res extensa (das 'ausgedehnte Ding') ließen sich nicht mehr vereinen nach dem schwammigen Motto: Der Körper gehört dem Arzt und die Seele dem Pfarrer. Die Folgen dieser nach dem französischen Rationalisten des 17. Jahrhunderts René Descartes genannten 'kartesianischen Unterscheidung' finden ihren Niederschlag in der Medizin von heute: Die Auf-Teilung, Auf-Trennung des Menschen, wobei der Kardiologe, der Internist, der Chirurg nur jeweils SEINEN Menschen (-Teil) im Visier hat.

Der Physiker Bateson betrachtet den Geist nicht nur als im Körper wohnend, sondern auch in den Kommunikationspfaden und den Botschaften außerhalb des Körpers. Wer hat nicht schon von der Gedankenübertragung, der geheimnisvoll mentalen Nachrichtenübermittlung der australischen Ureinwohner gehört, die

über Tausende von Kilometern wortlos funktioniert. Gedankliche Botschaften werden von den 'Aborigines' nicht nur an Menschen, sondern auch an Tiere und Pflanzen auf dem Weg zu den dortigen heiligen Stätten entsandt. Alles hat für sie in ihrem Verhältnis zur Natur seinen ganz tiefen Sinn. So singen und sprechen sie für Pflanzen und Bäume, für Wasser und Steine, in der Überzeugung, dass diese solches ebenso für den Menschen tun. 'Traumspuren' oder 'Gesangspfade' heißen die uralten heiligen Wege, auf denen diese Ureinwohner in ihre Traumwelt eintreten können, wo sie eins werden mit ihren Vorfahren und der Landschaft, wo Vergangenheit und Gegenwart sich verschmelzen zur 'Traumzeit', einer neuen Zeitdimension. 'Traumzeit', aus deren Geschichten die Topographie des weiten Landes mit seinen gewaltigen Denkmälern der Urzeit der Erde geschaffen worden ist. 'Traumzeit', wo jeder mit allem seinen Frieden macht im Bewusstsein einer beseelten Natur und göttlichen Einheit. 'Traumzeit', in der es keinen Tod gibt, sondern nur Veränderung.

Ein ebenso intensives Naturverständnis wie es die Aborigines haben, begegnet uns in der nordischen Mythologie im Weltenbild des 'Midgard' oder 'Middanyard'. Zu deutsch 'Mittengarten' oder auch 'Schutzwall'. Der Wall schützt einen von Menschen bewohnten Flecken Erde - den Garten inmitten. - Der 'Garten Eden' liegt wohl nicht sehr weit von dieser Weltvorstellung.

Bis heute hat sich dieses Bild einer uralten, ordnenden Weltensicht in uns erhalten. Unsere Gartenzäune oder -hecken sind zwar meist überschau- und überwindbar und stellen lediglich eine optische Abgrenzung dar, in der sich jedoch das Bedürfnis nach Sicherheit und Geborgenheit widerspiegelt. Und wer hat nicht schon Gartenbesitzer im Zusammenhang mit dem ihnen anvertrauten Flecken Erde von ihrem 'Paradies' reden hören? Kinder übrigens handeln völlig intuitiv, indem sie beim Bau eines Wichtelhäuschens aus Stöckchen, Moos, Blättern etc. ihr Werk anschließend mit einer Abgrenzung, ebenfalls aus Naturmaterial, umgeben. Gerade bei Waldlehrprojekten mit Kindergartenkindern und Grundschülern offenbart sich ein ursprüngliches Wissen.

Im Erkennen eines Naturvorganges entsteht auch für den heutigen Menschen eine mythische Situation. Wer könnte sich der Magie einer sich öffnenden Blüte oder der Metamorphose einer schlüpfenden Libelle oder eines Schmetterlings entziehen? Hierbei scheinen wir dem Geheimnis des Lebens auf der Spur zu sein, und doch können wir seinen Schleier nicht lüften. Nennen wir es das 'Bewusstsein der Erde', das wir zu spüren vermögen. Ein Bewusstsein, das jeden Vogel, jede Pflanze, jeden Baum, Fluss und Berg, ja, jede Landschaft begleitet. Jedes Teilchen weiß, wie es sich zum anderen zu verhalten hat. In den alten Kulturen erlebte der Mensch dieses 'Erdbewusstsein' durch die 'Naturgeister'.

In der Fortpflanzung eines Gingkobaumes beispielsweise hütet dieses 'Bewusstsein' eines von vielen Urbildern. Der 'Ginkgo biloba' ist immer noch der 'Ginkgo biloba' aus Urwelten, die zeitlich so entfernt sind, dass sie für unseren menschlichen Verstand kaum zu erfassen sind. Und doch unterscheidet sich jeder einzelne Baum vom anderen, schafft sich seine Individualität, weil Wurzeln, Stamm, Äste, ja, jedes einzelne Blatt ständig neu auf ihre Umgebung reagieren müssen.

Unsere Urvorfahren deuteten die Stimmen der Nacht religiös. In alten, knorrigen oder hohlen Bäumen, die in Sturm und Wind ächzten und stöhnten, hörten sie das Flüstern der Geister, für sie die Verbündeten dämonischer, himmlischer Mächte, die mehr wussten als die Sterblichen.

In diesem Urbedürfnis nach Sonne und Wärme begegnet uns ein mythisches Kern-Motiv, das auch in unseren Tagen Wirkung zeigt. Heute noch werden Sonnwendfeuer angezündet, so wie vor mehreren tausend Jahren, und fast alle kirchlichen Feste werden an Terminen begangen, die schon früher mythisch besetzt waren: Weihnachten als Fest der winterlichen Sonnenwende, Ostern als Ostara- oder Frühlingsfest nach der Göttin Ostara oder Eostra, Erntedank, Kirchweih, Allerheiligen oder beispielsweise der erste Mai mit seinen Frühlingsbräuchen.

Die Kelten bekränzten ihre Quellen mit Laub und Blumen, eine Form der Quellenverehrung, die sich seit jener längst vergangenen Zeit bis heute kaum verändert hat. Frühlingsbräuche, die mit Wasser in Verbindung stehen, wurzeln tief in der Vergangenheit. Noch im neunzehnten Jahrhundert war es neben dem ersten Maifeiertag auch der Georgitag am 23. April, an dem Wasser, Luft und Tau als besonders heilsam galten. So wanderte man noch aus Freiburg bis 1876 bei Tagesanbruch auf den Schlossberg zum sogenannten Silber- oder Geisbrünnele, um dieses mit Kränzen und Inschriften zu schmücken. Ein alter Brauch von Wasserverehrung war auch das Umkreisen der Quelle während der christlichen Prozession. Auch das Bekränzen der Dorfbrunnen und das anschließende Tränken des Viehs gehörte über viele Jahrhunderte hinweg zum Frühlingsbrauchtum.

Darüber hinaus ist auch die Fastnacht ein Schlüssel zu uralten Kulthandlungen wie Frühjahrsfasten, Maskerade, Tanz, Spiele und Feuer. Die Beschwörung des Dunklen, Unsichtbaren, Unbegreifbaren, des Mythologischen der Fastnacht drückt sich in vielerlei Gebräuchen aus, die aus heutiger Sicht alle Elemente älterer, vorchristlicher Feste enthalten, so zum Beispiel in Funken- und Frühjahrsfeuern.

Lichterbräuche haben sich vor allem in der winterlichen Jahreszeit erhalten. Engelweihen, Laternen- und Rübenlichterumzüge sind ihre Ausläufer. Die Kerzen auf unserem Weihnachtsbaum sind Erinnerungen an Lichtbräuche, die viel älter sind als unser christlicher Glaube. Mit Lichtern hielt man in der gefürchteten Mittwinternacht (25. Dezember) die lichtscheuen Dämonen von den Häusern fern. So beinhalten die meisten unserer Fest- und Volksbräuche einen tieferen Sinn und eine lange Geschichte, die zu unseren Wurzeln führen und im Mythischen weiterleben. Ohne Zweifel sind alle Mythen lange Zeit vor ihrer Aufzeichnung mündlich von Generation zu Generation weitergegeben worden. In uralten, bewährten Bildern reichen sie bis in die heutigen Tage und haben ein kollektives Unterbewusstsein geschaffen, das man vielleicht mit 'Volkscharakter' oder als 'geistiges Erbe' bezeichnen könnte.

Könnte es sein, dass die Mythen aller Kulturen eine gemeinsame Wurzel haben? Liegen ihr Ursprung und mündliches Tradieren um weitere Jahrtausende zurück als im Falle des griechischen Prometheus-Aufzeichners Hesiod vor etwa dreitausend Jahren? - Wo immer wir hinschauen, sind es die uralten, bewährten Bilder, deren Ursprung sich im Dunkel verliert; ererbte, im kollektiven Unbewussten unauslöschlich urtümliche Bilder und Symbole, die der menschlichen Seele innewohnen, so erklärt es die moderne Psychologie.

Und immer berühren diese Bilder die Grundfragen der menschlichen Existenz und den Ursprung der Welt. Für uns heute, in der westlichen Welt, wo überschüssige Ernten vernichtet werden und weder das Hüten des Herdfeuer noch die Aussaat durch eigene Hand überlebenswichtig sind, haben die archaischen Bilder zwar ihre Kraft verloren, doch schlummern sie in uns, und so hat unser Umgang mit dem Mythos nie aufgehört. Wie sonst könnten Sagen und Märchen immer noch ihre Faszination auf uns ausüben, die ja häufig auf echte Mythen zurückzuführen sind, die mit Kulthandlungen verknüpft waren.

In den Kulten selbst nehmen die Mythen lebendige Gestalt an. Gegenwärtig sind sie auch in unserem künstlerischen Gestalten. Es schöpft aus dem gleichen Denken, aus der Quelle der Imagination, die einst die großen Mythen und ihre Kulte geboren hat. Ihre Spuren in uns sind ein Sehnen, das auf Erfüllung wartet. Sehnsucht nach Augenblicken des Glücks und der Wunsch, sie festhalten zu können und dem Lauf der Zeit zu entrinnen, so wie es der Künstler oder Märchenerzähler in seiner Illusion von Freiheit und Zeitlosigkeit tut. Illusion, durch die das Dasein Glanz und Sinn erfährt und in der sich unvergängliche Wahrheiten wieder entdecken lassen; Mythos als Gegengewicht zur reinen Ratio und Wissenschaftsgläubigkeit. Mythos, aus dem uns auch heute noch ein 'drittes Auge' anschaut, durch das wir das Vermächtnis alles Lebendigen erkennen können, jene Kraftquellen, die uns Mutter Erde immer noch großzügig spendet.

Wenn nicht mehr Zahlen und Figuren
sind Schlüssel aller Kreaturen;
wenn die, so singen oder küssen,
mehr als die Tiefgelehrten wissen,
wenn sich die Welt ins freie Leben
und in die Welt wird zurück begeben,
wenn sich dann wieder Licht und Schatten
zu echter Klarheit werden gatten
und man in Märchen und Gedichten
erkennt die ew'gen Weltgeschichten,
dann fliegt von einem geheimen Wort
das ganze verkehrte Wesen fort.

NOVALIS

INDEX

LITERATURVERZEICHNIS:

Robert Endrös / Die Strahlung der Erde; Jörg Purner / Radiästhesie - Ein Weg zum Licht?
Prof. Karl Ernst Lotz / In memoriam Dipl.-Ing. Robert Endrös / (Pfaffrath/Remscheid); Jens M. Möller / Geomantie in Mitteleuropa; Karl Kromer / Die ersten Europäer; James Harpur / Heiligtümer für die Ewigkeit
Doris Benz - Ben Schreger / Geheimnisvolle Kultstätten im Dreieck Karlsruhe-Konstanz-Basel
Fritjof Capra / Wendezeit; James Harpur / Heiligtümer für die Ewigkeit
Marlo Morgan / Traumfänger; Das Goetheanum / Wochenschrift f. Anthroposophie Nr. 34/35 / 77. Jahrg. (Baum des Lebens); Adolf E. Jensen / Mythen der Naturvölker; Adolf Portmann / Mythos und Wissenschaft
M. Dyllon/N. Chadwick / Die Kelten; Sylvia und Paul F. Botheroyd / Lexikon der keltischen Mythologie
Germanische und keltische Mythologie / Herder Lexikon; Bernhard Maier /Lexikon der keltischen Religion und Kultur
Wallfahrtskirche Dreifaltigkeitsberg / Claretiner-Missionshaus Dreifaltigkeitsberg
Ulrich Knapp / Joseph Anton Feuchtmayer; Josef Ott / Chronik der Stadt Spaichingen
Stadt Spaichingen / Kreisarchiv Tuttlingen / Spaichinger Stadtchronik (Beiträge zur Geschichte der Stadt unter dem Dreifaltigkeitsberg); Spaichingen / Bilder aus einer kleinen Stadt / Bernhard Hanßen Frankenson
Franz Jantsch / Kultplätze im Land um Wien; Nigel Pennick / Die heiligen Landschaften der Kelten
Nigel Pennick / Heilige Linien und Kraftorte; Sir James George Frazer / The illustrated Golden Bough
Theo Odenwald / Drei Damen aus der Steinzeit (unveröffentl. Manuskript)
Hans Joachim Fröhlich / Wege zu alten Bäumen / Bad.-Württbg.
Erni Kutter / Der Kult der drei Jungfrauen; Gunter Haug / Droben stehet die Kapelle...
Friedrich Behn / Vor- und Frühgeschichte; Wilfried Menghin / Kelten Römer und Germanen
Rudolf Grahmann / Urgeschichte der Menschheit
Paolo Caucci von Saucken (Herausgeber) / Santiago de Compostela - Pilgerwege
Gertrud Redl / Pilgerschaft damals und heute (unveröffent. Manuskript 1999)
Rolf Legler / Alteuropa und der Apostel Jakob (FAZ 169); Olschak / Gansser / Bührer / Himalaya
Spiess/Stucki / Rhythmen tragen das Leben - Weleda Nachrichten Heft 214
Frank Teichmann / Der Mensch und sein Tempel - Megalithkultur
Jakob Streit / Sonne und Kreuz / Irland zwischen Megalithkultur und frühem Christentum
Meyers Naturführer Schwäbische Alb; Landesdenkmalamt Baden-Württemberg / Die keltischen Viereckschanzen / Kurt Bittel / Siegwart Schiek / Dieter Müller; Lindsay Clarke / Die Zauberharfe der Druiden; Felix R. Paturi / Die großen Rätsel unserer Welt; A.T. Mann / Mystische Architektur
Karl Kwasnitschka / Thomas Maya / Krumpenschloß und Laubenhausen - Burg und Handelsstadt der Keltenfürsten vom Magdalenenberg? Sonderdruck, Bd. 37-1991, Verein für Geschichte und Naturgeschichte der Baar
Wolfgang Neuß / Hornberg im Gutachtal -Vorzeit und Herrschaft
Josef Naudascher / Fundbericht des Historischen Vereins für Mittelbaden, August 1989 / Fachgruppe Archäologie
Martin Kuckenburg / Vom Steinzeitlager zur Keltenstadt; Schnell, Kunstführer Nr. 1092 (Emmingen)
Susanne Tschirner / Elsaß; Kirchenführer ‚Avolsheim-Dompeter' / Hansi seal imp. Benfeld
Karl und Siegfried Greiner / St. Candiduskirche in Kentheim; Franz Gluitz / Dorf und Stadt Veringen
2000 Jahre Weltgeschichte / Serges Medien; Almanach 93 / Heimatbuch Schwarzwald-Baar-Kreis / Buchenberg / Josef Haller; Schnell, Kunstführer Nr. 757 (Buchenberg/Schwarzwald); Deutscher Kunstverlag München Berlin, Heft 187 (St. Cyriak Sulzburg)
Franz Fischer / Keltische Oppida; Erwin Keefer / Rentierjäger und Pfahlbauern - 14 000 Jahre Leben am Federsee

ISBN 3-902134-14-3

verlag freya
www.freya.at

Cover: Ben Schreger
Layout: Wolf Ruzicka
Fotos: Ben Schreger, Doris Benz
gedruckt auf säurearmem Papier

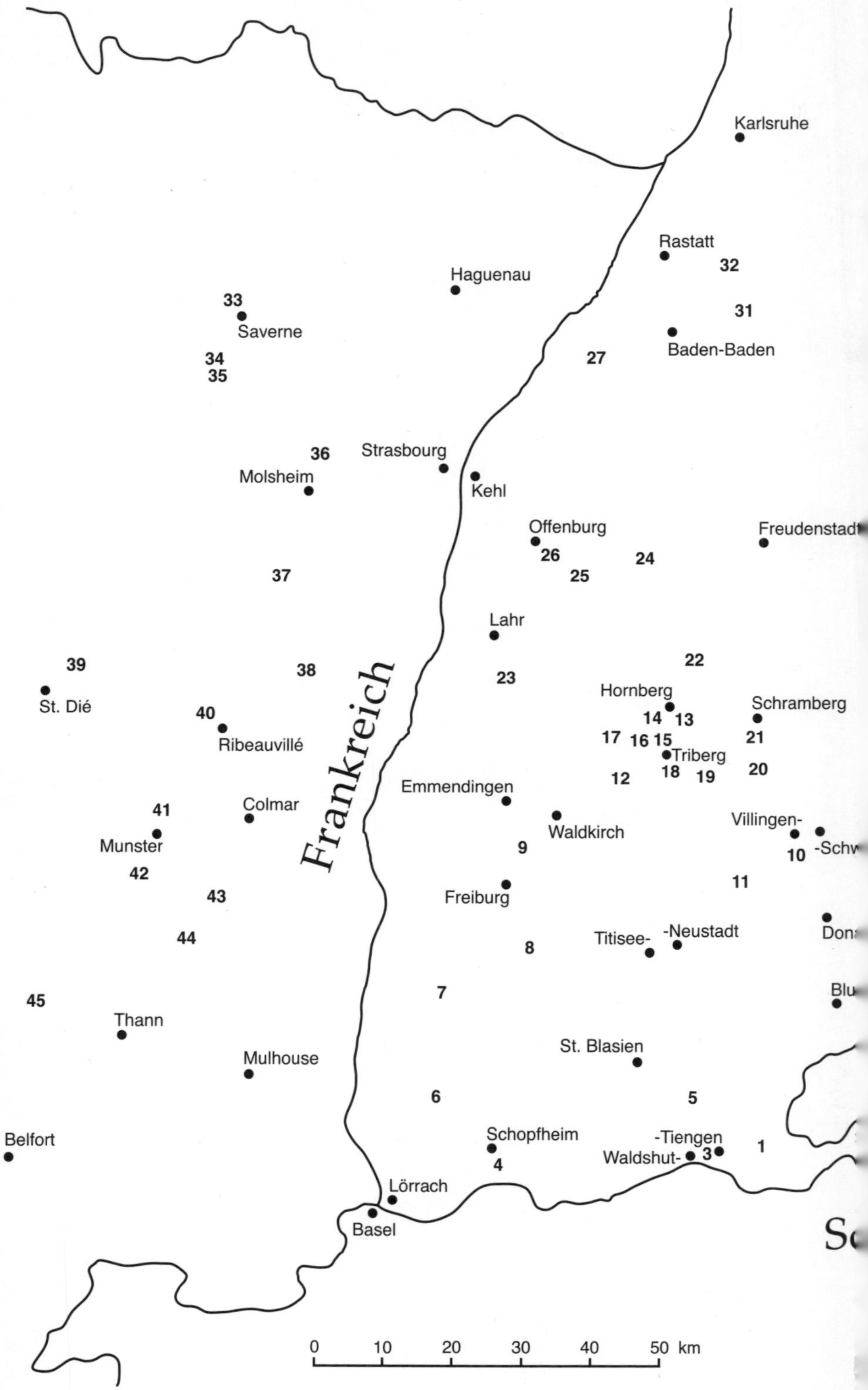
Karlsruhe
Rastatt
32
Haguenau
33
Saverne
31
Baden-Baden
34
35
27
36
Strasbourg
Molsheim
Kehl
Offenburg
Freudenstadt
26
24
25
37
Lahr
39
38
22
23
St. Dié
Hornberg
40
14
13
Schramberg
Ribeauvillé
17
16
15
21
Triberg
18
19
20
12
Frankreich
Emmendingen
41
Colmar
Waldkirch
Villingen-
Munster
9
10
-Schw
42
Freiburg
11
43
44
Titisee-
-Neustadt
8
Don
7
Blu
45
Thann
Mulhouse
St. Blasien
6
5
Belfort
Schopfheim
-Tiengen
1
Waldshut-
3
4
Lörrach
Basel
Sc
0
10
20
30
40
50 km